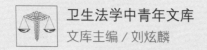

卫生法学中青年文库

文库主编 / 刘炫麟

农村医疗卫生法治问题研究

（上册）

主编 刘炫麟

A Research On The Legal Issues Of
Health Law In Rural Areas
（Volume Ⅰ）

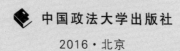

中国政法大学出版社

2016·北京

图书在版编目（ＣＩＰ）数据

农村医疗卫生法治问题研究. 上册/刘炫麟主编. —北京:中国政法大学出版社，2016.11

ISBN 978-7-5620-7162-4

Ⅰ．①农⋯ Ⅱ．①刘⋯ Ⅲ．①农村卫生－卫生法－研究－中国 Ⅳ．D922.164

中国版本图书馆CIP数据核字(2016)第280317号

出　版　者	中国政法大学出版社
地　　　址	北京市海淀区西土城路 25 号
邮寄地址	北京 100088 信箱 8034 分箱　邮编 100088
网　　　址	http://www.cuplpress.com（网络实名：中国政法大学出版社）
电　　　话	010-58908437(编辑室) 58908334(邮购部)
承　　　印	固安华明印业有限公司
开　　　本	880mm×1230mm　1/32
印　　　张	11.25
字　　　数	330 千字
版　　　次	2016 年 11 月第 1 版
印　　　次	2016 年 11 月第 1 次印刷
定　　　价	49.00 元

北京高等学校"青年英才计划"项目（YTEP1674）

北京市社会科学基金项目（14FXC028）

申　序

　　当前，我国医疗卫生体制改革已经进入深水区，如何进一步深化和推动医改的进程，已经成为我们所面临的一项重大课题。为此，十八届四中全会中，党中央提出全面推进依法治国战略，明确要求加快保障和改善民生、推进社会治理体制创新法律制度建设，完善医疗卫生领域的法律法规。在这一大背景下，法律人应当做出自己的贡献，以推动医疗卫生领域的法治化治理为自己的使命，全面加快和提升卫生法学研究，为我国医改提供坚实的法律理论支撑，充分发挥法律在推动社会改革和变迁过程中的作用。

　　我国卫生法研究正处于刚刚起步阶段，卫生法的理论和体系建设亟待建立。尽管近年来，很多学者为卫生法学的发展倾注了大量心血，撰写了不少卫生法论著，也取得了不少成就，但从卫生法的总体发展来看，卫生法学的基础理论仍比较薄弱，卫生法学的研究对象、研究范式等问题还有待进一步梳理，这些都直接关系到卫生法作为一个独立部门法的地位问题。卫生法作为一门新兴学科，横跨法学、医学、经济学、管理学等领域，其研究的问题带有强烈的交叉性和前沿性等特征，它要求对时代的问题具有极强的敏感性。而传统的部门法因其保守性，对这些问题缺乏关注，并没有将其"目视"转移到卫生法的前沿阵地中，这就导致很多时候他们根本无法回答医疗卫生领域所产生的诸多法律问题。但是我们说，法律人不能沉默，法律人应该在医改过程中扮演自己应有的角色，发出自己的声音。而这，显然有待诸多卫生法学人持续不断的共同努力，才能最终为中国卫生法学的发展、为国家医疗卫生法治化的治理打下牢固的根基。

欣闻卫生法学诸位同仁厚积薄发，筹谋数载，积数年之功，在中国政法大学出版社的支持下，计划出版卫生法学中青年文库，内容涵盖卫生法学基础理论、农村医疗卫生法治、新的社会环境及互联网技术背景下的医疗卫生法治等，既有理论深度和见地，又关心时代前沿问题，这些著作不仅可以提升卫生法学的品格，也可以为我国医改决策部门提供极富价值的参考建议。作为一名从事卫生法学研究多年的学人，我由衷地感到高兴。也许，一切正在改变。我相信，在卫生法学界的共同努力下，不仅我们国家的医疗卫生体制将会越来越完善，我们的卫生法学建设和发展也将更加美好。

是为序

清华大学法学院院长、教授、博士生导师
申卫星
中国卫生法学会副会长
2016 年 11 月 9 日于清华明理楼

刘　序

　　伴随着人类社会的发展进步与生活水平的日益提高，人们越来越关注健康和生活的品质。近年来，国家在卫生保健领域进行了大量的财政投入，对全民健康保障工作十分重视，习近平总书记在 2016 年召开的"全国卫生与健康大会"上强调，健康是促进人的全面发展的必然要求，是经济社会发展的基础条件，是民族昌盛和国家富强的重要标志，也是广大人民群众的共同追求。当前，我国医药卫生体制改革已进入深水区，正面临着各式各样的困难，国家提出要着力推进基本医疗卫生制度建设，努力在分级诊疗制度、现代医院管理制度、全民医保制度、药品供应保障制度、综合监管制度上取得突破。[1]医疗卫生工作已经成为国民经济和社会发展的重点关注项目，是必须加强的工作。

---

　　〔1〕　白剑峰、王君平、李红梅："习近平在全国卫生与健康大会重要讲话引起强烈反响"，载《人民日报》2016 年 8 月 22 日第 4 版。

孟子曰：不以规矩，不能成方圆。[1]通俗地讲，法律是人与人打交道开展各项社会活动的游戏规则，卫生法是规制医疗卫生投入与管理、规范医疗卫生行为的法律规范。无论是医疗卫生工作宏观调控，还是各级行政部门对医疗卫生工作的管理，抑或医务人员开展各项医疗活动，均需法律予以规范和保障。但遗憾的是，当前我国的医疗卫生法律无论是在立法还是在执法、司法领域，均比较薄弱。全国人大及其常委会制定的卫生法律仅有 11 部，国务院制定的行政法规仅有 39 部，规范和调整医疗卫生工作的规范性法律文件大部分是部门规章，即便如此，仍存许多法律盲区。立法的滞后必然影响到具体工作的实施和开展，但立法滞后并不能仅仅归因于立法部门的懒惰，比之更为重要的是缺乏理论研究和实地调研。没有理论研究和实地调研支持，就难以立法，即便是进行了立法，亦是空洞苍白、脱离实际的立法，最终只能作壁上观。此外，卫生法律专门人才的缺乏导致许多法律文件的起草违背法学理论或与上位法及其他相关法律文件相冲突，甚至存在明显的错误，这些不利因素的存在导致已经出台的卫生法律难以得到执行，卫生法制工作严重滞后于社会现实。

卫生法学的范围比较广，内容上涉及公众生命、健康的相关领域，包括公共健康学、医事法学、药事法学、国际卫生法学等。[2]尤其是我国正处于经济加快发展时期，社会问题较多，诸如环境保护、食品安全、医疗服务、疾病防控等，加之新出现的各种医疗卫生技术应用于医疗卫生领域，与传统观念和现有医疗卫生技术发生冲突，引发伦理原则与价值观念的冲突，使得医疗卫生服务领域面临各种悬而未决的问题，导致医疗卫

---

[1]《孟子·离娄上》。

[2] 孙东东主编：《卫生法学》，高等教育出版社 2004 年版，第 1 页。

生决策陷入困境，最终困扰并阻碍了医疗卫生事业的发展。

卫生法学中青年文库对我国卫生法学尤其是建国以来卫生立法状况进行了系统的梳理和研究，有利于构建符合中国国情的卫生法学理论体系，有利于发现卫生法学理论学说，有利于进一步开展卫生法学的立法、研究和实践。同时，该文库还特别关注了我国农村医疗卫生法治、新的社会环境及互联网技术背景下的医疗卫生法治等主题，具有很强的现实意义。我国农村人口较多，农村医疗卫生条件较差，疾病防控能力薄弱，因此在以乡镇卫生院和村卫生室为基础的县、乡、村三级医疗卫生服务网络中，基层医疗卫生保健工作尤为重要，问题比较突出，对基层医疗卫生法治工作的研究就显得尤为重要。此外，进入 21 世纪以来，以计算机、互联网等信息技术为媒介的发展，医疗卫生保健工作也出现了一些新形势，带来了一些新问题，这都需要脚踏实地开展调研，揭示现实问题，提出法律规制方案，逐步将我国医疗卫生服务中的问题加以解决。

开展卫生法学理论与实务研究，一定要立足我国的医疗卫生服务，使用法学理论和法学方法，同时借鉴先进理论和国际经验。研究团队应当以法学知识和理论为基础，以卫生法学基本理论为依据，以我国医疗卫生实践中的问题为导向，使研究成果贴近实践，构建契合于我国基本国情的医疗卫生法律体系，切实服务于我国的医疗卫生工作。

我相信，该文库的出版将会补强我国卫生法学的多个研究领域，对培养新的研究团队和教学人员，培训掌握卫生法理论和知识的执法队伍，均具有十分积极而重要的意义。

中国政法大学医药法律与伦理研究中心主任、教授

2016 年 10 月 26 日于嵊泗岛

王 序

炫麟学友诚邀我为他们衔泥垒造的卫生法学中青年文库写几句话,我因心中无数便认真地推辞了几回,不曾想面对他的执着我失去了定力,一不留神竟是应了下来。

自20世纪80年代我国卫生立法的涌起,卫生法学与卫生法学研究即随之发展、兴盛起来。从事卫生法学教育、研究的机构和教学、研究人员快速增长,专业化人才培养和系统性研究成果均取得骄人成就,可谓"一山飞峙大江边,跃上葱笼四百旋"。

卫生法学中青年文库的问世,是我国卫生法学界的一件喜事。借此机会,我向参与文库撰文的中青年翘楚表以由衷祝贺及诚挚敬意!期待诸君敢当卫生法学的引领者,不断呈现新的研究成果,推动我国卫生法学蓬勃发展。

卫生法是卫生法学的本源和根基,卫生法学教学如此,卫生法学研究亦如此。我国现已出台卫生方面的常用法律11部、行政法规39部、卫生计生行政部门规章94部。这当然不是我国卫生法的全部家当，其中既没有包括卫生方面的军事条例、军事规章（或许从分类上和军事法有交叉），也没有包括地方性法规、自治条例和单行条例、地方政府规章，亦没有包括不被当作卫生方面的法律中的条款，如《道路交通安全法》第 75 条。如果将具有卫生属性的法律规范（最好连同民国时期的）全部收集起来，编纂成册，想必会对我国卫生法学的研究与发展推波助澜。

我时不时也琢磨点事儿：为什么有学者认为卫生法是一个独立的法律部门，将其摆放在与民法、刑法、诉讼法、劳动法、行政法、婚姻法等相同的位置高度，而不是作为行政法门下的一个支系？卫生法作为相对独立的学科，其下一级学科如何划分方能既符合我国国情又更具有科学性和法的特征？卫生法的内涵易于理解，但它的边界（外延）到哪里？环境卫生不是卫生吗？细颗粒物——PM2.5 与人类健康没有直接关系吗？卫生法的构建如何体现"树立大卫生、大健康的观念"？马克思主义哲学认为经济基础决定上层建筑，如何运用这一理论解释 1943 年我国就有了药师法、助产士法，而时至今日却没有制定新中国成立后的药师法、助产士法的现象？基本医疗卫生法（起草中）与卫生法法典的区别是什么？仅仅是医疗卫生水平、保障措施、供给能力的差异吗？等等。我打理《中国卫生法制》杂志也有二十几年，可这些浅显的问题让我仍感茫然，难以释怀。

研究卫生法既要注重我国国情，也要注重国外经验。"他山之石，可以攻玉"，但有时却因为语言（语种）问题阻碍了对外国卫生法信息的检索、评价与借鉴。有的研究团队，甚至专门研究机构由于除英语外的其他大语种外语人才稀缺，止步于对一些具有代表性国家卫生法的探究，不仅有失自己所承担课题的水准，而且不能向立法机关更多地提供外国的法治理念和有益经验。

研究卫生法既要注重对新法的制定，也要注重对现行法的修改。作为卫生法领域的期刊人，我读过的稿件中注重制定新法的远远超过建议修改现行法的。究其原因，或许是理论界、实务界对缺什么法或者应立什么法的感触更直接、更深切，容易作为一个专项课题谋篇布局。可对于现行法，若没有一定时期的实践和感悟，无法摸清其适用中的困扰或者已然滞后的位点，且难以由此做出"大文章"来。除此之外，通常理论界不如实务界反映得快、感受得深，毕竟"春江水暖鸭先知"，除非是带着硬伤出台的法。

　　研究卫生法既要注重法律、行政法规、国务院部门规章，也要注重地方性法规、自治条例和单行条例、地方政府规章。我国实行的是中央统一领导和一定程度分权、多级并存、多类结合的立法权限划分体制。地方立法机关制定的卫生法属于我国卫生法渊源不可或缺的组成部分，为完善、推进国家卫生立法起着重要作用。例如，献血法和精神卫生法出台前便已经实施了多部关于献血和精神卫生的地方性法规，对制定这两部法律有非常好的借鉴作用。就数量而言，地方性卫生法不会少于前述的 144 部国家制定的卫生法。为此，我希望文库在现有卫生法学基础理论、农村医疗卫生法治、新的社会环境及互联网技术背景下的医疗卫生法治等研究主题的基础上，增设地方性卫生法的主题，拓展卫生法的研究空间。

　　俗话说新人、新事、新气象。我坚信本文库带给我们的不只是学术上的裨益，更是对卫生法学研究理念的革故和研究方法的鼎新。

《中国卫生法制》杂志主编

2016 年 10 月 31 日于北京东城老屋

前　言

在农村三级医疗卫生服务体系中，县级医院是龙头，乡镇卫生院是枢纽，村卫生室是网底。当前，在基层医疗卫生机构执业的医务人员，尤其是在村卫生室执业的乡村医生，普遍面临着执业环境不佳、人才补充乏力等问题，基层医务人员的职业吸引力和工作积极性受到一定的影响，基层医疗卫生机构原本保有的公益性受到一定的冲击。

近年来，尤其是自 2009 年 3 月 17 日通过了《中共中央国务院关于深化医药卫生体制改革的意见》以来，基层医疗卫生机构和医务人员的状况得到了很大程度上的改善，国家通过政府购买服务、增加财政投入等多种方式提高了基层医务人员的待遇，队伍建设趋于稳定。但亦应看到，由于一些管理体制和运行机制上的问题尚未妥适解决，如乡村医生待遇水平较低，人才选拔和引进困难，养老、医疗等社会保障尚未普遍覆盖等问题依然较为突出，导致一部分医务人员的医疗行为在实践中产生异化，十分不利于国家分级诊疗制度的建立和健全。

2014 年 10 月 23 日,《中共中央关于全面推进依法治国若干重大问题的决定》获得通过。该决定明确强调:全面推进依法治国,必须贯彻落实党的十八大和十八届三中全会精神,高举中国特色社会主义伟大旗帜,以马克思列宁主义、毛泽东思想、邓小平理论、"三个代表"重要思想、科学发展观为指导,深入贯彻落实习近平总书记系列重要讲话精神,坚持党的领导、人民当家作主、依法治国有机统一,坚定不移走中国特色社会主义法治道路,坚决维护宪法法律权威,从而揭开了全面推进"法治中国"建设的序幕。

2016 年 8 月 19 日,习近平同志在出席全国卫生与健康大会时提出,要"努力全方位、全周期保障人民健康"。同年 8 月 26 日,习近平同志主持了中共中央政治局会议,并审议通过了"健康中国 2030"规划纲要。他指出,"没有全民健康,就没有全面小康。要把人民健康放在优先发展的战略地位,以普及健康生活、优化健康服务、完善健康保障、建设健康环境、发展健康产业为重点",从而确立了今后 15 年推进健康中国建设的行动纲领。

在全面推进"法治中国"和"健康中国"建设的当下,关注人民尤其是农村居民的健康权益和医疗卫生服务状况至关重要。而且,从理论研究的现状来看,我国一直呈现出"重城市、轻农村"的态势,这亦是卫生法学中青年文库设置农村医疗卫生法治研究专题的原因。

本书分为上、下两册。上册主要聚焦于乡村医生和村卫生室的法律与政策研究,下册将主要聚焦于乡镇卫生院、县级医院及其执业人员的法律与政策研究。上册共收录 29 篇论文,其中有 20 篇已经公开发表,有 9 篇尚属首次发表。为了保持论文的原貌,仅修正了一些错误和优化了个别表达。按照论文的主题，上册设上篇、下篇两个部分，上篇侧重于"人员"（即乡村医生）的研究，下篇侧重于"机构"（村卫生室）的研究。上册的研究成果代表着课题组近 5 年的学术探索和集成，虽偶有心得，却无奈中国各地情况各异，要想得出一般性的或普适性的结论，几乎是不可能的，只能随着研究的深入和视野的拓展，不断修正和完善先前的认识。

本书的顺利出版，首先要感谢各位撰稿人的辛勤努力以及王晓燕教授、李筱永副教授等诸位同事好友的勉励和支持；其次，要感谢申卫星、刘鑫、王北京三位学界前辈为本文库作序，并在术业上给予指导和关心；最后，要感谢出版社的刘知函主任及其他编辑，没有他们的辛劳和督促，不会有本书的如期面世。

由于时间仓促，书中谬误在所难免，但文责自负，与他人无涉。同时，祈请读者不吝批评指正，以便能在修订版时加以改进和完善。

刘炫麟

2016 年 11 月 8 日于右安门

目 录

上篇　乡村医生

1

下篇　村卫生室

上 篇

乡村医生

论首都农村卫生室乡村医生的执业资质

刘炫麟　王晓燕　李德龙

2009 年 3 月 17 日，中共中央、国务院《关于深化医药卫生体制改革的意见》中指出，要"大力发展农村医疗卫生服务体系，进一步健全以县级医院为龙头、乡镇卫生院和村卫生室为基础的农村医疗卫生服务网络。……村卫生室承担行政村的公共卫生服务及一般疾病的诊治等工作。……采取多种形式支持村卫生室建设，使每个行政村都有一所村卫生室，大力改善农村医疗卫生条件，提高服务质量"。北京是中华人民共和国的首都，是一个拥有 2000 多万常住人口的国际化大都市，尽管伴随着快速的城市化进程，其农业人口已不足 300 万，但相对于占全市 80% 以上的土地面积而言，农村医疗卫生服务问题依然不可小觑。近些年来，在首都农村卫生室执业的乡村医生正面临着人员老化、学历偏低、医技不高等现实问题，比之更为紧迫的问题还在于其人力资源的后补乏力。当然，导致这一现状有多方面的原因，执业资质的设定是否合理就属其一，值得我们深入研究。

1. 现状

密云县是首都 10 个远郊区县中率先将合格的村卫生室纳入新农合定点医疗机构的区县，也是历史较为悠久和面积较大的区县。该县地质地貌中自然形成的深山区、浅山区、丘陵、平原等不同地形，使其在远郊区县中既有政策独特性，又有很强的地域代表性。因此，课题组选定该县作为调研地点。同时，根据该县不同乡镇的经济发展水平、人口数量以及卫生资源分布情况，具体选定了古北口镇、太师屯镇和溪翁庄镇 3 个乡镇，共有 27 所村卫生室和 27 名村医作为调研对象。

1.1 乡村医生的年龄、学历及执业资质现状

课题组通过调研发现，在年龄方面，27 名村医中年龄最小者 31 岁，年龄最大者 68 岁，平均年龄为 54.11 ± 9.653 岁。在学历方面，其基础学历以初中为主，约占 37.0%，其次为高中和大专，分别约占 22.2% 和 18.5%；其专业学历以中专为主，有 12 人，约占 44.4%，主要是通过卫生局组织的卫校集中培训后，经考核合格发放的中专文凭。无专业学历者 10 人，约占 37.0%，大专学历者 5 人，约占 18.5%。在执业资质方面，27 名村医全部具备乡村医生证书，但只有 2 人取得了执业助理医师资格，约占 7%，尚无人员通过执业医师考试。

1.2 对乡村医生执业资质的法律规定与政策目标

1.2.1 法律规定

我国于 1999 年制定的《中华人民共和国执业医师法》第 45

条规定："在乡村医疗卫生机构中向村民提供预防、保健和一般医疗服务的乡村医生，符合本法有关规定的，可以依法取得执业医师资格或者执业助理医师资格；不具备本法规定的执业医师资格或者执业助理医师资格的乡村医生，由国务院另行制定管理办法。"于是，国务院于 2003 年制定了《乡村医生从业管理条例》，其第 10 条规定："本条例公布前的乡村医生，取得县级以上地方人民政府卫生行政主管部门颁发的乡村医生证书，并符合下列条件之一的，可以向县级人民政府卫生行政主管部门申请乡村医生执业注册，取得乡村医生执业证书后，继续在村医疗卫生机构执业：（一）已经取得中等以上医学专业学历的；（二）在村医疗卫生机构连续工作 20 年以上的；（三）按照省、自治区、直辖市人民政府卫生行政主管部门制定的培训规划，接受培训取得合格证书的。"第 12 条第 1 款规定："本条例公布之日起进入村医疗卫生机构从事预防、保健和医疗服务的人员，应当具备执业医师资格或者执业助理医师资格。"第 12 条第 2 款规定："不具备前款规定条件的地区，根据实际需要，可以允许具有中等医学专业学历的人员，或者经培训达到中等医学专业水平的其他人员申请执业注册，进入村医疗卫生机构执业。具体办法由省、自治区、直辖市人民政府制定。"

1.2.2 政策目标

2001 年，卫生部制定了《2001～2010 年全国乡村医生教育规划》，该规划指出："各地应根据具体情况，鼓励符合条件的乡村医生参加国家执业医师资格考试，使其逐步纳入《执业医师法》的管理轨道。其中，1970 年 12 月 31 日以后出生的乡村医生必须取得执业助理医师资格。"同年，国务院体改办、国家计委、财政部、农业部及卫生部联合发布的《关于农村卫生改革与发展的指导意见》中提出："要加强对现有乡村医生的学历教育，新进入村卫生室的人员应具备执业助理医师资格，力争用 10 年时间在大部分农村地区完成乡村医生向执业助理医师的转化。"2002 年，中共中央、国务院《关于进一步加强农村卫生工作的决定》中指出："到 2010 年，全国大多数乡村医生要具备执业助理医师及以上执业资格。"同年，为了贯彻落实该决定，加强农村卫生人才培养和队伍建设，卫生部、教育部、财政部、人事部、农业部联合制定了《关于加强农村卫生人才培养和队伍建设的意见》，再次强调此目标。

2. 问题及原因分析

2.1 乡村医生的执业资质门槛偏高

前文已述，国务院于 2003 年制定了《乡村医生从业管理条例》，该条例最为突出的变化之一就是，将乡村医生的执业资质从乡村医生证书提高至执业助理医师或者执业医师证书。课题组通过调研发现，实践中主要存在两个比较突出的问题：一是，现有的村医年龄偏大（54.11 ±9.653 岁），学历偏低，其要么没有精力参加考试，要么没有资格参加考试。就目前执业医师考试的内容而言，多数村医表示难度偏高，特别是其中的理论部分，这也是在密云县 3 个乡镇随机选取的 27 名村医中，仅有 2 人通过了执业助理医师考试的原因。另据课题组兜底调研的数据显示，整个密云县具备执业助理医师及以上资格的乡村医生仅占 3.17%，远低于全国 14.31% 的平均水平。[1] 二是，尽管 2004 年之前已经进入农村卫生室执业的乡村医生可以通过前文所述的《乡村医生从业管理条例》第 10 条获得"庇护"或者"豁免"，但对于 2004 年之后想进入乡村医生队伍的人员而言，其只能按照《执业医师法》的规定参加执业医师或者执业助理医师的资格考试。除遇到（前一个问题所言的）精力或者资格方面的障碍之外，即使其通过了执业医师考试，也面临着乡村医生待遇不足和发展受限的现实考验，这使得对乡村医生执业资质合理设定的讨论大受影响。这是因为，如果不能有效解决乡村医生的待遇水平和发展空间的问题，即使设定再低的执业准入门槛，依然会面临无人愿意从事该职业的窘境。所以，在此亦有必要对这一问题展开进一步的讨论。

2.2 乡村医生的待遇不足与发展受限

2007 年，北京市人民政府办公厅转发北京市卫生局等部门《关于建立健全乡村医生社会养老保险制度与基本待遇保障机制的意见》。该意见规定，对符合执业资质并在村级医疗机构受聘累计 20 年，且达到一定年龄（男年满 60 周岁，女年满 55 周岁）的，每人每月领取养老金 300 元；执业不到 20 年但达到一定年限的，按执业年数计算，每执业 1 年，每人每月领取养老金的标准为 15 元；从 2008 年开始，北京市实施"农村基本医疗卫生村级项目"政府购买政策，即对本市乡村医生按《北京市村级基本医疗卫生服务免费项目表》提供的标准化的公共卫生、基本医疗服务项目，实行政府购买，市、区两级财政按每人每月 800 元拨付补助费。其中，村医承担村级公共卫生职能的，每人每月补贴 400 元，承担常见病防治和为群众提供零差价药品职能的，每人每月补助 400 元。对于非纳入政府购买服务的乡村医生，实行自主经营，自负盈亏，国家不给予补助，也无须承担其所在行政村的公共卫生服务。尽管这些政策给首都地区的乡村医生带来了一定的实惠，初步稳定了乡村医生执业队伍，但北京市最低工资标准从 2013 年 1 月 1 日起已经上调为每人每月 1400 元，[2] 倘若乡村医生是全职，而非如今的半农半医的职业，仅凭目前的待遇水平难以对价其所付出的工作量，其职业吸引力亦受到很大的影响。不过，经卫生行政部门等多方的不断努力，这一状况正在趋于好转。2013 年将每月补助由 800 元上调至 1600 元，2016 年又增调至 3500 元，部分条件艰苦的山区最高达 5500 元。

还有一个问题不容忽视，那就是无论从前还是现在，乡村医生的农民身份一直没有改变，其始终没有进入到国家的体制之内，这亦是上述对乡村医生进行政府购买服务并没有称为"工资"而是使用"补助"一词的重要原因。2009 年，中共中央、国务院《关于深化医药卫生体制改革的意见》中指出："大力发展农村医疗卫生服务体系，进一步健全以县级医院为龙头、乡镇卫生院和村卫生室为基础的农村医疗卫生服务网络。"但是，县级医院和乡镇卫生院目前都属于国家体制内的医疗机构，其人员不仅享受公职人员的身份和待遇，而且晋升发展空间也相对畅通；其专业技术职务遵从了从医士（药士、护士、技士）到医师（药师、护师、技师），到主治或者主管医师（主管药师、主管护师、主管技师），到副主任医师（副主任药师、副主任护师、副主任技师），再到主任医师（主任药师、主任护师、主任技师）的晋升顺序。相比之下，乡村医生不论技术水平、年龄经验如何，一律不存在专业技术职务上的差别问题，而是等同视之，尤其是对于那些已经纳入政府购买服务的乡村医生而言，更是如此。因为在现实生活中，不论他们服务的人口数量和提供的医疗卫生质量如何，其只能获得政府相同的补助。相比之下，对于非纳入政府购买服务的乡村医生而言，技术、经验等因素影响较大，因为他们几乎都是靠此获得不同等级的收入。但无论如何，他们在身份级别上不存在差异，晋升渠道不畅，发展空间十分有限。

3. 对策

显而易见，在乡村医生执业准入门槛偏高和待遇水平不足、发展空间有限的综合影响下，乡村医生的执业吸引力受到很大的影响，于是出现了一部分能够进入该队伍的人员不愿意进入或者已经进入该队伍的人员不愿意继续坚守的问题。同时，即便是政治素养比较高的人员，在看轻待遇和发展的同时想进入乡村医生队伍，又面临着执业助理医师资格或者执业医师资格考试难以通过的问题。于是，处于农村三级医疗卫生服务网络网底的人力资源就不得不面临着减少的现实，而人力资源的欠缺又直接关系到医疗卫生服务的提供，国家"村村都有卫生室"和"人人享有基本医疗服务"的政策目标就难以实现。因此，我们应当采取一些必要措施，促进乡村医生队伍的可持续发展，使其真正承担起农村居民健康守门人的重任。

3.1 改革乡村医生的考试制度

我国《乡村医生从业管理条例》第 12 条第 2 款规定："不具备前款规定条件的地区，根据实际需要，可以允许具有中等医学专业学历的人员，或者经培训达到中等医学专业水平的其他人员申请执业注册，进入村医疗卫生机构执业。具体办法由省、自治区、直辖市人民政府制定。"对于这样一条权变性的政策，北京市人民政府尚未将其进一步细化，在一定程度上错失了填补与加强村级卫生人力资源的契机。但在历史上，密云县曾经举办过乡村医生班，经过培训使一部分乡村医生具备了中专学历，满足了可以参加执业助理医师资格考试的学历要求，但由于种种原因，现已停办。另外，国家卫生行政部门在积极推进对乡村医生一体化管理的过程中，应当充分考虑到村卫生室的定位以及乡村医生执业地点与服务对象的特殊性，适当降低考试难度，并使之成为一个独立的考试体系。值得一提的是，2010 年 3 月 17 日，卫生部发布的《关于开展乡镇执业助理医师资格考试试点工作的通知》（卫医政发〔2010〕33 号）中指出，国家已决定从 2010 年起在江西、贵州、云南、甘肃四省开展乡镇执业助理医师资格考试试点工作。该考试是在现行执业助理医师资格考试中增设的，针对乡镇卫生院在岗行医但无执业助理医师资格人员的单独考试。这一考试与国家医师资格考试统一组织，单独命题，单独划定合格线，考试合格发给执业助理医师资格证书，限定在乡镇卫生院执业。尽管这只是针对乡镇卫生院从业人员的考试改革，所发证书同样是执业助理医师资格证书，但这意味着国家在改善农村地区医学人才匮乏现状、提升农村地区医疗服务的可及性方面迈出了重要一步，值得借鉴。[3]

3.2 改革乡村医生的待遇和级别

事实上，乡村医生与其前身——赤脚医生，就形成了鲜明的对比。在集体经济时期，赤脚医生享受工分制待遇，他们靠提供医疗服务领取工分，再凭工分在集体领钱分物。许多赤脚医生总可以拿到其所在集体内的最高工分，有的地方赤脚医生与支部书记的工分一样多，在乡土社会中广受尊敬，享有比普通大队干部更高的威信。而如今，尽管他们的服务场所和服务对象没有发生根本变化，但在待遇上不仅不及村干部，甚至不及普通的小工（如建筑行业的泥瓦匠等）。于是，1997 年中共中央、国务院《关于卫生改革和发展的决定》（中发〔1997〕3号）中提出："村集体卫生组织的乡村医生收入不低于当地村干部的收入水平。"2011年国务院办公厅《关于进一步加强乡村医生队伍建设的指导意见》（国办发〔2011〕31号）中强调，在实施基本药物制度后，采取专项补助的方式对乡村医生给予定额补偿，补助水平与当地村干部的补助水平相衔接。可现实中的情况却是村医的补助水平远低于村干部，因而有必要适当提高，加以改善。值得一提的是，上海市卫生局下发了《关于对本市乡村医生承担基本公共卫生服务实行补助的实施意见》（沪卫基层〔2010〕13号），对在村卫生室执业并承担基本公共卫生服务的乡村医生（包括取得乡村医生执业证书及以上资质者）按照辖区内每常住人口不低于8元的标准给予考核补助。这一做法显然要比不考虑服务人口等因素的"一刀切"的做法更为科学，同时体现出收入和付出的比例关系。因此，课题组建议北京市卫生局制定统一的标准，由各区（县）卫生行政部门按照该标准（需要考虑服务状况和技术水平等因素）在乡村医生内部设立初级、中级和高级三个级别，并且按照不同的级别给予不同的补助标准，既要体现出差别，又要防止悬殊，并且可以考虑对其设定一个最低的补助标准。

4. 结语

随着社会经济的快速发展和文化水平的日益提高，作为需方的首都农村地区的居民在医疗卫生服务需求方面有了更高的要求，这无疑是社会进步的表现。不过，作为供方的农村卫生室所输出的医疗卫生服务却面临着不升反降的局面。于是，供、需双方之间的矛盾便产生了。实际上，自20世纪80年代开始，村卫生室赖以依存的经济基础就瓦解了。乡村医生在家庭联产承包责任制的变革中大都走向了个体制，村委会在村民自治的改革中失去了经济上的稳定保障，这也是现实生活之中许多行政村的村委会已经没有能力举办或者支持承担基本医疗和公共卫生服务职能的村卫生室的原因。因此，综合考虑，在村卫生室的可持续发展问题上，应当建立政府主导型的多元卫生投入机制，如此才能为乡村医生的执业资质设定合理标准，也只有解决了人力资源的问题，国家才能真正实现人人享有基本医疗卫生服务的目标。

参考文献：

［1］首都医科大学"医改背景下的首都农村卫生人力资源配置研究"课题组：《北京市村级卫生人力资源配置标图信息兜底调研报告》，北京出版社2012年版。

［2］北京市人力资源与社会保障局《关于调整北京市2013年最低工资标准的通知》（京人社劳发〔2012〕349号）。

［3］吕兆丰、王晓燕、线福华主编：《吾土吾民——北京市怀柔区村卫生室实地研究》，北京燕山出版社2011年版。

本文原刊载于《中国农村卫生事业管理》
2013年第3期，略有修改。

论北京市乡村医生执业的资质、行为与风险

刘炫麟

从建国初期至今，我国的医疗卫生事业发生了翻天覆地的变化，人民健康水平不断提高，基本建立起遍及城乡的医疗卫生服务体系，以至于世界卫生组织曾经赞誉"中国用最低廉的成本保护了世界上最多人口的健康"。由于我国农村人口众多，故农村卫生室与乡村医生在其中的贡献甚巨。回溯北京市农村卫生室的演化历程，从1965年至1982年时期的赤脚医生依托于集体经济实行工分补助，到1982年之后集体经济开始解体走向个体制实行自负盈亏，再到2008年政府采取购买部分村级基本医疗服务项目的方式核定支付乡村医生的经济补助，均反映了国家在不同历史时期对农村卫生室的政策调整和价值取向。时至今日，北京市农村卫生室所涉法律问题虽然在实践中甚是凸显，但囿于各种原因，无论是法学界还是医学界，都鲜有学者关注并较为深入地探讨这些问题。其中，关于北京市乡村医生执业的资质、行为和风险即为适例。本文拟对这些问题展开研讨，以期对实践运行有所助益。

1. 乡村医生的执业资质

目前，规范乡村医生的主要法律规范就是 2004 年 1 月 1 日生效的《乡村医生从业管理条例》。该条例规定，2004 年之后新进入乡村医生队伍的人员必须通过国家执业助理医师资格考试。笔者通过实地观察和深入访谈发现，北京市某区县当前的困境是，能够通过执业助理医师或者执业医师考试的人员不屑于或者不愿意充实到农村卫生室，而更愿意去乡镇卫生院或者级别更高的医疗机构。造成这一困境的主要原因是村卫生室条件艰苦和待遇微薄，而先前通过乡村医生考试的人员又很难通过这项考试。据不完全统计，该区县实际通过助理执业医师资格考试的乡村医生不足 10%。根据乡村医生等相关人员的反映，执业考试中的理论部分还可以通过后天的努力学习来弥补，但其中的实践操作部分则令乡村医生们很"头疼"。囿于卫生行政部门对农村卫生室是"基层医疗机构的网底"的定位，农村卫生室除了听诊器、血压计、体温计等传统"三大件"之外，几乎没有其他的医疗器械。因此，对于从没有对考试要求的仪器进行实际操作的乡村医生而言，这显然是一件过于困难的事情。由于历史的原因，2004 年之前已经取得乡村医生执业证书的人员可以继续执业，执业证书继续有效，他们在乡村医生的执业道路上不会遇到障碍。但对于 2004 年之后想进入乡村医生执业队伍的人员而言，执业考试则是一个巨大的打击，这亦是这些年来乡村医生执业队伍后续力量补充乏力的一个重要原因。

2. 乡村医生的执业行为——以隐私权的保护为例

2.1 现状描述

根据首都农村卫生室目前的情况，乡村医生的执业资质虽然算得上是一个问题，但在近期却不是一个很大的问题，因为2004年之后进入乡村医生队伍的人，除了乡镇卫生院下派的人员之外，只有很小一部分人员是通过考试新补充进来的。倒是十年之后，在很大一批老乡村医生需要退下来的时候，这一问题或许才会真正凸显。与之相比，乡村医生的执业行为倒是一个不折不扣的具有紧迫性的现实问题，亟须在社会生活中予以规范和治理。为了使研究更为具体和深入，笔者在此仅以隐私权的保护为例说明如今乡村医生的执业状况。

根据笔者访谈的村民反映，像他一样生活在农村的45岁以上的这一代人，基本上是在一个没有隐私权保护意识的时代中走过的。但有一点必须注意到，现在村里的年轻人隐私意识要强很多。这是一个简单的命题判断，但倘若同样的话出自都市人之口，就可能是一个令人震撼的言论，主要是因为农村人和城市人的成长环境和交往领域截然不同。在农村这一礼俗社会，大家彼此熟悉，相互之间交换信息也很正常，只有极少数的人会将其作为隐私来审视和考量；但是在属于机械社会的都市中，大家彼此陌生，普遍缺乏最为基本的安全与信任，因此，自我的权利保护意识也会更强一些，这原本就是情理之中的事情。

我国历来重视对隐私的保护，随着《侵权责任法》的实施，它已经从一种法益上升为一种权利。应当说明的是，在我国《侵权责任法》制定之前，民事立法和司法并没有确认隐私权的独立地位，而是将侵害隐私的行为作为侵害名誉权处理。1998年，最高人民法院发布的《关于审理名誉权案件若干问题的解释》中就曾规定："医疗卫生单位的工作人员擅自公开患者患有淋病、麻风病、梅毒、艾滋病等病情，致使患者名誉受到损害的，应当认定为侵害患者的名誉权。"当然，这种做法作为一种过渡，后被2001年最高人民法院发布的《关于确定民事侵权精神损害赔偿责任若干问题的解释》所修正。该司法解释正式区分了侵害隐私和侵害名誉的不同，并将隐私作为一种受法律保护的利益（即法益）来对待。但从实质上说，这些规定显然是为城市人预备的，因为在农村卫生室遇到相似的情形，生活在农村的村民一般不会有隐私保护的意识，更不会拿起法律武器捍卫自己的隐私权，这也是法院所受理的关于侵害隐私权的案件多来自城市的主要原因。那么，是何种原因导致了农村的村民和乡村医生漠视隐私权或者自愿放弃隐私权？在此有必要加以探析。

2.2 原因探析

2.2.1 熟知程度

一般而言，人与人之间熟悉程度的高低，直接决定隐私权利保护意识的高低，并且呈现出反比例的关系。换言之，当我们熟悉程度越高时，隐私权的保护意识就会越低；反之，当我们熟悉程度越低时，隐私权的保护意识就会越高。这个命题大致是可以成立的。在此，我们以收入和在村卫生室看病为例加以说明。收入，在城市人看来是一个非常敏感而又隐讳的话题，有些时候即便是同事之间、亲戚之间也并不知情，刻意去问又会受到隐私的阻碍。而在农村，邻里之间经常在一起闲聊、串门，彼此之间的熟悉程度较高，所以收入问题不仅不被视为隐私的范畴，而且是信息交换的重要内容。因为在农村外出打工的人比较多，哪个地方挣钱多，就会吸引本村的其他人也加入到这个行列（根据笔者实地观察和深入访谈，在经济条件较差的农村几乎只有两大途径谋生：一是外出打工，这也是许多村民的首选；二是在家务农，包括开设民族文化院、种植果园、种地等）。再比如在村卫生室看病，假如有好几个人同时看病，其他人一般不会主动选择回避。这是因为：一方面，这些人没有尊重他人权利（隐私权）的意识；另一方面这也是权利人所能够容忍的范围，因为在日常的交往中也不免交流自身的身体状况，或许权利人本身亦无这样的权利保护意识。但倘若同一情境发生在属于陌生人社会的城市，这是绝大多数人所不能接受的。因此，权利人会通过自助行为或者通过医生行为支开那些不相干的人，以达到保护自己隐私权不受侵害的目的。

2.2.2 受教育程度

前文已述，农村人关于隐私的权利保护意识也不是绝对的低下，这与他们普遍的受教育程度较低有一定关系。在农村，一些受过较高教育（高中及以上）的人的隐私权保护意识通常较高。但对于普通村民而言，伴随着时代的发展，人们接触的信息也在增加，现在农村里的许多年轻人往往通过电视、网络、手机等多种信息渠道获得知识，他们对隐私的权利保护意识要比他们的父辈们更加强烈。这一点我们可以从其房间的布置得出结论，比如拉上窗帘、装上隔板等，可谓"落叶知秋"、"窥一斑而见全豹"。但我们又不得不承认，对于该区县的许多村民而言，他们的的确确是从一个没有隐私的权利（保护）意识的时代过来的，这与当时的物质条件落后亦存在一定的关系。正所谓"仓廪实而知礼节"，以前很多人因为贫困穿不上衣服，特别是在自己小的时候，衣不蔽体是十分常见的事情，在这样的情况下，又何谈隐私或者隐私权的保护意识呢？顺着这样的思维深入下去，或许存在着这样一代人，他们已经不愿意再改变他们先前体验的思维模式，进而始终认为这是一件顺理成章的事情，因此，隐私权的保护意识也就无从谈起。

2.2.3 利害关系程度

农村人之所以不重视隐私权的保护意识，还与其交往的广度和利害关系有关，在笔者看来，这可能是最为重要的一点。前文已述，在经济条件不佳的农村，村民要么在家种地，要么外出打工，这几乎成为全国的通行模式，也是中国的城镇化之所以如此迅速的根本原因。但无论是哪一种，农民交往的范围还是很有限的，在家务农的主要就是本村的村民，在外打工的，除了家乡的父老乡亲之外，就剩下自己的工友了，隐私的泄露对其影响并不是很大。一方面，大家的隐私权保护意识都比较低，别人不会加以宣扬，而仅仅是作为茶前饭后的谈资，因为自己与他人之间并不存在利害关系；另一方面，他所从事的许多工作在他本人看来原本就是可有可无的，因此他并不担心会因此而失去工作。但在城市却截然不同，一方面，他的交往范围通常较宽；另一方面，隐私的泄露对其影响是巨大的，有时甚至是毁灭性的。在城市，由于生活的压力很大，大部分人都会担心失去工作，特别是对那些职位高、待遇好的工作。此时，人们对隐私的权利保护意识就会很强，有时还会通过刻意地说谎来掩盖一些不愿为他人所知悉的个人信息，这也是许多人（包括农村人）认为城市人总是戴着面具生活的主要原因，而这恰恰是农村人所不喜欢的生活方式。因此，我们不要简单得出"许多农民住不惯楼房"的结论，因为这只是一个表面现象，深层次的冲突在于文化上的"水土不服"。

2.3 权利的享有和行使

笔者认为，有些人天天在谈论隐私或者隐私权，或许有一些概念我们并没有彻底搞清楚，首当其冲的一个问题就是权利的享有和权利的行使。无论是否存在隐私的权利保护意识，每个人——只要是中华人民共和国公民，均享有我国法律规定的隐私权，但是只有其中的一部分权利人选择行使这项权利。因为，隐私权作为一种私权利，其与公权力的最大不同在于其可以放弃。隐私绝不是一个一成不变的概念，无论是其范围还是其内容，都是随着人们认知水平和时代发展不断变化的。比如，在农村卫生室看病，囿于医疗技术水平，其只能检查常见病和多发病，这些病不仅农村人不将其视为隐私，即便是在城市，也有越来越多的人不将其视为隐私，这就是隐私的一些内容在增长而有些内容在消退的原因。

2.4 启示与结论

有一个问题值得我们深入思考，即权利的保护在很多情况下是可以通过硬件设施的设置得以实现的。在这方面，做得最好的莫过于银行了。20世纪八九十年代，银行的柜台前挤满了要存款和取款的人，无论是存款数额还是取款数额，抑或银行存折或者银行卡的密码，都属于隐私的范畴，但是一群人围在一起，通常权利人很难去找一个合适的理由支开这些人，因为这虽然属于隐私或者秘密的范畴，但以前都是这样过来的。后来银行进行了改革，开始按序取号，结果发现秩序井然，基本上消除了侵害隐私权的问题。所以笔者认为，有些隐私得不到保护，一方面是因为我们的意识没有达到，另一方面还与人为的设置有关。比如，现在去医院看病也是按照取号先后排队，然后由医务人员依次叫号，这也避免了隐私权受到侵害的问题。

然而，目前农村卫生室的问题在于，囿于各方面的条件，其还不能做到这一点。那么，它只有两条路可以走，要么是彻底改革，要么是将其作为农村的特色保留下来。但笔者坚信，从长远的角度考虑，后一条路是走不通的。这是因为，一个时代终究会被下一个时代所代替，但已经演化的精神文明则是不可逆的！从这个意义上说，虽然以前在农村"隐私只是听说过"，但以后必将是隐私权受到高度重视的时代！乡村医生在村卫生室执业，倘若不能及时跟进患者隐私权的保护意识，等待他的就只能是被时代所淘汰，这也恰恰印证了自然界的基本规律——适者生存，不适者淘汰！

3. 乡村医生的执业责任

可以说，乡村医生在村卫生室执业最大的风险在于发生医疗事故，可是在现有的医疗卫生资源配置和法律规避意识的双重作用下，不论是村卫生室还是乡镇卫生院，都只能处理一些非常简单的常见病和多发病。因此，只要是与手术有关的问题，其一律推到县医院或者级别更高的医疗机构去，也正是因为如此，才使得村卫生室和乡镇卫生院的执业风险逐渐降低。根据笔者对当地乡村医生的实地访谈，乡村医生对于其过去熟用的一些偏方如今也不再提供给患者了。这样的不作为确实规避了乡村医的执业风险，一方面出于无奈，因为几乎每一个乡村医生均会因为一次医疗事故的赔偿倾家荡产，丧失职业；另一方面，如今村民的法律意识与过去相比也不可同日而语，有的村民已经不愿意再使用乡村医生引以为傲的偏方，这对于乡村医生的积极性而言，亦是一个巨大的打击。除此之外，欠缺相应的执业风险分担机制也是一个非常重要的原因。目前，中国的某些地区建立一种医疗风险基金，专门用于因医疗损害产生的赔偿，在很大程度上消除了乡村医生的后顾之忧，使得其可以大胆地在医学领域开拓创新，促进医学的进步，同时，不仅自己增长了才干和经验，还增进了人们的福祉。否则，就会使得基层医务人员束手束脚，人为地阻碍医学的发展与进步，这对于社会公众而言，不得不说是一种社会福祉的丧失，自身成为最终受害者的命运也不可逆转。

本文原刊载于《中国卫生法制》
2013 年第 3 期，略有修改。

论首都农村卫生室乡村医生的前世
——以政策与法律变迁为研究主线

刘炫麟　刘晓霜　王晓燕　洪菡珑

　　立足于乡村医生的现在，回顾乡村医生的过去，展望乡村医生的未来，这一群体的一生大致可以被划分为三个阶段：第一阶段为 1965 年～1985 年，即从"赤脚医生"产生之日始至国家停止使用这一名称之日止，可将之概括为"赤脚医生"时期。[1]第二阶段主要为 1985 年～2003 年，即从国家停止使用"赤脚医生"这一名称之日始至《乡村医生从业管理条例》实施之日止，可将之概括为"乡村医生"时期。需要特别说明的是，对于 2004 年之前已经取得乡村医生资格，但进入 2004 年之后尚未取得执业（助理）医师资格的乡村医生，仍然属于这一阶段。第三阶段为 2004 年之后，即在《乡村医生从业管理条例》正式实施之后取得执业医师或者执业助理医师资格在农村卫生室执业阶段，可将之概括为"执业（助理）医师"时期。[2]本文立足于首都农村卫生室的从业人员，以政策与法律的变迁为研究主线，从定位、选拔、培训、待遇和服务五个方面对前述第一阶段进行了较为系统的研究，通过梳理"赤脚医生"时期的辉煌创举，与当前乡村医生存在的诸多困境作鲜明对照，为今后相关制度的确立与变革提供有益的启示。

1. 定位

1.1 赤脚医生的由来

1949 年新中国成立之初，政权待固，经济待发，文化待进，国家无暇无力亦无意将建设的目光首先投向卫生领域。可是，当时农村地区缺医少药的问题十分突出，农民对基本医疗卫生服务的需求亦极为迫切。1950 年 8 月，第一届全国卫生工作会议确定了"面向工农兵、预防为主、团结中西医"的工作方针。1951 年，中央政府宣布基本卫生保健应由村卫生员和防疫人员提供。1952 年，第二届全国卫生工作会议在第一届工作方针的基础上又增加了"卫生工作与群众工作相结合"的内容。1956 年，正当农业合作化迎来高潮之际，农业生产合作社开始兴办保健站。于是，经短期培训而上岗服务的保健员开始涌现。1958 年，农村人民公社化运动兴起，农业合作社"小社并大社"成立农村人民公社，确立了"三级所有（公社、生产大队和生产队）、队为基础"的权力格局。[3] 国家在公社设立卫生院，在生产大队设立保健室，在生产队则配备保健员、接生员和保育员。1959 年 6 月，卫生部下发了《关于卫生技术人员下放基层卫生组织与劳动锻炼问题的通知》，组织城市医务人员支援农村卫生工作。

客观地说，上述举措并没有从根本上改变城市医疗卫生资源过分集中而农村缺医少药问题十分严重的现状。1965 年 6 月 26 日，毛泽东发出指示（以下简称"六二六"指示），要求"把医疗卫生的重点放到农村去"，"培养一批农村也养得起的医生"。1965 年 8 月，为响应"六二六"指示，北京市先后组织了三批分别由北京中医医院、北京医学院等单位的专家组成的2000多人的巡回医疗队奔赴各郊区（县），各区（县）医院也纷纷组织医疗队，深入农村一线开展防病治病、计划生育、培养半农半医人员、建立基层卫生组织等工作，为农村合作医疗制度的建立和赤脚医生的培养打下了基础。[4]1968 年 9 月 10 日，《红旗》杂志刊登了一篇名为《从"赤脚医生"的成长看医学教育革命的方向》的调查报告，"赤脚医生"一词首次走进公众视野，此文后经《人民日报》《文汇报》等主流报刊转载，"赤脚医生"一词传遍大江南北。1981 年 2 月 27 日，《国务院批转卫生部关于合理解决赤脚医生补助问题的报告的通知》中提出，凡经考核合格、相当于中专水平的赤脚医生，发给"乡村医生"证书。"乡村医生"一词首次亮相于国人面前。1985 年 1 月 25日，刊载于《人民日报》上的《不再使用"赤脚医生"名称，巩固发展乡村医生队伍》一文指出，卫生部决定不再使用"文革"中沿袭下来的、含义不确切的"赤脚医生"名称。今后，凡经考试考核已达到相当于医士水平的，称为乡村医生。

1.2 赤脚医生的身份

1965 年，卫生部在《关于继续加强农村不脱离生产的卫生员接生员训练工作的意见（征求意见稿）》中指出："他们是亦农亦医性质，以从事农业生产为主，同时兼做群众性卫生工作。"同年，卫生部党委在《关于把卫生工作重点放到农村的报告》中指出，赤脚医生承担农村基本医疗卫生服务，是不脱产的卫生人员，即在生产队是指卫生员，在生产大队则一般是半农半医。1981 年 2 月 27 日，《国务院批转卫生部关于合理解决赤脚医生补助问题的报告的通知》指出："赤脚医生是农村开展医疗卫生工作和计划生育工作的重要力量，其中 1/3 左右的人已达到相当于中专水平。他们同民办教师一样，是农村的知识分子、技术人员。"由上述政策规定与精神可知，尽管国家将赤脚医生纳入农村知识分子和技术人员的行列，其执业特点也表现为亦农亦医，但就其本质而言仍然是农民，与同时期的民办教师一样，没有被国家纳入编制，不具有公职人员的身份。

2. 选拔

2.1 一般条件

"六二六"指示发布之后，首都地区的赤脚医生选拔工作迅速启动，北京通县（现为通州区）成为全国 4 个试点县之一。不过，早在 1965 年 1 月 31 日，卫生部在《关于培训不脱产卫生员的意见》中就指出，不脱产卫生员的选拔对象应当是"出身成分好，政治思想好，具有中、小学毕业文化水平，身体健康，有良好卫生习惯，热爱卫生工作的青年社员，具有上述条件的贫下中农子女优先选送"。北京市卫生局革命领导小组于 1968 年发布的《关于半农半医药品供应问题的几点意见》指出，从 1965 年冬至 1968 年 2 月底，北京市郊区（县）农村人民公社生产大队共培训了 5000 多名半农半医。1969 年，北京市政府正式确定在郊区（县）建立合作医疗制度。此后，选拔赤脚医生被纳入各郊区（县）卫生行政部门的日常工作范围。1979 年，《农村合作医疗章程（试行草案）》第 12 条对赤脚医生的选拔作了具体规定："赤脚医生人选要经社员群众讨论，选拔热心为群众服务、劳动好、有一定文化程度的社员，经过培训后担任。受群众欢迎的中草医也可以担任赤脚医生。"

2.2 特别考虑

2.2.1 人数与性别

1979 年《农村合作医疗章程（试行草案）》第 13 条规定："一般可按每五百人左右设一名赤脚医生，居住分散、合作医疗种药多的大队，可酌情略高于此标准。一个大队的赤脚医生人数，最少不得少于二人，其中要有女赤脚医生。"人数不少于两人，有助于解决赤脚医生参加集体生产劳动问题，保证不脱产，同时能够减轻赤脚医生在疾病多发季节的工作量，保证社员能够看得上病。由于山区各个生产队之间居住距离较远，故对人数作出特殊规定，方便村民就医。硬性要求设置女赤脚医生，针对的是农村的节育和接生工作，也照顾到农村这一熟人社会中村民的隐私。[5]

2.2.2 政治素养

由于当时农村的医疗卫生形势紧张、资源匮乏且环境较差，选拔肯为人民服务并能长期留在生产大队中的赤脚医生成了问题的关键（生产队推荐插队知青时特别考虑此点）。《农村合作医疗章程（试行草案）》第 5 条和第 15 条分别规定："实行合作医疗的社队要……抓好赤脚医生的政治思想工作"，"赤脚医生要努力学习马列主义、毛泽东思想，认真改造世界观，发扬实事求是的精神，密切联系群众"。

在考虑到上述因素之后，生产队就可以推荐赤脚医生人选，由大队党支部决定，然后由公社进行审查，再上报县卫生局，经县卫生局批准，则可成为赤脚医生。

3. 培训

3.1 培训原则与方法

在当时的历史条件下，我国采用了政治动员的方式来解决农村医疗卫生资源匮乏的问题，通过培训赤脚医生这一创举，有效弥补了农村医疗卫生资源中的核心要素——人力资源的空缺，初步实现了农民接受医疗卫生服务的公平性和可及性。考虑到赤脚医生的非专业出身和半农半医的工作特性，卫生部党委在其《关于把卫生工作重点放到农村的报告》中强调，在培训赤脚医生时，应当按照"精讲多练、又教又带"的原则，并采取"就地培养、学用结合、短期速成、复训提高"的办法。

3.2 培训内容

3.2.1 业务培训

3.2.1.1 面向全体赤脚医生的业务培训

1965 年，卫生部在《关于认真做好城市组织巡回医疗队下农村的通知》中强调："培训与巩固农村不脱产卫生员，是城市巡回医疗队下农村中的一项中心任务。"不过，这一时期的培训是短期的，上课时间只有 20 天，上完课后进行实习，每期培训时间共两个月。培训的内容包括生理解剖、病理知识、常见疾病与药物、防疫卫生、外伤处理、战地急救、针灸、简易护理操作、计划生育等。总体而言，这一阶段的培训主要还是以西医、西药为主。1968 年，国家提出医学教育改革，强调不能再用西医方式培训医生，于是培训的内容由西医向中医偏重。1969 年，北京市正式建立和施行合作医疗制度，赤脚医生的业务培训随之也呈现出系统化的态势，培训方式包括生产大队举办的赤脚医生学习班、公社与公社联办学习班、与第二医学院（现为首都医科大学）合办学习班以及市卫生学校面向各郊区（县）开展赤脚医生招生等。赤脚医生学习班在每年春、冬两季集中举办，每期 1～2 个月，主要培训的是"指导除四害、讲卫生，水管、粪管、高温堆肥等卫生防病措施"，如何"用中西两法防治常见病、多发病"，掌握"四大技术"（包扎、止血、固定、搬运）"，女赤脚医生兼做接生员，"要会新法接生、上环、取环、人工流产"。生产大队半农半医可采取"农闲训练、农忙归队、学了就做、做了再学"的办法，连训 2～3 年结业。

3.2.1.2 面向部分赤脚医生的业务培训

针对部分（通常是比较优秀的）赤脚医生，其培训方式又有不同，以下列举三种模式予以说明：第一种模式，北京医专实行的"轮训班教育"。该模式主要面向北京市郊区（县）具有一年以上实践经验的优秀赤脚医生进行招生，以学习中医、中药为主，初步掌握中医的基本理论，能够运用中医、中草药和新针疗法防治农村常见病、多发病，并通过互相交流，总结和推广农村的土方、土药及单方、验方的先进经验。第二种模式，生产大队的优秀赤脚医生与下放的卫生院医务人员进行"对流"。该模式要求，医务人员在农村提供基本医疗卫生服务，和贫下中农们一起生活、学习，而赤脚医生则保留职位，暂时离开农村到卫生院参加进一步的学习，以提高其业务水平。第三种模式，"社来社去赤脚医生大专班"。该模式是北京第二医院同郊区（县）以及有关医院合作，在农村相继办了 4 个"社来社去赤脚医生大学班"，面向全北京市具有 3～5 年以上实践经验的赤脚医生，其教员由北京第二医学院、友谊医院、工农兵医院、宣武医院、朝阳医院的基础教师和临床医生担任。

3.2.2 政治素养培训

在这一时期，加强赤脚医生的政治素养旨在让其提高阶级觉悟、路线斗争觉悟和继续革命觉悟。学习毛泽东的"老三篇"——《为人民服务》《纪念白求恩》和《愚公移山》，是赤脚医生思想政治学习的重要课程，培养"白求恩式的好医生"、全心全意为人民服务的赤脚医生，成为医德教育的重要目标。

3.3 培训考核

培训结束之后，"为了提高赤脚医生的业务水平，巩固发展农村合作医疗事业"，北京市卫生局采取全市统一命题的方式组织全市赤脚医生业务考核。考核前半年，市卫生局下发关于赤脚医生进行业务考核的通知和复习提纲，许多卫生院相继举办各类培训班。考试成绩及格（60 分）者，颁发赤脚医生证书。

4. 待遇

4.1 工分

4.1.1 业务工分

20 世纪 60 年代中期，赤脚医生与普通民众一样在集体中挣取工分。许多赤脚医生可以拿到其所在集体内的最高工分，男子每日最高工分为 10 分，女子为 8 分，若是工作完成优秀，还能额外再加一成工分。在计算工分时，赤脚医生进行医疗卫生服务的时间可以转化为农业生产时间，这样在等同的时间里，如果有人来诊疗就不用干活，劳动强度比普通民众略轻。[6] 1971年，中共中央《关于农村人民公社分配问题的指示》提出："赤脚医生应该坚持参加生产劳动，认真做好防病治病工作，每年参加集体生产劳动的时间可由大队根据情况确定；赤脚医生一年的报酬，一般应高于同等劳动力的水平，并纳入生产大队的统筹，男女赤脚医生应同工同酬。"

4.1.2 学习工分

1966 年，卫生部发布了《关于半农半医在学习期间不记工分的指示》，但该指示施行后不久就被废除了。从 1972 年《北京医专"赤脚医生"轮训班教育计划（试行草案）》来看，赤脚医生"学习期间，生产队照记工分，学校按规定发伙食费及书本费"；1979 年《农村合作医疗章程（试行草案）》第 16 条第 2 款规定："赤脚医生脱产集中学习期间，有关培训费用按当地规定，由国家支付。工分由大队负责。"如此规定对于赤脚医生而言无疑是合理的，若沿袭 1966 年的做法，不仅会打击赤脚医生的学习热情，而且也很难保证建立不久的合作医疗制度能够顺利实施。[7]

4.2 培训补助

1974 年 3 月 5 日，北京市财税局与卫生局共同发布的《关于培训农村赤脚医生经费补助标准的通知》指出，参加培训者（包括学习或实习）可在二角至四角的每日最高补助菜金额度内享有伙食补助待遇。"集中在县医院、公社卫生院举办的业务学习班学习者，每人每月另拨给教学经费（包括报纸、讲义和其他杂支）一元。"1979 年 10 月 26 日，伙食补助标准再次上调，"在公社卫生院进行培训由每人每天不超过二角的范围内补助菜金，调整为每人每天补助三角"；"集中到县医院或中心卫生院脱产进行培训者，由每人每天补助伙食费四角调整为每人每天五角"。此外，还有关于医务人员手术中不能按时吃饭的营养饮料报销等规定。1981 年 2 月 27 日，《国务院批转卫生部关于合理解决赤脚医生补助问题的报告的通知》中提出，凡经考核合格、相当于中专水平的赤脚医生，发给乡村医生证书，原则上给予相当于当地民办教师水平的待遇。1981年6月，北京市卫生局提出意见，要求将上述通知细化：经考核合格相当于中专水平的赤脚医生发给乡村医生证书（估计达40%~50%），原则上给予相当于民办教师水平的待遇，平均每月补助七元五角；对暂时达不到相当于中专水平，但持有"赤脚医生证书"的人员，平均每月补助三元至四元。同时，社、队还应保证他们的集体分配水平，在全年总收入上与同等劳力大体相等。但是，由于北京市并未通过政府划拨专款解决赤脚医生补助，本该由县卫生局负责的赤脚医生政府补助费无法得到贯彻落实，公社、大队付不起或者不愿支付的现象时有发生，因此在一段时期内，赤脚医生的补助费问题迟迟没有得到合理解决。

5. 服务

5.1 服务方式

赤脚医生时期的服务方式主要有以下三种类型：一是不仅面向本队，而且附近大队的农民也来找其看病，这样赤脚医生的任务较为繁重。出现这种情况可能是一个大队里只有一个能看病的赤脚医生，或者是生产大队的病人较多，倾向于脱产。二是农闲时在生产大队里巡诊，农忙时回到生产队参加集体劳动，这样一般是一年有三分之一的时间在田间劳作。三是在生产大队轮流值班（一个月或半个月一轮），这样的赤脚医生大致每人每年有半年时间参加劳动。

5.2 服务内容

这一时期，在"预防为主"的卫生方针下，赤脚医生首先要做好预防工作，努力搞好爱国卫生、除四害运动，减少传染病和流行病（如流脑、乙脑、肝炎、百日咳等），同时做好民众的预防注射工作，提高社员的健康水平。其次，赤脚医生要积极学会用中西医两法防治常见病，采、种、制、用中草药，积极办好土药厂，利用土方、验方、针灸、拔罐等方式，为贫下中农解除痛苦。此外，对于兼任接生员的女赤脚医生，还要求学会用新法接生以杜绝新生儿破伤风，以及学会上环、取环、人工流产等技术。不过，随着合作医疗的进一步开展，对赤脚医生的业务能力要求也越来越高。《北京市农村卫生工作 1976～1980 年规划》，要求三分之一赤脚医生能及时处理较重疾病，会输液、给氧和拔牙、小外科手术等技术。

6. 结语

赤脚医生曾与农村三级医疗卫生保健网、合作医疗制度并称为解决我国广大农村缺医少药问题的三件法宝。尽管其中大部分人没有经过系统的学习与培训，但凭借其业务上的精勤不倦、道德上的高尚纯洁以及政治上的忠诚尽责，还是缔造了"一根银针治百病"的传奇与"一颗红心暖千家"的良效。[8] 联合国妇女儿童基金会在 1980 年～1981 年年报上盛赞："中国的赤脚医生制度在落后的农村地区提供了初级护理，为不发达国家提高医疗卫生水平提供了样板。"纵观这一时期，特别是与普通民众相比，赤脚医生无论是在经济待遇上还是在社会地位上，均体现出一定的优越性。然而，随着 1978 年改革开放，尤其是 1982 年《全国农村工作会议纪要》中正式确认了家庭联产承包责任制的合法性之后，[9]赤脚医生的诸多方面发生了重大变化，这恰恰是接下来值得深入研究的问题。

参考文献：

［1］吕兆丰、线福华、王晓燕主编：《碧流琼沙——赤脚医生时期口述史》，北京燕山出版社 2010 年版。

［2］吕兆丰、线福华、王晓燕主编：《寒木春华——1985 年至 2010 年间乡村医生口述史》，北京燕山出版社 2012 年版。

［3］苗月霞：《中国乡村治理模式变迁的社会资本分析》，黑龙江人民出版社 2008 年版。

［4］李艳菊："北京郊区农村早期合作医疗制度的建立与发展"，载《北京党史》2007 年第 6 期。

［5］费孝通：《乡土中国》，人民出版社 2008 年版。

［6］卫生部：《中国卫生统计年鉴》，中国协和医科大学出版社 2005 年版。

［7］张自宽：《亲历农村卫生六十年：张自宽农村卫生文选》，中国协和医科大学出版社 2010 年版。

［8］韩俊、罗丹：《中国农村卫生调查》，上海远东出版社 2009 年版。

［9］薛刚凌：《农村法治建设研究》，中国方正出版社 2009 年版。

本文原刊载于《中国医院管理》2013 年第 6 期，略有修改。

论首都农村卫生室乡村医生的今生

——以政策与法律变迁为研究主线

刘炫麟　洪菡珑　王晓燕　刘晓霜

乡村医生群体的一生大致可以被划分为三个阶段："赤脚医生"时期[1]，"乡村医生"时期，"执业（助理）医师"时期[2]。本文立足于首都农村卫生室的从业人员，以政策与法律变迁为研究主线，从定位、选拔、培训、待遇和服务五个方面对"乡村医生"时期进行较为系统的研究，通过梳理目前乡村医生所面临的诸多困境，为今后的制度改革提供扎实的问题分析基础。

1. 定位

1.1 经济体制变革

与赤脚医生所处的"三级所有、队为基础"的政社合一体制下的人民公社时期不同，自 1981 年首次定名之时，乡村医生所面临的制度和社会环境就已经伴随着肇始于 1978 年的经济体制大改革而悄然发生变化。1982 年，中共中央批转《全国农村工作会议纪要》，决定以家庭联产承包责任制为基础、统分结合

34

的双层经营体制取代人民公社化时期的集体经济,[3] 并将之视为"党的农村政策的基石,必须毫不动摇地坚持"。随着人民公社的式微乃至消亡,集体经济组织趋于瓦解,集体化互助劳动生产模式被打破,农民(包括乡村医生)获得了土地的经营使用权。于是在农村医疗卫生系统,村卫生室、合作医疗和村医赖以生存的集体经济基础亦随之瓦解。在这样的背景下,卫生部于 1980 年出台的《关于允许个体开业行医问题的请示报告》为个体行医解决了合法性和正当性问题,加上同时期乡镇企业的崛起吸引了一部分农村卫生人员前往,直接导致原来集体性质的村卫生室逐渐演变成了自负盈亏的个体制村卫生室,村医也就逐渐成了个体医。也正是在这一时期,"赤脚医生"时期建立起来并维护良好的农村三级医疗卫生服务网的网底出现破损。

1.2 行政体制变革

1982 年 12 月 4 日,第五届全国人民代表大会第五次会议通过了《中华人民共和国宪法》,其中第 111 条规定:"城市和农村按居民居住地区设立的居民委员会或者村民委员会是基层群众性自治组织。"1987 年 11 月 24 日,第六届全国人民代表大会常务委员会第二十三次会议通过了《中华人民共和国村民委员会组织法(试行)》,其第 2 条规定:"村民委员会是村民自我管理、自我教育、自我服务的基层群众性自治组织",并且通过第 3 条明确了村民委员会与乡(镇)人民政府之间的关系,即"乡、民族乡、镇的人民政府对村民委员会的工作给予指导、支持和帮助。村民委员会协助乡、民族乡、镇的人民政府开展工作"。1998 年 11 月 4 日,《中华人民共和国村民委员会组织法》通过,《中华人民共和国村民委员会组织法(试行)》废止,其第 2 条和第 5 条对《中华人民共和国村民委员会组织法(试行）》第 2 条和第 3 条进行了相同确认。这使得自 1958 年人民公社开始的，一直渗入到村落的国家权力被收缩至乡镇，乡镇人民政府成为国家权力在乡村的最低层级。[4]

1.3 医疗行业管理体制变革

2002 年 10 月 19 日，中共中央、国务院《关于进一步加强农村卫生工作的决定》中提到："卫生院的人员、业务、经费等划归县级卫生行政部门按职责管理。"2003 年 7 月 8 日，北京市卫生局等六部门联合颁发并实施的《关于北京市乡村卫生机构改革与管理的实施意见》中亦指出，从 2003 年起，远郊区（县）乡镇卫生院的人员、业务、经费等划归区（县）卫生行政部门按职责管理。卫生院之所以由（乡镇政府）属地管理改革为（县卫生行政部门）垂直管理，一个极为重要的原因就是为了克服乡镇人民政府对乡镇卫生院的属地支持"要么不能、要么不足"的短板。该实施意见同时规定，原则上村卫生室由村委会举办，可以让符合行医资格的人员承包经营。2007 年 10 月 8 日，北京市人民政府办公厅转发卫生局等部门《关于建立健全乡村医生社会养老保险制度与基本待遇保障机制意见》中指出，村卫生室和健康工作室隶属于行政村村委会，岗位人员由村委会聘用。由此可见，国家没有将村卫生室上划为垂直管理，而是将之作为属地管理。

这三种变革融合在一起，对乡村医生的身份定位产生了极为重要的影响。首先，经济体制上的变革使得村卫生室和乡村医生因为失去集体经济依托而走向个体制；其次，政治体制上的变革在使得村委会获得高度自治权的同时，却因为经济体制上的变革而失去了强大的经济保障。因此，对于一部分村委会而言，其自身财政已是困难重重，自然无力再举办承担基本医疗和公共卫生服务职能的村卫生室，否则就不会出现许多村卫生室因为失去集体经济支持之后而迅速垮台的局面。于是，在行政领导上，村卫生室实际上处于许多村委会无能力管辖、乡镇人民政府与乡镇卫生院乃至区（县）卫生局无义务直接管辖的"几不靠"境地。[5]尽管 2009 年 3 月 17 日中共中央、国务院《关于深化医药卫生体制改革的意见》将村卫生室纳入农村三级医疗卫生服务网络的网底，但在体制上与处于龙头的县级医院、处于枢纽的乡镇卫生院相比，其尚未被纳入到编制之内，在此执业的乡村医生仍然属于农民，不具有公职人员的身份。2012年 12 月 28 日，北京市人力资源和社会保障局《关于调整北京市 2013 年最低工资标准的通知》中指出："我市最低工资标准由每小时不低于 7. 2 元、每月不低于 1260 元，调整到每小时不低于 8. 05 元、每月不低于 1400 元。"而目前，即便是纳入政府购买服务的乡村医生，每月也仅有 800 元的补助，远未达到首都地区的最低工资标准，这也反证了他们正游离于国家体制之外的现状。

2.　选拔

2.1 选拔条件

1985 年 1 月 24 日，在全国卫生厅局长会议的闭幕式上，时任卫生部副部长陈敏章宣布：卫生部决定不再使用"文革"中沿袭下来的、含义不确切的"赤脚医生"名称。今后，凡经过考试考核已达到相当于医士水平的，称为乡村医生；达不到医士水平的，都改称卫生员。这一决定宣布"赤脚医生"群体退出历史舞台。陈敏章在总结讲话中强调，在全面开展城市卫生工作改革的同时，不要忽视了农村卫生工作的改革。农村基层卫生组织的形式可以多样，但有一条原则是必须遵循的，那就是农村一级卫生预防保健网的作用不能削弱，更不能消失。[6]

国务院 2003 年制定的《乡村医生从业管理条例》于 2004 年 1 月 1 日正式实施。该条例第 12 条第 1 款将乡村医生的执业门槛从医士提高至执业助理医师或者执业医师。应当说，该条例注意到上述条款"一刀切"所带来的问题，又通过该条第 2 款规定："不具备前款规定条件的地区，根据实际需要，可以允许具有中等医学专业学历的人员，或者经培训达到中等医学专业水平的其他人员申请执业注册，进入村医疗卫生机构执业。具体办法由省、自治区、直辖市人民政府制定。"不过迄今为止，北京市尚未利用这一权变性条款出台相关文件予以细化。按照《乡村医生从业管理条例》第 10 条的规定，对于 2004 年 1 月 1 日前进入乡村医生队伍的村医，其只需满足"已经取得中等以上医学专业学历的；在村医疗卫生机构连续工作 20 年以上的；按照省、自治区、直辖市人民政府卫生行政主管部门制定的培训规划，接受培训取得合格证书的"三个条件之一，便可向县级人民政府卫生行政主管部门申请乡村医生执业注册，取得乡村医生执业证书后，继续在村卫生室执业。除此之外，首都所辖的绝大部分区（县）还对乡村医生候选人的政治素养、道德、身体条件、年龄、户籍有一定的要求和限制。

2.2 选拔程序

由于各区（县）对乡村医生的选拔程序大致相同，在此课题组以北京市密云县和门头沟区的操作为例予以说明。

2.2.1 密云模式

按照密云县卫生局《关于 2010 年乡村医生聘任实施意见》

的规定，乡村医生聘用程序首先由乡镇政府按各行政村人口数量提出乡村医生聘用计划；之后乡村医生向村委会提出书面申请，村委会将名单上报镇政府，汇总后上报卫生局；卫生局进行乡村医生的任职资格审核并将符合条件的人员名单发至各乡镇政府，各乡镇政府通知各村委会；最后经村委会同意并签订聘用协议后，另附身份证复印件、2009 年"乡村医生执业证书"复印件报县卫生局和乡镇政府备案。该文件同时规定，根据服务范围和服务人口确定乡村医生聘用数量，原则上人口1000 人以下的行政村配置乡村医生 1 名；1001～2000 人的行政村配置乡村医生 2 名；2001～3000 人的行政村配置乡村医生 3 名；3001～4000 人的行政村配置乡村医生 4 名；4000 人以上的行政村配置乡村医生 5 名。

2.2.2　门头沟模式

按照门头沟区《关于建立健全乡村医生基本待遇保障机制实施细则》的规定，乡村医生的选拔程序需要经过 10 个步骤：①乡村医生的聘用按个人申请，村委会推荐，镇卫生院初审，考试测评考核（考试、群众公议、镇卫生院评价），村委会择优聘用和镇政府审查的程序进行；②由各镇政府组织对应聘乡村医生的人员进行考试，考试的主要内容为预防保健、卫生法规、健康教育、基础医学知识等，考试分值为 30 分；③群众公议以本村村民民主测评和村委会评议打分为依据，村民代表民主测评为 25 分，村委会评议为 25 分；④镇卫生院负责平时工作的评价，专业技术、工作经验和参加继续教育培训情况的测评，分值20 分；⑤村委会公示考试测评考核情况；⑥村委会根据考试测评考核结果择优聘用；⑦村委会将拟聘用乡村医生报镇政府审核批准；⑧各村委会根据考试测评考核结果和镇政府对乡村医生聘用的意见建议确定拟聘用人员，并上报区卫生行政部门；⑨各村委会与受聘乡村医生签订聘用合同；⑩村委会公示聘用结果。

3. 培训

3.1 培训主体

培训主体由培训对象与培训提供方组成，培训对象为在首都农村卫生室执业的乡村医生，培训提供方为各级政府以及卫生行政部门、县医院、乡镇卫生院等。2001 年 12 月 29 日，卫生部发布了《2001～2010 年全国乡村医生教育规划》，该教育规划要求直辖市人民政府组织制定村医培训规划，县级人民政府依此培训规划制定培训计划，培训所需的经费列入县级财政预算；而乡镇人民政府及村民委员会则为村医培训提供条件。在制定相关规划与计划时，政府需因地制宜，针对当地实际情况、卫生需求及村医的特点，采取灵活多样的形式。中共中央、国务院《关于深化医药卫生体制改革的意见》要求，各级政府对村医的培训做好前期准备工作，最终由县级医院承担对村卫生室的业务技术指导和卫生人员的进修培训。

3.2 培训内容

2004 年 1 月 12 日，卫生部办公厅《关于印发〈乡村医生在岗培训基本要求〉的通知》根据农村的基本情况以及常见的伤病，对乡村医生的在岗培训从素质要求与业务要求两方面作出规定，且后者更加细化。后者包括农村初级卫生保健，全科医学与社区卫生服务，妇女保健、儿童保健以及计划生育技术指导，中医，中药基本知识，医学基础，临床实践，医学心理学。2006 年 9 月 11 日，《2006～2010 年北京市乡村医生岗位培训规划》发布，该规划要求村医的培训内容包括相关医疗法律法规，临床操作技能，各季节常见病、多发病、传染病、慢性病防治、鉴别诊断的理论知识及实际操作技能，适宜中西医技术，急救（包扎、抢救、搬运等），合理用药等。2010 年，北京市卫生局《关于开展村卫生室技术支持第一批十项急诊急救技术的通知》指出，村医需要修习的十项急救技术，具体包括心脏呼吸骤停、眼外伤、开放性腹腔脏器损伤、脊柱脊椎损伤、四肢骨折、淹溺、中暑、急性有机磷杀虫剂中毒、急性酒精中毒和急性呼吸道梗阻。

3.3 培训方式

与赤脚医生时期主要采取面授的方式不同，乡村医生时期的培训方式大多以视频与面授相结合的方式为主。视频教学比较直观，让村医不拘泥于课本去汲取知识，而且内容比较全面，但交流性存在欠缺。另外，由于村内电子设备条件有限，乡村医生须到乡镇卫生院接受培训，无形之中给村医增添了不便和加重了负担。相反，面授交流性强，但在知识的全面性上面临着不足，而且容易受到时空、人员等诸多因素的影响和制约。面授和视频两种方式相互补充，相辅相成，可以收到不错的实效。此外，2011 年国务院办公厅《关于进一步加强乡村医生队伍建设的指导意见》中指出，各级卫生行政部门还可采取临床进修、集中培训和城乡对口等多种方式，选派乡村医生到县级医疗卫生机构或医学院校接受培训。

3.4 培训时限

我国《乡村医生从业管理条例》第 31 条规定，村医至少每两年接受一次培训。2004 年 1 月 12 日卫生部办公厅《关于印发〈乡村医生在岗培训基本要求〉的通知》中规定，乡村医生每两年参加集中培训时间不得少于 100 学时。2011 年 7 月 2 日国务院办公厅《关于进一步加强乡村医生队伍建设的指导意见》要求，县级卫生行政部门对在村卫生室执业的乡村医生每年免费培训不少于两次，累计培训时间不少于两周。

3.5 培训考核

2008 年 8 月 1 日公布的《乡村医生考核办法》中规定，培训之中穿插着考核与考试是检验培训是否有效的方法。除此之外，村医每两年还需参加一次考核，目的是不断巩固、提高村医的医疗技术和执业水平。全国村医的考核工作由卫生部负责，省级和设区的市级卫生行政部门负责本行政区域内的监督管理工作，县级卫生行政部门负责本行政区域内的组织工作并应当成立乡村医生考核委员会，负责乡村医生考核的具体实施工作。考核合格的村医可以继续执业；不合格的，6 个月内可申请再考次核。逾期未申请或者再次考核仍不合格的，则有可能要退出村医队伍。

4. 待遇

4.1 政府购买服务补助

2008 年，北京市开始实施"农村基本医疗卫生村级项目"政府购买政策。于是，村卫生室按照是否被纳入政府购买服务为标准可划分为两类：一为政府购买服务的村卫生室，二为非政府购买服务的村卫生室。由于非政府购买服务的村卫生室不承担公共卫生和零差价药品销售的服务职能，所以其实行自主经营，自负盈亏，不享受政府补助。北京市卫生局《关于进一步做好乡村医生基本待遇工作的通知》中指出，对于纳入政府购买服务的村卫生室，应当按照《北京市村级基本医疗卫生服务免费项目表》承担公共卫生、基本医疗服务项目，由市、区两级财政按每人每月 800 元拨付补助费。其中，村医承担村级公共卫生服务的，每人每月补助 400 元，提供常见病防治和为群众提供零差价药品服务的，每人每月补助 400 元。[7]

4.2 养老保险补助

2007 年，北京市人民政府办公厅转发市卫生局等部门《关于建立健全乡村医生社会养老保险制度与基本待遇保障机制的意见》，该意见指出，村医的养老保险原则上由市、区（县）和个人按照 2:1:2 的比例承担逐缴部分。目前，村医男性满 60 周岁、女性满 55 周岁并且执业累计满 20 年，每人每月可领取养老金 300 元；若未满 20 年，每执业 1 年，每人每月领取养老金 15 元。与之相比，村民男性满 60 周岁、女性满 55 周岁，每人每月可领取养老金 280 元。由此可见，尽管乡村医生与村民每月领取的养老金在数额上差别不大，但村民需要完全由自己缴纳保险费，而乡村医生仅承担 25% 的保险费，可以视为特殊的待遇补助。

5. 服务

在首都农村卫生室执业的乡村医生，其服务大致可分为两个阶段，第一个阶段为 1985 年至 2007 年，即从国家规定停止使用"赤脚医生"而改称"乡村医生"开始至首都地区实施"农村基本医疗卫生村级项目"政府购买政策之前；第二个阶段为 2008 年至今，即首都地区实施"农村基本医疗卫生村级项目"

政府购买政策之后。

5.1 第一阶段（1985 年～2007 年）

在首都地区农村卫生室执业的乡村医生在这一阶段所肩负的职能大致相同，并无是否被纳入政府购买服务的区分，其一同受到改革开放尤其是家庭联产承包制责任制的影响，变成了以个体行医为主。《关于制定〈北京市乡村卫生机构基本建设及医用设备配置标准试行〉的几点说明》中规定，农村卫生室是村级卫生机构，承担乡镇卫生机构安排的疾病预防、妇幼保健、健康促进等公共卫生方面的具体工作，向村民提供常见病、多发病的诊治、转诊和巡诊服务。

5.2 第二阶段（2008 年至今）

如前所述，首都地区从 2008 起开始实施"农村基本医疗卫生村级项目"政府购买政策。对于纳入政府购买服务的村卫生室，其服务职能涵盖公共卫生和基本医疗两大块。其中，基本医疗涉及常见病的门诊、急诊、转诊、量血压、一般注射和皮下注射、输液等；公共卫生则包括协助镇卫生院医生为农民接种各种疫苗、四种常见慢性病管理等。此外，根据北京市卫生局《关于进一步做好乡村医生基本待遇工作的通知》的规定，纳入政府购买服务的村卫生室还需要承担一定比例的药品零差价服务。与基本医疗相比，首都各区（县）对纳入政府购买服务的村卫生室所承担的公共卫生服务作了更为详细的规定，如《密云县村卫生室管理办法》第 8 条就规定了十项内容，具体包括：①预防接种，协助做好建卡、建册、通知适龄人员接种等工作；②传染病控制，协助做好疫情监测、传染病疫情报告和传染病病人访视等工作；③慢性非传染病防治，协助做好高血压病筛查，高血压病、糖尿病和脑卒中病例的管理工作；④妇女保健与生殖健康，协助做好产后访视保健工作；⑤计划生育，做好计划生育技术指导、育龄夫妇卫生保健指导等工作；⑥儿童保健，协助做好新生儿访视保健等工作；⑦精神卫生服务，协助做好精神病人访视、精神病人监护等工作；⑧健康教育，做好残疾人、老年人、肠道疾病和慢性病等防治的健康教育工作；⑨健康信息管理，协助做好村民个人健康档案的建立和管理等工作；⑩老年保健，协助做好老年人健康体检工作。对于非纳入政府购买服务的村卫生室，其基本医疗服务与纳入政府购买服务的村卫生室基本相同，但其不需要提供公共卫生和零差价药品销售服务。

6. 结语

尽管 1985 年国家决定停用"赤脚医生"一词，但无论是从赤脚医生延续下来的乡村医生，还是通过考试考核新进入首都农村卫生室执业的乡村医生，其大部分秉持了赤脚医生时期所保有的优秀品质。无奈经济、政治以及社会等制度变革在这一时期过于频繁和激烈，在一定程度上超出了包括卫生管理者在内的所有人的主观预期。例如，我国自 20 世纪 80 年代初已建立起"乡政村治"的体制，但实践中就出现了以下两个方面的问题：一方面，该体制本身需要一个自我发展和自我完善的过程；另一方面，处于该体制之下的乡村医生、村干部和村民亦需一个思想认识转变的过程，甚至对于乡（镇）及其以上的人民政府的领导而言，也存在着思想准备不足和工作跟不上的问题。乡村医生的待遇较低，地位下降，导致其主动提高自己业务水平和道德素质的诉求严重不足，而这与这一时期日益增长和提高的农民就医服务需求是背道而驰的。因此，先前建立的和谐医患关系开始走向紧张，时至 21 世纪，更是如此。于是，农村居民开始无秩序地转向城市大医院、名医院诊疗，"看病难、看病贵"的问题凸显尽致。如今，在乡村医生流失和后续补充乏力的复合影响下，农村三级医疗卫生服务网的网底面临进一步破损之虞。"穷则变，变则通，通则久"，未来乡村医生将如何改革，这确实是接下来需要认真思考和研究的问题。

参考文献：

[1] 吕兆丰、线福华、王晓燕主编：《碧流琼沙——赤脚医生时期口述史》，北京燕山出版社 2010 年版。

[2] 吕兆丰、线福华、王晓燕主编：《寒木春华——1985 年至 2010 年间乡村医生口述史》，北京燕山出版社 2012 年版。

[3] 伍凤兰：《农村合作医疗的制度变迁研究》，浙江大学出版社 2009 年版。

[4] 罗平汉：《村民自治史》，福建人民出版社 2006 年版。

[5] 韩俊、罗丹：《中国农村卫生调查》，上海远东出版社 2009 年版。

[6] "陈敏章同志在全国卫生厅局长会议上的总结讲话"，载《中国医院管理》1985 年第 2 期。

[7] 刘炫麟、王晓燕："论新农合政策下政府、村民与定点村卫生室之间的法律关系"，载《卫生软科学》2012 年第 10 期。

本文原刊载于《中国医院管理》
2013 年第 6 期，略有修改。

论首都农村卫生室乡村医生的未来

——以政策与法律变迁为研究主线

刘炫麟　　王晓燕　　刘晓霜　　洪菡珑

  立足于乡村医生的现在，回顾乡村医生的过去，展望乡村医生的未来，这一群体的一生大致可以被划分为三个阶段：第一阶段为 1965 年～1985 年，即从"赤脚医生"产生之日始至国家停止使用这一名称之日止，可将之概括为"赤脚医生"时期。[1]第二阶段为 1985 年～2003 年，即从国家停止使用"赤脚医生"这一名称之日始至《乡村医生从业管理条例》实施之日止，可将之概括为"乡村医生"时期。需要特别说明的是，对于 2004 年之前已经取得乡村医生资格但进入 2004 年之后尚未取得执业（助理）医师资格的乡村医生，仍然属于这一阶段。乡村医生这一群体医生的第三阶段为 2004 年之后，即在《乡村医生从业管理条例》正式实施之后取得执业医师或者执业助理医师资格在农村卫生室执业阶段，可将之概括为"执业（助理）医师"时期。[2]本文立足于首都农村卫生室的从业人员，以政策与法律变迁为研究主线，从定位、选拔、培训、待遇和服务五个方面对前述第三阶段进行了较为系统的研究与设想，在把握现有政策与法律精神的基础上，对乡村医生的未来作一个前瞻性的描述，旨在为今后的制度改革提供参考与启迪。

1. 定位

1.1 人群范围

从 20 世纪 90 年代开始，伴随着市场经济体制的确立与发展，广大人民群众的就医服务需求日益提高，乡村医生保有的医学教育、技术职称以及业务能力已经难以匹配此种需求。于是，《国务院批转卫生部等部门关于改革和加强农村医疗卫生工作请示的通知》《执业医师法》和中共中央、国务院《关于进一步加强农村卫生工作的决定》等政策与法律文件接踵而来，其主要目的之一就是试图调和这一矛盾。2003 年，国务院"重拳出击"，制定了《乡村医生从业管理条例》，其第 12 条规定："本条例公布之日起进入村医疗卫生机构从事预防、保健和医疗服务的人员，应当具备执业医师或者执业助理医师资格。"《关于制定〈北京市乡村卫生机构基本建设及医用设备配置标准试行〉的几点说明》中指出，村级医疗卫生机构是指农村社区卫生服务站和村卫生室。不过需要注意的是，我国《乡村医生从业管理条例》第 49 条同时规定："本条例自 2004 年 1 月 1 日起实施。"从法律冲突的解释与处理的一般原理出发，应当以后者为准。因此这意味着，2004 年 1 月 1 日之后新进入首都农村卫生室执业的人员需要具备执业（助理）医师资格，这是本文讨论的主要人群。除此之外，人群范围还应当涵盖目前是乡村医生而之后又考取了执业（助理）医师资格并选择继续在首都农村卫生室执业的人员。

1.2 身份设想

我国《乡村医生从业管理条例》第 2 条第 2 款规定："村医疗卫生机构中的执业医师或者执业助理医师资格，依照《执业医师法》的规定管理，不适用本条例。"由此可知，2004 年 1 月 1 日之后，在首都农村卫生室执业的执业（助理）医师，尽管在生活习惯上依然有可能被一部分社会公众误称为"乡村医生"，但究其实质，其已经进入执业（助理）医师的行列了。无论是乡村医生的前世——赤脚医生，还是乡村医生的今生，其身份在本质上依然是农民，始终没能进入国家编制，始终未能进入公职人员的行列，这也同样适用于当下已经取得执业（助理）医师资格而在农村卫生室执业的人员。不过，随着我国医药卫生体制改革的深化，特别是随着国家积极推进乡村一体化管理，最终将实现在县级卫生行政部门统一规划和组织实施下，以乡镇为范围，对乡镇卫生院和村卫生室的行政、业务、药械、财务和绩效考核等方面予以整合与规范。[3] 因此，课题组有理由相信，未来在首都农村卫生室执业的执业（助理）医师将由目前的村委会聘用转向乡镇卫生院聘用，一定会在人事上建立起互通的桥梁。这意味着，未来这部分人员将有可能进入国家的保障体系之内，甚至拥有公职人员的身份，极其类似于目前在社区卫生服务中心（多数情况下该中心与乡镇卫生院属于一套人马两块牌子）的派出机构——社区卫生服务站工作的医务人员，至于其执业机构是否仍然沿用目前的称谓——村卫生室，已无关紧要。[4]

2. 选拔

2.1 法律与政策目标

可以说，从赤脚医生的诞生，到发展为乡村医生，再到执业（助理）医师，每一个阶段都为其设定了一些具体的选拔条件，并且呈现出越来越严格的态势。前文已述，我国《乡村医生从业管理条例》于 2004 年 1 月 1 日正式实施之后，新进入的人员需具备执业（助理）医师资格，那么，其后续人员也将从取得该资格的人群中选拔。2001 年，卫生部制定了《2001～2010 年全国乡村医生教育规划》，该规划指出："各地应根据具体情况，鼓励符合条件的乡村医生参加国家执业医师资格考试，使其逐步纳入《执业医师法》的管理轨道。其中，1970 年 12 月 31 日以后出生的乡村医生必须取得执业助理医师资格。"同年，国务院体改办、国家计委、财政部、农业部及卫生部联合发布的《关于农村卫生改革与发展的指导意见》中提出："要加强对现有乡村医生的学历教育，新进入村卫生室的人员应具备执业助理医师资格，力争用 10 年时间在大部分农村地区完成乡村医生向执业助理医师的转化。"2002 年，中共中央、国务院《关于进一步加强农村卫生工作的决定》中指出："到 2010 年，全国大多数乡村医生要具备执业助理医师及以上执业资格。"同年，为了贯彻落实该决定，加强农村卫生人才培养和队伍建设，卫生部、教育部、财政部、人事部、农业部联合制定了《关于加强农村卫生人才培养和队伍建设的意见》，再次强调了上述目标。

2.2 现实情况

目前，无论是放眼全国其他省（区）市，还是立足于首都北京，践行上述规定的现实情况很不乐观。根据 2012 年卫生部统计信息中心发布的《中国卫生统计提要》数据显示，截止到 2011 年年底，我国共有村卫生室人员 1 350 222 人，其中乡村医生和卫生员 1 126 443 人，约占 83.43%；有执业（助理）医师资格的有 193 277 人，约占 14.31%。根据《2011 年北京市卫生工作统计资料》显示，截止到 2011 年年底，北京市 2 986 个村卫生室中共有 4 031 人，其中乡村医生和卫生员 3 746 人，约占 92.93%；有执业（助理）医师资格的为 255 人，约占 6.33%。[5]

2.3 选拔改革

课题组认为，未来在村卫生室执业的执业（助理）医师的选拔，其主流将不是现有乡村医生的转化，这主要受困于其人员年龄偏大、学历偏低等现实因素。根据课题组的调研结果显示，在首都 10 个郊区（县）共 3090 名乡村医生中，村医的平均年龄达到了 58 岁。基础学历为小学的有 67 名，约占 2.17%；为初中的 1169，约占 37.84%；为高中的有 452 名，约占 14.62%，为中专的有 1163 名，约占 40.88%；为大专的有 131 名，约占 4.24%；为本科的有 8 名，约占 0.26%。医学专业学历为中专的有 1908 人，约占 61.77%；为大专的有 737 名，约占 23.84%；为本科的有 36 名，约占 1.16%；另有 409 名村医没有医学专业学历。[6]因此，后续人力资源的主要补充通过以下两个路径进行似乎更为切实：一是乡镇卫生院医务人员的下沉（或者派出）；二是充分利用有关法律条款和政策文件的弹性空间作出相应的改革。例如，针对在村级医疗卫生机构执业的人员可考虑建立"农村执业（助理）医师"考试制度，以解决当前人员，按照《执业医师法》的规定考取执业（助理）医师资格比较困难的问题。可喜的是，2010 年卫生部《关于开展乡镇执业助理医师资格考试试点工作的通知》中指出，在江西、贵州、云南和甘肃四省进行试点，在现行执业助理医师资格考试中增设针对乡镇卫生院在岗行医但无执业助理医师资格人员的单独考试。该考试与国家医师资格考试统一组织，单独命题，单独划定合格线，考试合格发给执业助理医师资格证书，限定在乡镇卫生院执业。[3]可以说，这已向选拔改革迈出了较为重要的一步。

3. 培训

3.1 培训主体

培训主体分为接受培训的对象和提供培训的主体。接受培训的对象自然就是前文界定的在首都农村卫生室执业的执业（助理）医师，而提供培训的主体则需要分别讨论。综观而论，提供培训的最重要的主体有两个，一是卫生行政部门，二是乡镇卫生院，二者是本文研究的重点。除此之外，县医院、疾病预防控制中心等机构亦会为其提供培训服务，但在此不赘述。

3.1.1 卫生行政部门

我国《执业医师法》第 34 条规定："县级以上人民政府卫生行政部门应当制定医师培训计划，对医师进行多种形式的培训，为医师接受继续医学教育提供条件。县级以上人民政府卫生行政部门应当采取有力措施，对在农村和少数民族地区从事医疗、预防、保健业务的医务人员实施培训。"其第 35 条规定：

"医疗、预防、保健机构应当按照规定和计划保证本机构医师的培训和继续医学教育。县级以上人民政府卫生行政部门委托的承担医师考核任务的医疗卫生机构，应当为医师的培训和接受继续医学教育提供和创造条件。"

3.1.2　乡镇卫生院

作为农村三级卫生服务网的枢纽，乡镇卫生院是实现农村各项卫生工作的关键所在。[7]卫生部办公厅在《关于推进乡村卫生服务一体化管理的意见》中指出："乡镇卫生院要制定村卫生室从业人员培训计划，通过业务讲座、临床带教和例会等方式加强对村卫生室的业务指导，切实提高村卫生室从业人员的业务技术水平。"

3.2　培训内容

未来，随着首都地区城市化进程的不断拓展，其农村区域将向城市社区建制的方向发展。针对在首都农村卫生室执业的执业（助理）医师的培训，其内容仍然要围绕为社区居民提供公共卫生和基本医疗服务进行。[8]将乡镇卫生院和村卫生室纳入一体化管理之后，可以有效实现其人员的轮转，因此，未来在农村卫生室执业的执业（助理）医师还需要遵循《乡镇卫生院管理办法（试行）》第11条的规定："承担当地居民健康档案、健康教育、传染病防治、儿童保健、孕产妇保健、老年人保健、慢性病管理、重性精神疾病患者管理等国家基本公共卫生服务项目。协助实施疾病防控、农村妇女住院分娩等重大公共卫生项目、卫生应急等任务。"

3.3　培训方式

与赤脚医生时期的面授为主、乡村医生时期的面授与视频教学并重的方式不同，未来在首都农村卫生室执业的执业（助理）医师将主要通过互联网来完成学习、考核与考试。不过，在接下来的一段时期内，完全取代面授等传统方式是不太可能的，也是不可取的。这一方面受制于硬件（如电脑配备）与软件（如授课内容制作）的配备设施依然存在很大程度上的欠缺，另一方面，相关人员也未达到一定的专业化程度。此外，医学学科较强的实践性特质也决定了面授这一培训方式是不可或缺的。

4 待遇

未来，随着国家乡村卫生服务一体化的纵深推进，首都农村卫生室将改变目前对政府购买服务和非政府购买服务的区分，实现融合统一。对于在首都农村卫生室执业的执业（助理）医师待遇，也将由目前的纳入政府购买服务的乡村医生每月补助800元、非纳入政府购买服务的乡村医生实行自负盈亏，向与乡镇卫生院医务人员待遇齐平甚至超越的方向发展。这是因为在交通不便、条件艰苦的区域，政府还将给予一定的特别补助。这意味着，未来在农村社区执业的执业（助理）医师将不再像今天的乡村医生一样是一种身份表征，而是一种职业选择。换言之，未来的执业（助理）医师上岗、晋升，均需要拥有一定年限的基层工作经历，但为了避免刚入职的医务人员因为技术、经验、沟通等方面的欠缺而在农村遭遇较多障碍，需要设计一套切实可行的轮转方案。比如，可规定在工作一定年限之后才去轮转，在此期间还应鼓励和保障其到其他医疗机构或者业务单位进修、学习。

5. 服务

　　未来，尤其是对于首都地区而言，乡镇卫生院与村级医疗卫生机构的差别将进一步缩小，卫生院的大部分业务（基本医疗和公共卫生）也将被分解到村级医疗卫生机构（农村卫生室是主体），乡镇卫生院的枢纽作用将主要体现在政策精神的上传下达、信息统计以及对相关人员的培训上。按照我国《乡镇卫生院建设标准》第 5 条的规定，乡镇卫生院按功能分为一般卫生院和中心卫生院。一般卫生院提供预防保健、基本医疗、健康教育、康复等综合性服务；受县级卫生行政部门的委托承担辖区内的公共卫生管理；负责对村级卫生机构的技术指导和对乡村医生的培训等。中心卫生院是一定区域范围内的预防、保健、医疗技术指导中心，除具有一般卫生院的功能外，还承担协助县级卫生机构开展对区域范围内一般卫生院的技术指导等工作。

6. 结语

　　将乡村卫生服务纳入一体化管理之后，诸多积存已久的问题将得到解决。例如，在首都农村卫生室执业的执业（助理）医师，其工资、保险等方面将更加规范化和合理化；首都农村卫生室"非营利性医疗机构执业许可证"上的法定代表人一栏也将更具实质意义，因为课题组在实地观察中发现，目前该栏几乎为空白或者填写村委会主任的姓名，但当课题组对村医进行深入访谈时却得知，目前在村卫生室执业的乡村医生如果出现了医疗损害案件，其责任由乡村医生个人承担，村委会不承担；首都地区的农村卫生室将改变目前仅有密云县可以进行新农合报销的局面，这为国家在农村卫生室中推广零差价药品服务和基本药物政策提供了前提条件，差额部分完全可以通过国家的补偿机制来完成。课题组坚信，随着乡村卫生服务一体化管理的深入，农村卫生室提供的医疗卫生服务将更加契合于农村居民日益增长的就医需求，城乡二元化医疗卫生资源失衡的不合理现象才有可能得到根本性的纠正，[9]最终将实现医疗卫生服务的均等化、可及性和公平性目标！

参考文献：

[1] 吕兆丰、线福华、王晓燕主编：《碧流琼沙——赤脚医生时期口述史》，北京燕山出版社 2010 年版。

[2] 吕兆丰、线福华、王晓燕主编：《寒木春华——1985 年至 2010 年间乡村医生口述史》，北京燕山出版社 2012 年版。

[3] 吕兆丰、王晓燕、线福华主编：《吾土吾民——北京市怀柔区村卫生室实地研究》，北京燕山出版社 2011 年版。

[4] 王红漫：《大国卫生之难：中国农村医疗卫生现状与制度改革探讨》，北京大学出版社 2004 年版。

[5] 首都医科大学"医改背景下的首都农村卫生人力资源配置研究"课题组：《北京市村级卫生人力资源配置标图信息兜底调研报告》，北京出版社 2012 年版。

[6] 杨帆、贾红英、左伶俐等："乡村医生向执业（助理）医师过渡的相关政策研究"，载《中国卫生事业管理》2007 年第 6 期。

[7] 方鹏骞、徐琼花："我国乡镇卫生院公共卫生管理功能定

位思考"，载《中国卫生事业管理》2007年第6期。

[8] 薛刚凌：《农村法治建设研究》，中国方正出版社2009年版。

[9] 李晓燕：《农村卫生资源配置公平性与效率研究》，中国农业出版社2010年版。

本文原刊载于《中国医院管理》
2013年第6期，略有修改。

论"乡政村治"体制对乡村医生数量、质量与分布的影响

刘炫麟

客观而公允地说，如何立足于中国的基本国情，建设有中国特色的社会主义农村卫生体制，是我们探索已久但迄今尚未完全解决的课题。2009 年发布的中共中央、国务院《关于深化医药卫生体制改革的意见》中指出，我们要加强基层医疗卫生机构建设，完善农村三级医疗卫生服务网络，加强基层医疗卫生队伍建设。在农村三级医疗卫生服务网络中，县医院是龙头，乡镇卫生院是枢纽，村卫生室是网底。此种功能设定与角色安排意味着，村卫生室成为护佑一个村落全体村民身康体健的首道屏障，在此执业的乡村医生实际上起到了驻守这一屏障的卫士功用。因此，农村卫生室人力资源的合理化配置就成为国家向农村居民提供医疗卫生服务过程中的关键甚至核心要素，其人力资源的数量是否充足、质量是否合格以及分布是否均衡，将直接影响到国家"人人享有基本医疗卫生服务"这一目标的实现，直接关系到"构建社会主义和谐社会"这一重任的完成。

回溯历史可以发现，我国于 1965 年通过自上而下且具政治动员性质的方式开启了培养赤脚医生的大幕，该群体于 1985 年进行了细分，即达到医士水平的改称"乡村医生"，达不到医士

水平的改称"卫生员"。这种称谓上的变化是显而易见的，但更需考虑的是，这一时间节点恰好处于我国政治经济体制变革的交接阶段，即在经济体制上由集体经济变革为家庭联产承包责任制，在政治体制上由"政社合一"体制变革为"乡政村治"体制。三十余年的社会实践证明，这种体制变革对我国农村社会生活的影响是深刻且立体的，既取得了辉煌卓著的成绩，亦累积下了深值反思的问题，其中就包括该体制对农村医疗卫生领域中乡村医生配置（主要包括数量、质量和分布）的影响。尽管乡村医生的配置问题受到政治、经济、法律、历史、文化、教育等多种因素的综合影响，拥有一个较为复杂的原因系统，但上述体制变革作为重要的影响因素之一，其研究价值显然不可小觑。为了使问题的研讨更为集中，本文的论域限定在"乡政村治"体制对乡村医生数量、质量和分布的影响。其中，"乡政村治"体制是指国家基层政权设立在乡镇，在乡镇以下的村实行村民自治。乡镇作为国家的一级政权机关，其组织设置与县级组织相一致，采取上下对口、条块结合的组织原则。在乡镇以下的村庄，国家不设政权组织，而是依法设立"村委会"，由村民直选村委会组成人员。[1]

1. "乡政村治"体制对乡村医生数量的影响

1.1 乡村医生的职业吸引力显著下降

乡村医生肇始于赤脚医生，尽管二者均未进入国家体制之内成为在编的公职人员，但与乡村医生相比，赤脚医生的社会地位和经济收入还是有所保障，通常不低于同等劳动力和一般的村干部。[2]究其原因，这在很大程度上得益于各级领导的重视，更得益于几乎同时期建立的人民公社体制。在贯彻与执行"三级所有、队为基础"的分配模式之下，生产大队（相当于村委会一级）对卫生室（前期称为合作医疗室）和赤脚医生的支持拥有绝对的话语权，这亦是人民公社时期农村卫生室能够始终保持公益性的重要原因之一。然而，1978 年国家实行经济体制改革之后，党和国家迅速在农村建立起以"家庭联产承包经营为基础、统分结合的双层经营体制"，并将其视为"党的农村政策的基石，必须毫不动摇地坚持"。[3] 于是，伴随着集体化经济的崩溃，家庭经济开始回归，家族、宗族人员数量多的优势逐渐呈现，在以"血缘为核心、地缘为基础"的村落中，大姓中的某位或者某几位成员不可避免地被家族与宗族推选为村干部，成为他们局部势力在村委会中的利益代表。然而，无论是大姓选民还是小姓选民，当他们在行使选举权选出村委会的组成人员之后都形成了相同的结果——权利穷竭。因为村干部在成功当选之后并不一定会兑现自己在竞选时的承诺，其中就包括支持与帮助村卫生室的建设与发展，因为这一事业的开展不仅在村委会的收入分配上毫无获益（大部分村卫生室实行独立核算），反而需要承担一定的责任与风险。尤其是在一部分村委会失去集体化经济的支撑之后，其已经无力支持村卫生室的建设与发展，这种尴尬境地致使其将工作的重点转移到如何为村里进行创收上。

国家经济体制的变革与村委会工作重点的调整直接影响到农村医疗卫生事业的发展，首当其冲的就是农村卫生室和在此执业的乡村医生。最为直观的反射镜像便是一批国家举办或者集体甚至单位举办的村卫生室开始转化为自主经营、自负盈亏的私立卫生室，并且以较快的速度得以扩展；与之相对应的是，一部分乡村医生开始转变为纯粹的个体制，甚至还有一部分乡村医生因为生计所迫而另择他业。于是，在农村卫生室执业的乡村医生的数量开始减少，加之后续人力资源的补充相对乏力，村级医疗卫生事业的发展遭遇困境，并在局部地区出现了网底破损等突出问题。2012 年 12 月，卫生部等五部委联合颁发了《关于农村卫生机构改革与管理的意见》，该文件指出，村卫生室"可采取村民委员会办、乡（镇）卫生院办、乡村联办、社会承办或者有执业资格的个人承办等多种形式举办"。于是，不相吻合的问题就此涌现，即一部分村委会在实行"乡政村治"体制之后，已经没有能力再举办承担基本医疗和公共卫生服务职能的村卫生室，否则也不会出现许多村卫生室因为失去集体化经济的支持而迅速垮台的局面。而且更为重要的是，由于医疗卫生事业具有专业性强、技术性高的特质，当前对村卫生室的业务管理和技术指导主要由乡镇卫生院依据县级卫生行政部门的委托进行，村委会作为村民自我管理、自我教育、自我服务的基层群众性自治组织，其对村卫生室的管理不得不退化至最为基础的属地管理。尽管村委会在名义上仍是村卫生室的直接领导，但其几乎从不涉及村卫生室的具体业务，这在一定程度上容易致使村委会的干部产生这样一种并不正确的观念，即村委会已经没有义务、责任和能力支持村卫生室的建设与发展，因此现实中大部分村卫生室的资金筹措均由乡村医生自己解决。正是在这样一种情势之下，一部分村卫生室的生存受到威胁，发展受到限制，与之相伴相生的必然是乡村医生职业吸引力的显著下降，这直接影响到乡村医生队伍的现有稳定与后续补充。

1.2　乡村医生执业准入上的逻辑悖论

无论是中央政府还是地方各级政府，对于缩小甚至消除城乡差距的努力几乎从未间断，但不得不承认，无论是经济发展还是医疗保障，当前城乡之间的差距仍然明显，适例之一便是城镇居民普遍实行城镇职工或者居民医疗保险，而农村居民普遍实行新型农村合作医疗保险。消除城乡差距的重要意义毋庸置疑，但似乎需要考虑这样一个问题，即既然在政治管理体制、城镇与乡村的发展定位、城镇以上公立医院与村卫生室的功能预设等层面已经彰显出诸多的城乡差异，那么在当下至未来的一段并不能准确界定的时期内，是否也应当充分考虑在乡镇以上医疗机构执业的医务人员和在村卫生室执业的医务人员在执业资质上可以体现出适当差别，以起到改革缓冲和平稳过渡之功用？

这一问题缘起于 2003 年 8 月 5 日国务院按照 1999 年 5 月 1 日实施的《中华人民共和国执业医师法》第 45 条的规定制定的《乡村医生从业管理条例》。该条例第 12 条第 1 款明文规定："本条例公布之日起进入村医疗卫生机构从事预防、保健和医疗服务的人员，应当具备执业医师资格或者执业助理医师资格。"尽管该条例通过第 12 条第 2 款作了缓冲性的立法技术处理，不过当前的现状却是，只有山西省、重庆市等少数省市利用该条款取得了一些制度突破和工作进展。我们应当充分认识到，《乡村医生从业管理条例》第 12 条第 1 款不是偶然的，这可以从该条例制定之前由国家统一出台的一些规范性文件中略见端倪。例如，2001 年卫生部制定的《2001～2010 年全国乡村医生教育规划》指出："各地应根据具体情况，鼓励符合条件的乡村医生参加国家执业医师资格考试，使其逐步纳入《执业医师法》的管理轨道。其中，1970 年 12 月 31 日以后出生的乡村医生必须取得执业助理医师资格。"同年，国务院体改办、国家计委、财政部、农业部及卫生部联合发布的《关于农村卫生改革与发展的指导意见》中提出："要加强对现有乡村医生的学历教育，新进入村卫生室的人员应具备执业助理医师资格，力争用 10 年时间在大部分农村地区完成乡村医生向执业助理医师的转化。"2002 年中共中央、国务院《关于进一步加强农村卫生工作的决定》中指出："到 2010 年，全国大多数乡村医生要具备执业助理医师及以上执业资格。"同年，为了贯彻落实此项决定，加强农村卫生人才培养和队伍建设，卫生部、教育部、财政部、人事部、农业部联合制定了《关于加强农村卫生人才培养和队伍建设的意见》，再次重申了此项目标。[4] 而时至 2014 年，即在《乡村医生从业管理条例》实施 10 周年之后，再来客观地审视上述政策目标就会发现，上述政策目标并没有充分考虑到当下的城乡二元化差别，至少对未来的发展形势估计不足。因为根据 2012 年卫生部统计信息中心发布的《中国卫生统计提要》数据显示，截至 2011 年年底，我国共有村卫生室人员 1 350 222人，其中乡村医生和卫生员 1 126 443 人，注册护士 30 502 人，执业（助理）医师 193 277 人，仅占 14.31%[5]。

　　在当前"乡政村治"的体制环境中，在乡镇及其以上医疗机构执业的医务人员被纳入到国家体制之内，其工资收入与养老保险等事项由国家财政予以保障，其对应的直接上级就是各区县的卫生行政部门，实现了严格意义上的行业管理。然而对于在农村卫生室执业的乡村医生而言，其没能进入国家体制之内成为在编的公职人员，在本质上仍然属于农民，因此就谈不上由国家财政来支撑其经济收入和养老保险等问题，而只能按照相关政策规定享受一定的补助。换言之，尽管国家对医疗卫生事业的管理在名义上是"一统到底"，但在网底这一层面实际上是存在欠缺的。于是，逻辑悖论就此产生：一方面，无论是国家的法律规定还是政策要求，均希冀借助自上而下的方式实现乡村两级医务人员在执业资质上的统一，以彰显乡镇以上行

政区域与村落这一自治区域在获取基本医疗卫生服务的公平性
和可及性上逐渐缩小甚至消除的差别。换言之，国家想向民众
传递的直观信息不再是医务人员在执业资质上的内在不同，而
是不同级别的医疗机构因为其既定的功能预设而体现出的在诊
疗范围、硬件配置以及人员数量等方面的外在差异。另一方面，
倘若某一乡村医生或者某一准备进入乡村医生队伍的人员考取
了执业（助理）医师资格，那么请问，其有何种理由拒绝待遇
较好、发展空间较大而交通通常较为便利的乡镇及以上医疗机
构，却反向选择待遇较差、发展空间较小而交通通常较为不便
的农村卫生室？除非其不能进入乡镇以上的医疗机构，否则这
一命题对新进人员尤其是年轻人员而言，的确很难自我证成，
更难以获得一种圆融自洽的解释。

　　应当认识到，当前大部分乡村医生除了日常行医之外，还
可适度操持自己的家务，耕种自己的土地，当然不可忽视的还
有我国《宪法》和《土地管理法》所赋予其的宅基地权利。在
"有恒产者有恒心"和当地缔结婚姻两大维度的联合稳固下，再
加上一部分乡村医生因执业年限较长而保有优良职业情感，其
似乎处于一个"自己并不满意现状但又不便或不能进行再次职
业选择"的阶段。不过，这部分优秀的村级卫生人力资源终究
会因为年龄老化问题肩负辉煌走进历史，那么作为政府和村委
会的"掌舵人"需要考虑的是，乡村医生的后备力量如何实现
有效接续并获得稳定发展。因为对于那些准备进入这一队伍的
人员而言，当前乡村医生的职业吸引力明显不足，在实行市场
经济体制的大背景之下，国家并不能期望一部分人员仅凭职业
理想和思想政治素质作出进入乡村医生队伍的抉择，若从这个
层面上考察，这项工作已经到了亟待解决的历史时刻！

2. "乡政村治"体制对乡村医生质量的影响

2.1 乡村医生的考核偏重于形式化

《乡村医生从业管理条例》第 34 条规定："县级人民政府卫生行政主管部门负责本地区乡村医生的考核工作；对乡村医生的考核，每 2 年组织一次。对乡村医生的考核应当客观、公正，充分听取乡村医生执业的村医疗卫生机构、乡村医生本人、所在村村委会和村民的意见。"第 35 条规定："县级人民政府卫生行政主管部门负责检查乡村医生的执业情况，收集村民对乡村医生业务水平、工作质量的评价和建议，接受村民对乡村医生的投诉，并进行汇总、分析。汇总、分析结果与乡村医生接受培训的情况作为乡村医生进行考核的主要内容。"第 33 条规定："乡村医生应当按照培训规划的要求至少每 2 年接受一次培训，更新医学知识，提高业务水平。"这是《乡村医生从业管理条例》对乡村医生考核所做的集中规定。《乡村医生考核办法》第 10 条规定："乡村医生考核包括业务考评和职业道德评定两方面内容。"第 11 条规定："业务考评主要包括：（一）工作任务完成情况；（二）业务水平；（三）学习培训情况；（四）省级卫生行政部门规定的其他内容。"第 12 条规定："职业道德评定主要包括医德医风情况。考核委员会在评定过程中要充分听取所在村村民委员会、乡村医生和村民的意见。"

从上述规定的内容考察，尽管乡村医生的考核由所在区域的县级卫生行政主管部门负责，但限于其捉襟见肘的人员配置现状，欲亲力亲为只能是心有余而力不足。因此，全国普遍的变通做法是，首先由县级卫生行政主管部门通过行政授权的方式委托乡镇卫生院，再由乡镇卫生院对本乡镇内在村卫生室执业的乡村医生进行考核。按照村级医疗卫生服务项目是否被政府购买，乡村医生大致可以划分为以下两类：一类是政府购买服务的乡村医生，另一类是非政府购买服务的乡村医生。根据相关政策规定，政府购买服务的乡村医生在享受领取国家一定补助权利的同时，需要承担卫生行政主管部门所规定的公共卫生、基本医疗甚至零差价药品销售的义务。而非政府购买服务的乡村医生实行自主经营、自负盈亏，既不享受领取国家补助的权利，亦无须承担卫生行政主管部门所规定的提供公共卫生、基本医疗和零差价药品销售服务的义务。乡镇卫生院对政府购买服务的乡村医生进行考核虽然"师出有名"，但在实际操作中却不免有些"心虚"。一方面，乡镇卫生院作为国家财政出资设立的事业单位，严格来说并不是乡村医生的直接上级，其仅是接受县级卫生行政部门的委托而对乡村医生进行考核以及其他业务管理和技术指导，这种间接权力的作用结果通常要低于直接权力的作用结果。另一方面，政府购买服务的乡村医生所领取的数额不等的补助来源于政府专项财政，卫生院一般也是代为发放，仅发挥"上传下达"的衔接作用。根据《村民委员会组织法》的相关规定，乡镇以上的政府实行直线式的行政管理，但乡镇以下的村则实行村民自治，乡镇政府与村委会之间是指导、支持与帮助的关系而非领导关系。因此，乡镇政府不能通过行政命令的方式强行要求村委会完成一定的事务，根据"举重以明轻"的基本原理，作为事业单位的乡镇卫生院更不可能如此进行。换言之，在现行"乡政村治"体制之下，乡镇卫生院与村委会既无法实现权力上的对接，亦无法实现业务上的对接，因此许多事务只能凭借"私交"完成。不过，尽管乡镇卫生院与农村卫生室在权力对接上（村卫生室的直接领导是村委会）存在一定的不足，但实现业务上的对接却毫无障碍。乡镇卫生院与村卫生室之间时而彼此独立、时而唇齿相依的关系，一定程度上影响了考核的过程与结果。乡镇卫生院对非政府购买服务的乡村医生进行考核尽管在形式上有一定的依据，但就其实质而言，则更像是"师出无名"。这是因为，由于非政府购买服务的乡村医生实行自主经营、自负盈亏，其既不享受政府的补助，亦无须承担卫生行政部门所规定的相关义务，国家对其进行管制主要体现在法律法规的强制性和禁止性规定上。然而，即便是非政府购买服务的乡村医生违反了法律法规的强制性或者禁止性规定，乡镇卫生院作为事业单位也会因为缺乏处罚权而束手无策（但可做好相关记录如实上报或者反馈给相关部门）。这些原因在很大程度上决定了乡镇卫生院对非政府购买服务的乡村医生的考核无形之中失去了许多实质意义，这亦是现实中乡镇卫生院对这类乡村医生的考核比对政府购买服务的乡村医生的考核更流于形式化的原因之一。

此外，尽管法律文件明文规定乡村医生考核委员会需要充分听取所在村村民委员会、乡村医生和村民的意见，但这一制度设计却存在明显的缺陷，其中之一就是，该考核将在具有浓厚的血缘、地缘关系，实行村民自治的村落中得到不同程度的消解，从而使得上述规定难以真正在村一级"落地生根"。因为无论是村委会干部还是村民个人，或许都与乡村医生本人具有千丝万缕的关联，其对乡村医生执业状况的包容可能会在一定程度上影响到其对乡村医生的评价，进而影响到考核结果的公正性。例如，有的村民比较关注乡村医生的诊疗技术和服务态度，并不看重其是否按照国家法律规定或者政策要求购进、配备、存储、销售和使用药品，尤其是在当前乡村医生数量不足且年龄老化而其后备人才又补充乏力的现实情势之下，更容易使考核委员会对乡村医生的考核形式意义超过其实质意义。还有一点不可忽视，由于医学具有较强的专业性和技术性，村委会干部和村民实际上并不了解村卫生室的业务内容，亦不了解具体业务的开展、推进和落实情况，因而难免遭遇外行评价内行的尴尬。因此，村干部和村民在参与对乡村医生的考核时，"模棱两可"、"稀里糊涂"等现象就不可避免，不同程度上影响了考核的过程与结果。

2.2 乡村医生提高医疗技术的积极性严重不足

基层卫生行政部门、乡镇卫生院和村委会对村卫生室较为形式化的考核，在一定程度上导致乡村医生降低了对自己的要求，在现实中突出表现为乡村医生对待培训的态度，即形式上的重视和实质上的不重视。乡村医生之所以式上重视培训，乃是因为受到现有相关制度的约束：一方面，政府购买服务的乡村医生如果不参加培训，就不能考核合格，至少按照制度规定不能获得全额的政府专项补助。尽管囿于乡土人情的关照和制度执行的软化，乡村医生最终仍会获得全额的政府补助，但很有可能会被延迟发放，实际上造成了乡村医生的损失（如利息的损失）。很显然，这并不是政府购买服务的乡村医生想要获得的结果。另一方面，对于非政府购买服务的乡村医生，尽管其不承担政府规定的村级医疗卫生服务项目，但其需要按照《乡村医生从业管理条例》的规定进行执业注册。卫生行政部门准予注册的前提条件之一便是经培训并考试合格，如果不合格，其将进行再次培训和考试，若是再次不合格，卫生行政部门将不予以注册。果真如此，将意味着乡村医生不能继续执业，否则将构成违法行医，如此一来不但会造成其经济收入的减少，还将面临承担法律责任的风险，这亦不是非政府购买服务的乡村医生想要获得的结果。而这一点同样适用于政府购买服务的乡村医生。基于这两个方面的原因，乡村医生在形式上比较重视培训。不过现实的情况是，卫生行政部门和乡镇卫生院对乡村医生的培训与考试通常比较简单，最重要的考核指标还是在于出勤率，考试形式也多是开卷，形式意义大于实质意义。因此，乡村医生在培训过程中真正将其作为医疗技术提高手段的只有少部分，大部分仍然停留在缺乏热情和动力的状态上。不过，应当指出的是，卫生行政部门和乡镇卫生院提供的培训也存在一些需要反思和完善的地方。例如，培训的内容滞后且缺乏针对性，培训的方式单一且缺乏互动等，这也在一定程度上影响到了乡村医生的培训态度。

　　考核的形式化只能帮助政府购买服务的乡村医生获得政府的全额补助，帮助非政府购买服务的乡村医生满足执业注册的要求。其考核结果是否优秀，既无法实现一定的物质奖励，亦无法实现身份上的改变和发展空间上的提升，这与在乡镇以上公立医疗卫生机构执业的医务人员截然不同。因为乡镇以上公立医疗卫生机构的医务人员可以通过考试考核完成发展空间上的提升，因为其专业技术职务大致遵从了从医士（药士、护士、技士）到医师（药师、护师、技师），到主治或者主管医师（主管药师、主管护师、主管技师），到副主任医师（副主任药师、副主任护师、副主任技师），再到主任医师（主任药师、主任护师、主任技师）的晋升顺序[4]。相比之下，对于处在实行村民自治的环境中，在村卫生室执业的乡村医生而言，由于国家并未设定级别上的差异，其发展空间极为受限。于是，大部分乡村医生在进入农村卫生室执业之初便已经看到了自己未来职业发展的上限。可以说，这种晋升渠道上的不畅亦致使一部分乡村医生只要满足法律与政策规定的最低要求，就不会通过参与培训与继续教育等方式主动地或者积极地提升自己的医疗技术水平。由于乡村医生数量减少且补充乏力，在实践中还出现了部分乡村医生超期服务的现象[5]。因此，一部分乡村医生的医疗技术水平不但没有随着其年龄的增加而提升，反倒有下降的趋势，这影响了乡村医生（整体）质量的提高，亦影响了其向农村居民提供医疗卫生服务的质量。

2.3 乡村医生的服务提供开始限缩

2007 年 7 月 24 日，《中央预算内专项资金（国债）村卫生室建设指导意见》（卫办规财发〔2007〕138 号）第 5 条规定，村卫生室的功能是"承担规定的疾病预防、妇幼保健、健康教育、残疾人康复等工作，提供常见病、多发病的一般诊治和转诊服务"。2010 年 1 月 10 日，卫生部颁布了《关于加强乡村医生队伍建设的意见》，该意见指出："乡村医生的主要职责是向农村居民提供公共卫生服务及一般疾病的诊治。乡村医生承担的公共卫生服务主要包括：一是提供国家基本公共卫生服务，包括建立农民健康档案、健康教育、预防接种、传染病防治、儿童保健、孕产妇保健、老年人保健、慢性病管理、重性精神疾病管理等；二是协助专业公共卫生机构提供国家基本公共卫生以外的其他公共卫生服务，包括协助处置突发公共卫生事件等。"2011 年 7 月 2 日，国务院办公厅下发了《关于进一步加强乡村医生队伍建设的指导意见》（国办发〔2011〕31 号），指出：乡村医生（包括在乡村执业的执业医师、执业助理医师）主要为农村居民提供公共卫生和基本医疗服务，包括在专业公共卫生机构和乡镇卫生院的指导下，按照服务标准和规范开展基本公共卫生服务；协助专业公共卫生机构落实重大公共卫生服务项目，按规定及时报告传染病疫情和中毒事件，处置突发公共卫生事件等；使用适宜药物、适宜技术和中医药方法为农村居民提供常见病、多发病的一般诊治，将超出诊治能力的患者及时转诊到乡镇卫生院及县级医疗机构；受卫生行政部门委托填写统计报表，保管有关资料，开展宣传教育和协助新型农村合作医疗筹资等工作。

　　当前，我国绝大部分省市普遍实行的是对在村卫生室执业的部分乡村医生实行政府购买政策，为了更好地说明这一问题，在此以北京市为例加以阐明。为了稳定乡村医生队伍，方便农民就近看病，北京市于 2008 年开始实施"农村基本医疗卫生村级项目"政府购买政策，即对本市乡村医生按照《北京市村级基本医疗卫生服务免费项目表》提供的标准化的公共卫生、基本医疗服务项目实行政府购买，市、区两级财政按照每人每月 800 元拨付补助费。其中，承担村级公共卫生职能的乡村医生每人每月补助 400 元，承担常见病防治和为群众提供零差价药品服务职能的乡村医生每人每月补助 400 元。2013 年 1 月 31 日，北京市卫生局、北京市财政局联合下发了《关于调整本市乡村医生补助标准的通知》，该通知指出，北京市政府从 2013 年 1 月 1 日起对乡村医生补助标准进行调整。乡村医生的补助标准由每月 800 元调整至每月 1600 元。其中乡村医生承担村级公共卫生职能的部分，每月补助 1000 元；承担常见疾病防治和为群众提供零差价药品服务职能的部分，每月补助 600 元。然而，北京市并没有要求政府购买服务的乡村医生全部销售零差价药品，而只需满足一定的比例即可（各区县掌握的尺度不一），考虑的一个重要因素就是当前对乡村医生的补助数额仍然偏低。尽管卫生行政部门对村卫生室颁发的是非营利性医疗机构执业许可证，但受"乡政村治"的体制架构（主要体现为对乡村医生收入模式的改变）和市场经济逐利倾向的双重影响，一部分乡村医生尤其是实行自主经营、自负盈亏的个体制乡村医生，为了维持卫生室正常的运转和日常生活的支出，在实际运营中不同程度地出现了营利倾向。这在一定程度上影响了乡村医生提供医疗卫生服务的内容，进而影响了农村卫生室的功能发挥，影响了国家基本药物政策的贯彻落实，影响了国家"把基本医疗卫生服务作为公共产品向全民提供"的政策推行。

3. "乡政村治"体制对乡村医生分布的影响

3.1 村卫生室的公益性受到冲击

无论是国家统一出台的政策文件，还是各省、自治区、直辖市立足自身实际情况颁布的政策文件，几乎均将村卫生室定位为公益性的或者非营利性的医疗卫生机构。例如，2001 年 5 月 24 日，国务院体改办、国家计委、财政部、农业部、卫生部联合颁布的《关于农村卫生改革与发展的指导意见》指出："乡镇卫生院、村卫生室为非营利性医疗机构。农村非营利性医疗机构的医疗服务价格执行政府指导价，营利性医疗机构的医疗服务价格放开。"山东省人民政府于 1999 年 2 月 12 日发布的《山东省村卫生室管理办法》第 2 条第 2 款规定："本办法所称村卫生室是指集体或其他形式兴办的福利性农村公益医疗卫生机构。"陕西省卫生厅于 2006 年 9 月 13 日发布的《陕西省村卫生室管理规范（试行）》第 2 条规定："村卫生室是行政村的具有一定福利政策的公益性卫生机构，是农村县、乡、村三级卫生服务网络的基础。"安徽省卫生厅于 2007 年 1 月 15 日发布的《安徽省村卫生室管理办法（试行）》第 5 条规定："村卫生室是由集体或者其他形式兴办的非营利性、公益性的医疗卫生机构，是农村卫生事业的重要组成部分。"重庆市人民政府于 2010年 8 月 22 日发布的《重庆市村卫生室（所）管理办法（试行)》第 1 条第 1 款规定："村卫生室（所）是政府向农村居民提供公益性医疗卫生服务的重要载体，是农村三级卫生服务网的重要组成部分。"内蒙古自治区卫生厅于 2010 年 11 月 25 日制定的《内蒙古自治区嘎查村卫生室管理办法》第 11 条规定："嘎查村卫生室是由国家、集体或其他形式兴办的非营利的公益性医疗卫生机构，是农村牧区卫生服务体系的重要组成部分。"与之相对应的是，卫生行政主管部门为村卫生室颁发的也多是"非营利性医疗机构执业许可证"。这在人民公社时期大致实行同工同酬（工分）的收入分配体制下没有障碍，其公益性能够得到较好的保持，但在"乡政村治"体制下，许多政府购买服务的乡村医生仅靠政府补助，很难应对日益高涨的生活消费和其他支出（如住房、子女教育支出等）。因此，一部分政府购买服务的乡村医生在领取政府的补助，承担其规定的服务职能之外，仍然保有进一步创收或者营利的意愿，有的已经付诸实施；对于非政府购买服务的乡村医生，由于其不享受政府补助，实行自主经营、自负盈亏，其进一步创收或者营利的意愿与政府购买服务的乡村医生相比更为强烈。但无论是何种情形，村卫生室的公益性定位均受到了不同程度上的冲击，有的村卫生室在营利性和非营利中摇摆不定，有的村卫生室营利性已较为凸显，与个体诊所、大药房等商事主体功能近似。村卫生室公益性定位受到冲击，甚至发生转变，直接影响到了乡村医生执业地点的选择。

3.2 乡村医生执业地点的选择凸显功利性

《乡村医生从业管理条例》第 15 条第 1 款规定："乡村医生

经注册取得执业证书后，方可在聘用其执业的村医疗卫生机构从事预防、保健和一般医疗服务。"第8条规定："国家鼓励取得执业医师资格或者执业助理医师资格的人员，开办村医疗卫生机构，或者在村医疗卫生机构向村民提供预防、保健和医疗服务。"由上述规定可知，在村医疗卫生机构执业的医务人员，无论是仅具乡村医生资格，还是仅具执业助理医师资格或者执业医师资格，抑或具有乡村医生和执业助理医师或者执业医师等双重甚至多重资格，在进入村级医疗卫生机构之前，其也面临着执业地点的选择问题。那么，在不考虑聘用方（村委会）的选择这一因素的前提下，乡村医生更愿意选择在自己的原籍村落执业，以实现自身利益的最大化。

首先，在自己的原籍村落执业具有先天性的人缘优势，这种人缘优势或是基于血缘，或是基于地缘，甚至基于姻缘，但都为乡村医生的执业创造了一个宽松而又熟悉的环境，除容易受到本村居民的照顾外，还受到家族或者宗族的保护，亦更容易获得村委会的支持与帮助。其次，在自己的原籍村落执业，除了日常的行医之外，尚可照料自己的家务、耕地以及其他事务（如接送孩子上学等）。可以说，除流行病高发季节，乡村医生基本上可以做到行医和务农两不误，这在一定程度上缓解了其收入不足的矛盾。最后，在自己的原籍村落执业，能够更好地解决自己的住房和村卫生室的业务用房问题。当前，乡村医生执业在很多情况下需要其自行解决业务用房，也包括住房，倘若卫生室所在地的村委会不帮助其解决，那么就会使得准备执业的乡村医生需要通过购买或者租赁来满足开业条件，成本支出迅速增加。这是因为，按照我国《宪法》第10条第2款和《土地管理法》第8条第2款的规定，农村和城市郊区的土地，除由法律规定属于国家所有的以外，属于农民集体所有；宅基地和自留地、自留山，属于农民集体所有。在国家法律法规对宅基地依法实行严格管控的背景下，不要说是外村户籍的人员，就是本村居民也需要符合较为严格的条件才能获得批准。除此之外，受历史文化等其他因素的影响，在社会生活中易产生乡村医生重叠、偏移甚至空白的问题，致使乡村医生呈现出不均衡的分布图像，影响了农村居民获取基本医疗卫生服务的公平性和可及性。

2007 年 7 月 24 日，卫生部办公厅、国家发展和改革委员会办公厅联合下发了《中央预算内专项资金（国债）村卫生室建设指导意见》（卫办规财发〔2007〕138 号），该意见第 6 条规定："一个行政村只建设一所村卫生室，乡镇卫生院所在村原则上不支持建设卫生室。各地可因地制宜，邻近行政村共建一所卫生室。"2010 年 3 月 31 日，卫生部办公厅下发了《关于推进乡村卫生服务一体化管理的意见》（卫办农卫发〔2010〕48 号），该意见规定："国家采取多种形式支持村卫生室建设，原则上，每个行政村应有一所村卫生室。对村型较大，人口较多，自然村较为分散的行政村，可酌情增设村卫生室；对人口较少的行政村可合并设立村卫生室；乡镇卫生院所在地的行政村原则上可不再设立村卫生室。"2010 年 7 月 19 日，卫生部办公厅下发了《关于落实 2010 年医改任务做好农村卫生服务有关工作的通知》（卫办农卫发〔2010〕120 号），该通知指出："每个行政村应有一所村卫生室的原则，合理设置乡村医疗卫生机构。"2011 年 7 月 2 日，国务院办公厅下发了《关于进一步加强乡村医生队伍建设的指导意见》（国办发〔2011〕31 号），该意见指出："原则上每个行政村设置一所村卫生室，人口较多或者居住分散的行政村可酌情增设；乡镇卫生院所在地的行政村原则上不设村卫生室……确保 2011 年年底前每个应设村卫生室的行政村都有一所村卫生室，每个村卫生室都有乡村医生。"设置农村卫生室就需为其配置乡村医生，否则村卫生室的功能将无从实现。尽管国家对上述政策目标充满信心，但处于"乡政村治"体制环境中的村卫生室和乡村医生要想达到上述目标，实现医疗卫生资源的均衡配置，仅靠市场调节，显然难以完成。以北京市为例，在其所辖的 10 个远郊区县 3 410 个行政村中，有936个空白村（既无村卫生室，也无社区卫生服务站）。而且，更为严重的是，截至 2012 年 2 月，在北京农村卫生室执业的 3 090名乡村医生的平均年龄已达 58 岁，[5] 在其后续人力资源补充乏力的现实情况之下，乡村医生分布不均衡的问题将进一步凸显。基于各种现实的考虑，卫生行政部门并没有严格按照《乡村医生从业管理条例》中关于执业注册的相关规定管控乡村医生的分布，这进一步加剧了乡村医生的分布不均衡。

4. 结语

"乡政村治"体制是我国农村居民在经济体制上由集体经济向"家庭联产承包责任制为基础、统分结合的双层经营体制"转变之后在政治上的必然诉求。该体制基本上实现了政府行政管理与基层群众自治的有效衔接和良性互动，是社会进步的表现，值得肯定。但应看到，该体制亦在一定程度上影响了乡村医生的数量、质量和分布，而我们绝不能因噎废食。有一个恰当的比喻，这如同给婴儿洗澡后倒脏水一样，在倒脏水的同时，绝不能把澡盆中的婴儿也一同倒掉了。[6] 应当认识到，当前的现实困境之所以如此凸显，最主要的原因并不在于"乡政村治"体制本身，而在于我们没有及时立足于该体制对相应的制度和规则进行跟进和补充。因此，当务之急便是按照乡村卫生服务一体化的指导思想进行系统化的建构，这需要各方的协同联动，需要各相关主体（尤其是政府）勇于承担责任，共同投身于农村医疗卫生事业的建设与发展之中。如此，对实现"人人享有基本医疗卫生服务"的目标和完成"构建社会主义和谐社会"的重任便有了实质性的跨越！

参考文献：

［1］陈潭：《治理的秩序——乡土中国的政治生态与实践逻辑》，人民出版社 2012 年版。

［2］刘炫麟、刘晓霜、王晓燕等："论首都农村卫生室乡村医生的前世——以政策与法律变迁为研究主线"，载《中国医院管理》2013 年第 6 期。

［3］吕兆丰、王晓燕、线福华主编：《吾乡吾情——北京市密云县村卫生室实地研究》，北京燕山出版社 2013 年版。

［4］刘炫麟、王晓燕、李德龙："论首都农村卫生室乡村医生的执业资质"，载《中国农村卫生事业管理》2013 年第 3 期。

［5］首都医科大学"医改背景下的首都农村卫生人力资源配置研究"课题组：《北京市村级卫生人力资源配置标图信息兜底调查报告》，北京出版社 2012 年版。

［6］张自宽："亲历农村卫生六十年"，载《张自宽农村卫生文选》，中国协和医科大学出版社 2012 年版。

本文原刊载于《中华医院管理》
2014 年第 8 期，略有修改。

乡村医生培养的现状、问题与对策研究

刘炫麟　赵　双　陈　鹏

　　根据国家卫生和计划生育委员会发布的《2013 中国卫生统计年鉴》的数据显示，我国共有农村卫生室 653 419 所，共有乡村医生 1 022 869 人，其提供的诊疗服务达到 1 927 075 808 人次。这些数据说明，在农村三级医疗卫生服务网底执业的乡村医生，在保障农村居民身康体健方面发挥了至关重要的作用，直接关系到国家设定的 2020 年"人人享有基本医疗卫生服务"目标的实现，关系到社会主义和谐社会的构建进程。综观历史就会发现，党和国家一直重视乡村医生的培养工作，尤其是自 2009 年中共中央、国务院《关于深化医药卫生体制改革的意见》(中发〔2009〕6 号)、《国务院医药卫生体制改革近期重点实施方案（2009～2011 年)》（国发〔2009〕12 号）等政策文件出台之后，"保基本、强基层、建机制"更是被提上新的日程，经过实践已经初显成效，在诸如新型农村合作医疗保险的参加率等方面更是取得了卓著的成就。不过课题组同时认识到，我国农村卫生室在管理体制和运行机制上仍然存在一些制度困境和规则缺位，致使乡村医生的培养工作遭遇一定的瓶颈。可以说，当前乡村医生后继无人的问题仍然十分突出，农村三级医疗卫生服务体系的网底仍不牢固，亟须出台相关政策措施规范以支持乡村医生的培养工作。本文对乡村医生培养的现状、问题进行了归纳和分析，并在此基础上提出了初步的对策建议。

1. 现状

1.1 国家层面关于乡村医生执业准入的法律与政策规定

《乡村医生从业管理条例》第 6 条第 1 款规定："具有学历教育资格的医学教育机构，应当按照国家有关规定开展适应农村需要的医学学历教育，定向为农村培养适用的卫生人员。"第 12 条同时规定："本条例公布之日起进入村医疗卫生机构从事预防、保健和医疗服务的人员，应当具备执业医师资格或者执业助理医师资格。不具备前款规定条件的地区，根据实际需要，可以允许具有中等医学专业学历的人员，或者经培训达到中等医学专业水平的其他人员申请执业注册，进入村医疗卫生机构执业。具体办法由省、自治区、直辖市人民政府制定。"国家卫生和计划生育委员会、国家发展改革委、教育部、财政部、国家中医药管理局五部门于 2014 年 6 月 3 日联合发布的《村卫生室管理办法（试行）》（国卫基层发〔2014〕33 号）第 25 条规定，要"探索乡村医生后备人才培养模式。地方卫生计生、教育行政部门要结合实际，从本地选拔综合素质好、具有培养潜质的青年后备人员到医学院校定向培养，也可选拔、招聘符合条件的医学类专业毕业生直接接受毕业后培训，取得相应执业资格后到村卫生室执业"。由此可见，无论乡村医生通过何种模式进行培养，最终仍需取得相应的执业资质才能合法执业，这无疑对乡村医生的培养工作提出了新的要求。

1.2 乡村医生的培养难以满足农村居民的实际需求

如果从 20 世纪 60 年代中期培养赤脚医生（1985 年改称乡村医生）时算起，我国乡村医生的培养工作已经走过了近半个世纪的历程。在这期间，我国的政治经济体制发生了巨大变革，其中最为显著的就是，乡村治理模式由"政社合一"体制变革为"乡政村治"体制，经济体制由集体经济变革为"家庭联产承包责任制为主、统分结合的双层经营体制"，[1]并作为我国乡村集体经济组织的一项基本制度长期稳定下来，且在实践中不断发展和完善。这一变革对基层卫生组织以及执业人员（尤其是乡村医生）产生了巨大震动，乡村医生的身份、待遇和养老保障等问题均没有得到妥善地解决，致使一部分乡村医生流失，一部分行政村出现了"有室无人"的现象。另外，在"有室有人"的行政村，亦有一部分乡村医生由于医疗技术水平不高抑或旨在规避一定的执业风险，进而主动推诿患者或者限缩自己提供的服务范围，事实上已经难以满足农村居民日益提高的医疗卫生服务需求。可以这样说，当前很大一部分乡村医生之所以能够继续经营下去，主要是基于其大都是本地居民，从而节省了许多生活和经营上的成本。此外，乡村医生普遍遵循的"随叫随到"服务、良好的医德、农村"熟人社会"中固有的血缘、亲缘以及地缘等优势亦是其中之原因。但从根本上讲，乡村医生首先需要满足国家法律与政策规定的岗位职责和要求，这就决定了我们必须在新时期着力培养一支能够"扎根在农村、服务好农村"的新型基层医疗卫生服务队伍。

2.　问题

2.1 法律与政策规定不完善

根据国家卫生和计划生育委员会发布的《2013 中国卫生和计划生育统计提要》的数据统计，全国村卫生室人员数为 1 371 592 人，拥有执业（助理）医师资格的有 232 826 人，仅占 16.97%。[2]这一数据表明，当前我国并未实现《乡村医生从业管理条例》、卫生部办公厅《关于推进乡村卫生服务一体化管理的意见》（卫办农卫发〔2010〕48 号）、国务院办公厅《关于进一步加强乡村医生队伍建设的指导意见》（国办发〔2011〕31 号）等法规与政策文件所设定的要求和目标，即大部分乡村医生实现向执业（助理）医师转化。为此，国家卫生计生委、国家发展改革委、教育部、财政部、国家中医药管理局五部门于 2013 年 10 月 18 日联合发布了《全国乡村医生教育规划（2011～2020 年）》（国卫科教发〔2013〕26 号），该规划将目标修改为，到 2020 年，全国各省、自治区和直辖市建立一支以中职（中专）及以上学历、执业（助理）医师为主体，整体素质基本满足村级卫生服务需求的合格乡村医生队伍，比之前设定的政策目标推迟了整整 10 年。尽管我国《乡村医生从业管理条例》考虑到全国各地千差万别的情况，通过第 12 条第 2 款作出了缓和性和权变性的规定，但只有重庆市、海南省、青海省等不足 1/4 的省份利用该款制定了具体办法，对乡村医生执业准入作出突破性规定的更是寥若晨星。此外，由于我国《村卫生室管理办法（试行）》刚刚制定，各省市尚未来得及出台相应的实施细则，这亦是原因之一。

2.2 乡村医生年龄偏大且学历偏低

有关调查显示，我国乡村医生的平均年龄为 43.3 岁，从各年龄段的构成情况考察，25 岁以下的年轻一代乡村医生极少，35 岁以下的乡村医生合计构成比仅为 25.6%，55 岁及以上的比例却高达 17.5%。[3]另外，在全国范围内调查的 18 259 名乡村医生中，有 63.0% 的乡村医生文化程度为中专学历，大专及以上学历的乡村医生仅占总数的 13.3%。[4]不管乡村医生的现实基础如何，其要实现向执业（助理）医师的转化，就必须按照1999 年 5 月 1 日生效的《执业医师法》第 9 条的规定进行，这同样适用于乡村医生的后备人才。以临床执业助理医师资格考试为例，相关人员需要通过实践技能考试和医学综合笔试两个部分。首先，由于我国农村卫生室属于最低一级医疗卫生机构，其主要解决农村居民"常见病、多发病"等小病问题，因此其设备设施通常较为简陋，很难满足实践技能考试的要求。其次，乡村医生年龄偏大，难免需将一部分精力分担在家庭上（如照顾子女和父母等），这将导致其在提供医疗卫生服务之外，很难抽出大量的时间和精力用于提升自己的理论知识和技术水平；同时，记忆力下降亦是不争之事实。最后，学历偏低则导致其对理论知识的理解存在一定的困难，这无疑增加了其通过医学综合笔试的难度。

2.3 执业吸引力较低致使后备人才匮乏

近些年来，乡村医生后备人才匮乏的主要原因在于其职业吸引力较低，具体而言主要体现在以下三个方面：一是，身份普遍没有转变，绝大部分仍是农民。因此，全国各级政府在购买乡村医生服务后发放的是"补助"而非"工资"，乡村医生普遍参加的保险类型仍然是新型农村合作医疗保险而非城镇职工或者居民医疗保险。二是，尽管乡村医生之间的收入存在一定的差别，但总体水平仍然较低，尤其是随着中国城镇化进程的快速推进，更使得乡村医生这一职业在经济地位上有些黯淡。赤脚医生之所以能够在20世纪60年代至80年代获得迅猛发展，除时代所需外，更得益于其立足于集体经济支撑下的"政社合一"体制，普遍实行较为均衡的工分制。乡村医生被评定的工分应不低于一般的村干部，其处于社会的上层，具有较高的职业吸引力。此外，其过硬的思想政治素质亦是原因之一。时至今日，市场经济不断发展和完善，社会结构深刻调整，乡村医生自主经营、自负盈亏的特点进一步凸显，在激烈的市场竞争中，一部分乡村医生的收入水平较低，即便是拥有一定竞争优势的乡村医生，其收入水平与其他职业相比亦有一定的差距，整体处于社会的中下层。三是，尽管我国部分省、自治区和直辖市都在通过多种政策措施加强乡村医生的养老保障，但数额普遍较低，尚未真正发挥"老有所养"的社会功用。基于以上原因，尽管我国法律与政策鼓励取得执业（助理）医师资格的人员在村卫生室执业，但实际情况则是，他们不愿意甚至不屑于进入村卫生室执业，而更倾向于流动到乡镇以上级别的医疗卫生机构，农村三级医疗卫生服务体系的网底有破损之虞。

3. 对策建议

3.1 完善相关法律和政策

课题组认为，尽管当前我国法律上对相关人员具备执业助理医师及以上资格才能进入村卫生室执业的要求有些偏高，而且在政策上亦未完全实现"2010年大部分乡村医生具备执业助理医师及以上资格"的目标，但从社会发展的趋势和农村居民日益提高的医疗卫生服务需求考察，上述法律和政策的初衷以及目标指向具有较高的合理性与正当性。乡村医生培养的学制，应当根据2010年修订的《教育部中等专业学校专业目录》中农村医学专业（专业代码100300）规定的3~4年，由各省、自治区和直辖市根据自身实情具体确定。在暂不具备条件的地区，可以由国家卫生和计划生育委员会通过立法或者制定政策的方式适当放宽乡村医生的执业准入条件，如创设"乡村执业助理医师资格"，实行统一考试，但考试难度需低于执业助理医师考试，通过后将限定在本地执业。另外，各省、自治区和直辖市还可以根据《乡村医生从业管理条例》和《村卫生室管理办法（试行）》的规定，出台相应的实施细则，争取在执业准入上实现一定的突破，以解决过渡阶段乡村医生后备力量不足以及执业合法性的问题。

3.2 提高乡村医生的职业吸引力

2010年3月31日，卫生部办公厅发布的《关于推进乡村卫生服务一体化管理的意见》明文规定："乡村医生在暂不改变农民身份的前提下实行聘用制，并在村卫生室执业，乡村医生的业务收入、社会保障和村卫生室的资产纳入乡镇卫生院统一管理。"2013年8月21日，国家卫生和计划生育委员会发布的《关于进一步完善乡村医生养老政策提高乡村医生待遇的通知》规定："各地要结合实际，采取多种形式提高乡村医生养老待遇，确保其养老金收入不低于当地居民最低生活保障水平。有条件的地方可结合乡村卫生服务一体化管理将取得执业（助理）医师资格的乡村医生纳入乡镇卫生院编制统一管理。"课题组认为，从长远考察，乡村医生应像民办小学教师一样纳入国家编制，改变其农民身份。同时，针对乡村医生收入较低的现状，需要根据上述通知全面落实乡村医生补偿政策，建立或者提高公共卫生服务经费、诊疗费、基本药物补助以及专项补助（如长期或者在偏远、贫困地区执业），并在制度设计上实行"先预拨、后结算"的模式，确保拨付到位，专款专用。针对乡村医生的养老保障，目前已有部分地区采取了积极有效的措施，如江苏、浙江等地由政府缴纳一定比例的社保经费，帮助乡村医生参加企业职工养老保险或参照灵活就业人员参加企业职工养老保险；安徽、河南、广东等地根据乡村医生服务年限发放生活补助，也值得研究和借鉴。只有提高乡村医生的职业吸引力，才能使得乡村医生的后备人才在数量和质量上获得提升，培养出的人员才能更好地提供医疗卫生服务，广大农村居民的健康权益才能获得更好的保障和实现。

3.3 建立健全"村来村去"订单式的人才培养模式

2010 年 6 月 2 日，国家发展改革委、卫生部、教育部、财政部、人力资源和社会保障部五部门联合发布了《关于印发开展农村订单定向医学生免费培养工作实施意见的通知》（发改社会〔2010〕1198 号），其明文指出："要通过高等医学院校开展免费医学生培养工作，重点为乡镇卫生院及以下的医疗卫生机构培养从事全科医疗的卫生人才，并可举办农村班。不能正常毕业的免费医学生，要按规定退还已享受的减免教育费用。"山东省于 2012 年建立了"试点培养年轻乡村医生"模式，要求招聘大中专毕业生，学习理论知识 3 年，再到医院科室培养 2 年，获得执业资格后派驻农村卫生室工作。同时，该省定向招收高中毕业生，与卫生院签订定向协议，毕业后到本村农村卫生室工作。[5]安徽省卫生厅、教育厅从 2003 年开始，要求安徽医学高等专科学校专科层次临床医学专业每年在当地国家级贫困县招收 150 名定向生，学生在校期间享受一定的优惠政策，毕业后定向到当地农村工作。江苏省从 2009 年开始，采用"定点招生、定向培养、协议就业"的方式，利用南京医科大学等优质高等教育资源作为定点培养学校，计划用 3 年时间为该省培养首批 8000 名具有大专学历的农村卫生人才。[6]天津市从 2006 年开始实施"村来村往"的订单式教育，以学生毕业后回到所在乡村工作的形式确定"订单"。[7]实践证明，只有通过定向招生、定向培养和定向分配"三定"的方式，才能培养出"下得去、用得上、留得住"的农村医学人才，进而从根本上解决村落卫生人力资源配置中的数量不足、质量不高以及分布不均等问题。另外，通过减免学费、社会资助以及助学贷款等方式，将有效解决乡村医生培养费用的问题。[8]

根据培养对象的不同，有两种方式可供各地区选择：一是，具有初中、中专、大专或者高中学历且其年龄在 35 周岁以下的非在校农村居民，应当由其自愿报名参加"村来村往"式培养，再由村委会按照一定的组织程序（如召开村民会议等）进行讨论和遴选，重点考察其学习的基础、思想道德素质等，进而推荐出优秀的村民加入培养计划。在人口较少而难以选拔出符合条件的人员的行政村，可以考虑与其他行政村联合选拔出符合条件的人员进行"村来村往"式培养。二是，定向招收村中初中以上学历的在校应届毕业生。他们的优点在于思想前卫，精力充沛，适应能力强，更易接受新知识。如果定向招收这些有志向的学生进行"村来村往"式培养，就能够保证他们学成后的效果以及工作的稳定性。很显然，这需要教育、卫生、财政等部门的协同联动，出台相应的政策措施以保障这项工作的顺利进行。

3.4 落实全科医学教育并加强基础理论学习

全科医学是一种面向家庭及社区，整合临床医学、预防、康复医学及人文社会学于一体的综合学科，是医学与人文的实际结合，以人的整体健康为目标，涵盖各年龄段、各器官疾病的初级保健领域研究的学科门类。[7]乡村医生的培养目标正是培养这样的人才，因为只有落实全科医学的教育，才能使农村居民对健康的需求更有保障。当前的农村环境已经发生了很大的变化，尤其是随着多媒体的普及与发展，农村居民对医疗卫生知识的获取和了解更为简便、迅捷，其健康需求亦更加具体、多样。此外，乡村医生在保证具备全科医学知识的同时，亦应注重医学基础方面的培养。他们不仅需要解决一些常见病和多发病，而且需要解答患者关于预防保健方面的问题。在全国范围内，乡村医生所学专业为临床医学的占调查整体的67.1%，而全科医学及中西医治疗方向的仅占总体的19.6%，[8]但大多数农村居民希望乡村医生会中医，因此需要改变这一不平衡、不合理的局面。我国《乡村医生从业管理条例》第6条第2款曾明确指出："国家鼓励乡村医生学习中医药基本知识，运用中医药技能防治疾病。"由此可见，掌握一些基本的中医知识对乡村医生来说是必不可少的。为了能使上述内容得到贯彻落实，国家必须加强考核制度，使考核不浮于形式，提高考核的公平性、公正性和公开性，主动排除利害关系人的参与。在考核内容上，应当增加全科医学知识和中医药学内容，强化能力培养，使乡村医生不但学得好，而且用得上、干得好，真正承担起网底"守门人"之责任，增进农村居民的健康福祉！

参考文献：

[1] 刘炫麟："'乡政村治'体制对乡村医生数量和质量以及

分布的影响",载《中华医院管理》2014 年第 8 期。

　　[2] 国家卫生和计划生育委员会:《2013 中国卫生和计划生育统计提要》,中国协和医科大学出版社 2013 年版。

　　[3] 田疆、张光鹏、任苒等:"中国乡村医生队伍的现状与发展",载《中国卫生事业管理》2012 年第 2 期。

　　[4] 刘聚源:"2010 年中国乡村医生现状调查",北京协和医学院 2011 年硕士学位论文。

　　[5] 杨凤:"山东青岛试点培养年轻村医",载《健康报》2012 年 12 月 27 日,第 7 版。

　　[6] 吕兆丰、王晓燕、线福华主编:《吾土吾民——北京市怀柔区村卫生室实地研究》,北京燕山出版社 2011 年版。

　　[7] 涂明华:《农村医学教育的研究与实践》,人民卫生出版社 2008 年版。

　　[8] 吕兆丰、王晓燕、线福华主编:《吾乡吾情——北京市密云县村卫生室实地研究》,北京燕山出版社 2013 年版。

本文原刊载于《卫生软科学》
2015 年第 3 期,略有修改。

乡村医生培训的现状、问题与对策研究

刘炫麟　韩君滢　戚淼杰

2014 年 3 月 5 日，李克强总理在做政府工作报告时明确指出，要"让群众能够就近享受优质医疗服务"。根据国家统计局的数据统计，截止到 2012 年 12 月 31 日，我国的总人口达到了 136 072 万，其中乡村人口为 62 961 万，约占 46.27%。因此，要实现"让群众能够就近享受优质医疗服务"的目标，就不得不考虑约占国家大多数人口的乡村居民的医疗卫生服务问题。在农村三级医疗卫生服务网络中，县医院是龙头，乡镇卫生院是枢纽，村卫生室是网底。[1]。由此可见，农村卫生室成为广大农村居民身康体健的首道屏障或者防线，而这一重任最终将落到承担"守门人"责任的百万乡村医生的肩上。因此可以这么说，乡村医生提供的医疗卫生服务如何，将直接关系到上述目标能否完好地实现。尽管乡村医生的医疗技术水平与其在校教育状况密切相关，但更为重要的则是其实践经验的日积月累和毕业后的岗位培训。当前，由于受到诸多原因的综合影响，乡村医生的培训工作仍不能满足其自身岗位职责的需要，不能满足农村居民日益提高的医疗卫生服务需求，这迫切需要有关部门制定和完善相关法律政策予以支持和规范。本文就乡村医生培训的现状、问题进行了归纳和分析，并在此基础上初步提出了对策建议，以期为相关部门提供理论依据和政策参考。

1. 现状

1.1 法律与政策规定

2003 年 8 月 5 日，国务院根据《中华人民共和国执业医师法》第 45 条的规定制定了《乡村医生从业管理条例》，该条例第 4 章对乡村医生的培训作了较为集中的规定，该章首先明确了乡村医生的培训规划应由省级人民政府组织制定，县级人民政府依据培训规划制定属地乡村医生的培训计划，并负责组织具体的乡村医生培训工作，所需经费纳入县级财政预算；对于边远贫困地区，市级人民政府还应给予适当的经费支持。其次，每位乡村医生每两年应至少接受一次培训。最后，国家鼓励社会组织和个人支持乡村医生培训工作，各属地的乡镇人民政府和村民委员会应当通过多种形式支持乡村医生的工作和学习，促进其医学知识的更新和业务技能的提高，更好地为农村居民提供医疗卫生服务。2014 年 6 月 3 日，国家卫生和计划生育委员会、国家发展改革委、教育部、财政部、国家中医药管理局五部门联合发布的《村卫生室管理办法（试行）》（国卫基层发〔2014〕33 号）明文规定，乡村医生的培训规划由各省、自治区和直辖市的卫生计生行政部门负责组织和制定，通过对口帮扶、临床进修等适宜方式对乡村医生进行与其日常工作相适应的培训，每年至少接受两次免费培训，且累计时间不得少于两周。2013 年 10 月 18 日，国家卫生计生委、国家发展改革委、教育部、财政部、国家中医药管理局五部门联合发布的《全国乡村医生教育规划（2011～2020年)》(国卫科教发〔2013〕26号）明确指出，为了帮助未取得执业（助理）医师资格的乡村医生达到岗位要求，县级卫生行政部门需要参照执业（助理）医师资格考试大纲展开针对性的培训。县级卫生行政部门作为乡村医生培训规划的具体执行单位，对其免费培训的频次不少于每年两次，且累计时间不少于两周。省、市、县三级卫生行政部门应当做好乡村医生的轮训工作，原则上每位乡村医生需在三至五年内前往县级医疗卫生机构或者卫生院进行一次为期不少于一个月的脱产进修，重点加强临床诊疗、公共卫生以及其他专项技术等方面的培训。由于《村卫生室管理办法（试行)》和《全国乡村医生教育规划（2011～2020年)》这两个法律与政策文件均是新近制定的，导致全国大部分省、自治区和直辖市仍然依据《乡村医生从业管理条例》制定本地区的乡村医生培训政策，内容简略粗疏，甚至相互矛盾。

1.2 社会现状

我国自改革开放开始，经济发展日新月异，政治制度不断完善，文化品质渐进提升，在这一进程中，农村居民不再满足于物质生活上的温饱，而是更加关注自身的健康问题，其对医疗卫生服务的需求在范围上不断拓展，在层次上不断提高，这也对乡村医生的执业提出了新的要求。为了让农村居民的需求与乡村医生的服务相匹配，卫生行政部门、乡镇卫生院等单位近些年越来越重视乡村医生的培训工作，并在培训内容、方式、考核、补助等方面作了大量的探究。此外，近些年一些社会团体亦积极参与其中。例如，根据中国新闻网的报道，中国红十字基金会自2006年5月启动"乡村医生培训计划"公益行动以来，截止到2010年已成功举办14期乡村医生培训班，为来自全国26个省、自治区、直辖市的1400名贫困地区乡村医生提供了免费培训。[2]期间，中国人寿慈善基金会、上汽通用五菱公司及北京协和医学院等10家医科院校也加入到了该培训计划中来。但我们应当认识到，相对于全国百万乡村医生这一总数而言，这种培训规模只能算是杯水车薪。客观地说，当前我国乡村医生医疗技术水平普遍偏低、设备设施非常简陋的问题并未得到实质性改变，这亦是近些年来农村医患之间信任程度有所降低、乡村医生并未真正发挥出网底"守门人"功用的原因之一。其反射镜像便是城市大医院"人满为患"，而乡镇及以下医疗机构却是"门可罗雀"，分级诊疗的顺序被打乱，"看病难、看病贵"的问题依然摆在每一个国人面前。换言之，当前我国距离建立起一支综合素质和业务素质较高的新型农村医疗卫生工作队伍的目标仍有不小的差距。

2. 问题

2.1 培训对象和培训师资的规定不完善

从前文所述的法律规定与政策文件的内容考察，其主要着眼于乡村医生培训频次和培训时限，尤其是累计的最低时限，卫生部办公厅于2010年7月6日颁发的《2010年中西部地区农村卫生人员培训项目管理方案》同样采纳了这一模式。当前，限于各种条件的限制，我国尚未将培训对象进一步细化，如针对培训积极、获得农村居民良好评价的乡村医生，应当选派到更高或者更好的医疗卫生机构参加培训、交流和深造，以帮助其进一步提高综合素质和服务能力。换言之，国家在一般培训方面做得还可以，但在择优培训方面则明显不足。在培训师资方面，按照《全国乡村医生教育规划（2011～2020 年）》的规定，需"选拔具有大专及以上学历，医德医风良好，有较高理论素养、教学能力和专业技能的中高级卫生技术人员作为乡村医生师资，有计划地开展师资培训，提高指导带教水平。注意发挥城市医疗卫生机构有关专业退休中高级卫生技术人员的作用"。应当看到，这一规定尽管比较全面，却仍显粗疏，可操作性不强。通过文件收集和整理后我们发现，多数省市不但没有据此作出更为详细的规定，反而规定得更为简略。例如，贵州省曾在农村卫生人员培训项目实施方案中规定："师资应选择具有丰富经验和一定教学能力者。"这一方面是因为该规划出台的时间较晚，但比之更为重要的原因则是认识上的不足，导致实践中对培训师资的遴选不科学，具有很大的随意性，直接影响到了乡村医生的培训实效。

2.2 培训的方式和内容存在一定的欠缺

《全国乡村医生教育规划（2011～2020 年）》对乡村医生培训的方式和内容作了较为详细的规定，主张采取远程学习、自学、例会学习等多种适宜方式对基本医疗、公共卫生、中医药知识、基本药物、信息化技能等方面进行培训，并加强考试考核和集中监测。然而在实践层面，部分省市在培训内容上仍然停留在基本医疗和基本公共卫生的基础培训上，而且局部地区还存在着低水平重复的现象，对于中医药、基本药物、信息化建设等内容的培训明显不足。这直接影响到乡村医生医疗卫生服务的多样性提供，直接影响到国家基本药物制度在村一级的贯彻落实，直接影响到当前乡村卫生服务一体化进程中诊疗信息化和新农合"直报"信息化的建立与施行。在培训方式方面，尽管各省市也都在不断地探索和完善之中，但当前仍然以视频培训为主，交互性明显不足，未来应当适时、适当地增加一些面授和实践，让乡村医生在专家的帮助和指导下，进一步完善自己的知识结构和技术水平，以便更好地为农村居民提供医疗卫生服务。

2.3 培训频次和累计时限参差不齐

目前，由于大部分乡村医生尚未实现身份上的转变，未能完全脱离农业或者家庭生产，这一群体距离走上完全职业化的道路仍有一定的距离。另外，由于中国幅员辽阔，各地季节差异明显，这就决定了当前在全国范围内对乡村医生培训的时间点进行统一规定的时机并不成熟，而且没有必要。我国《乡村医生从业管理条例》规定，乡村医生至少每两年接受一次培训，但对培训的累计时限并未作出规定。《村卫生室管理办法（试行）》规定，应保证村卫生室人员每年至少接受两次免费岗位技能培训，累计培训时间不少于两周。《全国乡村医生教育规划（2011～2020年）》规定，乡村医生每年免费培训不少于两次，累计培训时间不少于两周。由此可见，在乡村医生的培训频次上，《乡村医生从业管理条例》与《村卫生室管理办法（试行）》《全国乡村医生教育规划（2011～2020年）》是相互矛盾的，在培训的累计时限上，尽管《村卫生室管理办法（试行）》和《全国乡村医生教育规划（2011～2020年）》保持了一致，但与部分省、自治区和直辖市的规定又存在一定的矛盾。例如，安徽省等地区要求乡村医生培训两年不低于100学时，而山东省等地区则要求每年不低于60学时。[3]这种差别的存在，导致在同一片蓝天下生存和发展的乡村医生受到不同的对待，这对终端服务的享受者——农村居民而言，同样是不公正的。

2.4 培训的地点少有规定且考核制度不完善

由于乡村医生执业的地点在村级医疗卫生机构，最基层亦意味着分布广、散，因此培训地点的选择非常重要。如果安排的培训地点路途较远或者交通不便，不仅会让乡村医生增加时间上的支出，而且给其增加财务上的负担。因此，国家卫生行政部门应当通过立法或者政策对乡村医生的培训地点进行统一或者原则性规定，需要按照乡村医生便利到达且耗时较短的原则进行，一般需要限定在乡镇卫生院或者社区卫生服务中心进行，在例外的情况下，可以经有关部门审批而选择在其他地点进行。在农村这一熟人社会中，其特殊的血缘、亲缘以及地缘优势容易致使有关部门在乡村医生培训考核的环节上出现一些问题，主要表现为考核过程偏重形式化以及考核尚未普遍实现奖优罚劣的功用等。考核制度的不完善，影响到乡村医生对待培训的态度，必然不利于其综合能力的提升。

2.5 培训经费和培训补助尚未妥善解决

对于组织培训的单位而言，如果培训经费不足或者不能及时到位，必然会直接影响到培训工作的开展。尽管国家以及一些省、自治区和直辖市对此均有规定，但由于卫生行政部门需要列项申报由财政部门审批，在当前教育、卫生、能源、农林、金融、环境等领域需要综合平衡的时候，用于乡村医生培训的财政经费很有可能面临着不足的问题。进入 21 世纪以来，一些省、自治区和直辖市陆续开展政府购买乡村医生村级医疗卫生服务项目，重庆市、上海市还出台了相关政策，对乡村医生实行包括专项补助、基本药物制度补助以及医疗设备、网络维护专项补助等，这在很大程度上解决了乡村医生的后顾之忧，即使没有专门的培训补助，乡村医生亦能轻松负担培训支出。但我们更应看到，当前还存在相当一部分省份对乡村医生的补助数额较低，在这样的背景下，如果对乡村医生的培训没有任何补助或者补助微薄，乡村医生参加培训的积极性定会受到很大挫伤，农村居民也就不可能就近享受优质医疗卫生服务，从而陷入"恶性循环"的境地。

3. 对策

3.1 完善培训对象和培训师资方面的规定

在培训对象方面，应当坚持全员培训和择优培训相结合的方式。课题组认为，全员培训作为自"赤脚医生"时期一直延续下来的一种经验模式，具有两个最为基本的功用：一方面是为了满足农村居民的医疗卫生需求而提高自身医疗技术水平的需要，另一方面则是应对相关部门考核的需要。因为按照我国《乡村医生从业管理条例》的规定，只有经过乡村医生培训且考试合格，才能向县级卫生行政部门申请注册，准予注册后，乡村医生才能依法执业，否则构成违法。坚持择优培训，可以起到较好的示范和激励作用，但对于遴选的程序、数量等问题，需要认真研讨。在培训师资方面，应当按照《全国乡村医生教育规划（2011～2020年)》的规定进一步细化，宁缺毋滥。在制度建设上，可以考虑通过设立"专家库"的方式进行，全面听取各方的意见和建议，及时更新一部分授课专家以保证培训效果。

3.2 统筹规划培训内容和培训方式

在乡村医生的培训内容上，无论是卫生行政部门还是乡镇卫生院等单位，都应遵循统筹规划的原则。具体而言，就是应当由县级卫生行政部门进行总体规划，乡镇卫生院作为主要培训地点进行细化，坚决避免重复培训，尤其是低水平的重复培训。因为这既浪费了时间，又无法让乡村医生的医疗技术水平获得实质性提高，反而容易挫伤其参加培训的积极性。同时，为了实现"乡村医生向执业助理医师转化"的国家目标，应当参照有关执业助理医师资格考试大纲设置培训内容，开展针对性的培训，帮助其达到岗位要求。在培训方式上，当前国家以及一些省、自治区和直辖市的政策文件只是进行了罗列性的规定，而实际上应当按照不同的培训内容采取不同的形式进行，如自学、上级医师岗位指导、临床进修、例会学习、集中培训、网上远程教育、对口帮扶等，通过有针对性的综合使用达到最佳的培训效果。

3.3 统一乡村医生的最低培训频次和累计时限

在乡村医生接受培训的频次上，我国《乡村医生从业管理条例》规定每两年接受一次，而《村卫生室管理办法（试行）》则规定每年至少接受两次。尽管《乡村医生从业管理条例》作为行政法规具有比《村卫生室管理办法（试行）》这一行政规章更高的法律效力，但由于其制定时间已有十多年，已经不能符合当前乡村医生的岗位要求和农村居民的服务需求，我们建议将《乡村医生从业管理条例》中乡村医生的培训频次修改为"每年至少接受两次"。在乡村医生的累计时限上，应当按照《村卫生室管理办法（试行）》《全国乡村医生教育规划（2011～2020年）》对乡村医生的最低培训时限要作统一规定，即每年累计培训时间不少于两周。但具体何时进行，则可以由各省、自治区和直辖市按照本地区的实际情况设定，并报国家卫生和计划生育委员会备案，以便后者通过常规检查、随机抽查等方式加强监管。

3.4 统筹培训地点并完善考核制度

课题组认为，国家卫生和计划生育委员会应当对乡村医生的培训地点作出具有一定原则性的硬性规定，即一般只能安排在本乡镇卫生院（社区卫生服务中心）进行，不得进行大规模的集中培训，对于培训内容相同或者相似且人员众多的情况，可采取由培训专家进行巡回讲授的方式加以解决。对于确需在乡镇卫生院之外进行集中或者大规模培训的，需要报省级卫生行政部门批准，并报国家卫生和计划生育委员会备案。实际上，考核的目的不是为了监管乡村医生，而是要将培训的内容和效果加以检验，亦为进一步完善培训工作提供真实的反馈信息。这就要求我们必须严格规范考核内容、形式和程序，坚决杜绝培训考核的形式主义，加强组织者的责任。同时，在制度建设上，可以引进第三方考核、考核结果与绩效补助挂钩等机制，切实做好这项工作。

3.5 保证培训补助的经费足额到位

毛泽东同志认为，卫生工作之所以重要，是因为它有利于生产，有利于工作，有利于学习，有利于改造我国人民低弱的体质，使身体健康，环境清洁。[4]卫生工作开展得如何，很大一部分取决于从事卫生工作的人员素质和能力如何，这就与培训密切相关。在发展理念上，要鼓励和引导社会力量以多种方式支持、参与乡村医生培训工作；在常规机制上，对政府及其主管部门按规划组织的乡村医生在岗培训，所需资金应由同级财政预算安排，不得向乡村医生收取费用。2013 年 8 月 21 日，国家卫生和计划生育委员会发布的《关于进一步完善乡村医生养老政策提高乡村医生待遇的通知》（国卫基层发〔2013〕14号）就明文指出："乡村医生在岗培训所需经费由县级财政预算安排，不得向乡村医生收取费用。"在培训补助上，应当考虑尤其是边远或者贫困地区的乡村医生合理的伙食、交通、误工等费用，并且列入财政，申请专项经费予以保障。可以说，强化乡村医生培训，逐步缩小城乡基层卫生服务水平的差距，已经成为当前和今后一段时期内深化医改、加强农村卫生工作、推进新农村建设、保障和改善民生的一项重要而紧迫的任务，事关当前、惠及长远！

参考文献：

［1］刘炫麟："'乡政村治'体制对乡村医生数量和质量以及分布的影响"，载《中华医院管理》2014年第8期。

［2］孙自法："中国红基会4年培训1400名贫困地区乡村医生"，载 http://www.crcf.org.cn/sys/html/lm_4/2010－07－01/152036.htm，最后访问日期：2014年12月22日。

［3］魏然、王凯："我省分期分批培训乡村医生"，载《大众日报》2012年2月11日，第2版。

［4］张自宽："学习毛泽东同志的大卫生观"，载《中国初级卫生保健》1994年第1期。

本文原刊载于《卫生软科学》
2015年第4期，略有修改。

乡村医生考核的现状、问题与对策研究

刘炫麟　李　青　乔　颖

在我国，乡村医生有百万之众，其每年提供的诊疗人次已近20亿，如此庞大的基层医疗卫生服务队伍和服务数量，是否真正发挥了国家设定的"网底"作用，这不可避免地需要借助考核制度来完成。实践证明，科学、客观、公正、高效的考核机制对于调动乡村医生的工作积极性、提高乡村医生提供服务的质量、维护农村居民的健康权益等具有十分重要的意义。不过，囿于村卫生室在管理体制和运行机制上一些现存问题的综合影响，[1] 当前乡村医生的考核工作仍然不能令人满意，无论是考核的内容还是考核的形式，抑或考核的机构，都存在粗疏化、形式化等问题，无法实现考核制度应有之功能。这在很大程度上影响到乡村医生对待学习、培训以及执业的态度，已成为乡村医生综合能力和业务能力提升中的一大阻碍，亟须改革和完善。本文对乡村医生考核的现状、问题进行了归纳和分析，并在此基础上提出了对策建议。

1. 现状

1.1 国家对乡村医生考核的法律与政策规定

课题组通过文献搜集和整理后发现，在国家层面上对乡村医生考核作出规定的法律与政策文件并不少。2004 年 1 月 1 日实施的《乡村医生从业管理条例》通过 4 条（即第 34～37 条）对乡村医生考核的频次、形式、内容、后果等问题做了较为原则性的规定。原卫生部于 2008 年 8 月 1 日颁发的《乡村医生考核办法》（卫农卫发〔2008〕43 号）共规定了 7 章 24 条，对乡村医生考核的机构、内容、形式、程序、结果及应用、监督管理等问题作出了全面规定，但从法律适用的角度考察，其仍显粗疏和概括。原卫生部于 2010 年 1 月 10 日颁发的《关于加强乡村医生队伍建设的意见》（卫农卫发〔2010〕3 号）对乡村医生考核的机构、内容、结果等作了简要规定。原卫生部办公厅于 2010 年 3 月 31 日发布的《关于推进乡村卫生服务一体化管理的意见》（卫办农卫发〔2010〕48 号）对乡村医生考核的机构、内容、结果等做了简要规定，与《关于加强乡村医生队伍建设的意见》这一政策较为相似。国家卫生计生委、国家发展改革委、教育部、财政部、国家中医药管理局五部门于 2014 年 6 月 3 日联合发布的《村卫生室管理办法（试行）》（国卫基层发〔2014〕33 号）对村卫生室及其人员的考核作出了比《关于加强乡村医生队伍建设的意见》《关于推进乡村卫生服务一体化管理的意见》更为简要的规定。

1.2 各省、自治区和直辖市对《乡村医生考核办法》的贯彻执行情况

2014 年 10 月 23 日，中国共产党第十八届中央委员会第四次全体会议通过了《中共中央关于全面推进依法治国若干重大问题的决定》，该决定的内容之一就是要"形成完备的法律规范体系和高效的法治实施体系"，有法可依是有法必依的前提，而有法必依是有法可依的目标指向和价值所在。而且，我国《乡村医生考核办法》第 7 章（附则）第 24 条明文规定，各省、自治区和直辖市的卫生行政部门应当根据此办法制定相应的实施细则。此外，其还通过附件的形式将"乡村医生考核表"、"乡村医生考核复核表"进行了式样上的统一规定。自该办法于 2008 年 8 月 1 日正式施行后，在除我国港、澳、台之外（该办法不适用于这三个法域）的其他 31 个省级行政区域中，北京、河北、山西、内蒙古、上海、湖北、湖南、广东、海南、四川、贵州、云南、西藏、陕西、甘肃、青海、新疆等 17 个省、自治区、直辖市尚未制定相应的实施细则，约占 54.84%；天津、辽宁、吉林（曾经制定但现已废止）、黑龙江、江苏、浙江、安徽、福建、江西、山东、河南、广西、重庆、宁夏等 14 个省、自治区、直辖市已（曾）经出台了相应的实施细则，约占 45.16%，尚不足半数。

2. 问题

2.1 法律与政策的执行缺乏统一性和规范性

在没有制定乡村医生考核办法实施细则的 17 个省级地域中，不可避免地会造成其所辖各市（区）卫生行政部门无法可依，而只能选择不制定或者自行制定。在制定乡村医生考核办法实施细则的地级市中，由于缺乏省级乡村医生考核实施细则的统领和指导，导致其条文在极富地域特色的同时，无形中增加了巨大的差异，甘肃省即为实例，其所辖的庆阳市就曾独自出台了《庆阳市乡村医生考核实施细则》。在制定乡村医生考核办法实施细则的 14 个省级地域中，他们制定的文件同样存在较大差异，主要体现在内容详略不同，执行力度有别。这就导致高位阶的法律与政策在农村这一领域容易出现"末端失灵"或者"执行乏力"等现象。例如，2008 年 11 月 13 日发布的《黑龙江省乡村医生考核办法实施细则（试行）》（黑卫农发〔2008〕571 号）和 2009 年 5 月 11 日发布的《江西省乡村医生考核办法实施细则（试行）》在考核委员会以及考核人员的组成上就存在较大差别，这种细化上的差别将直接反映在执行领域。

2.2 考核人员的组成尚需进一步优化

在依据我国《乡村医生考核办法》的要求出台实施细则的 14 个省、自治区、直辖市中，尽管有些内容基本相同，但在一些制度设计上仍然存在重大差异。其中，乡村医生考核人员的组成即为实例。我国《乡村医生考核办法》第 8 条明确规定："考核委员会由县级卫生行政部门和县、乡医疗卫生机构的卫生管理及卫生技术人员组成。考核委员会可在乡镇卫生院设立考核小组，具体负责本辖区内乡村医生的考核工作。"该条实际上授予了县级卫生行政部门较大的"自由裁量权"，即可以根据实际情况对考核人员的类型及其比例作出限定。而实际上诸如黑龙江等省、自治区和直辖市并未作出如此限定，这必然导致考核人员的类型及比例在其所辖地级市中出现异化，直接影响到人们对乡村医生考核结果的信服。另外，无论是《乡村医生考核办法》还是各省、自治区和直辖市的实施细则，尽管绝大部分都规定了有利害关系的考核人员的回避制度，但对于乡村医生申请回避的情况，并没有规定具体的或者统一的申请时限。在考核结果的评定上，目前绝大部分省（市）规定分为合格和不合格两种，如此粗疏简略的等级设定难以激励乡村医生执业的积极性。在考核结果的公布上，许多省、自治区和直辖市亦无具体或者统一的时限规定。美国法学家约翰·罗尔斯曾言，公正或者不公正在于处理这些事实的方式。[2]因此，有关乡村医生考核人员的组成问题，亟待进一步规范和完善。

2.3 考核过程易流于形式且存在规则漏洞

根据我国《乡村医生从业管理条例》第34条的规定，乡村医生的考核工作由县级人民政府行政主管部门负责组织，每两年考核一次，并且在考核时认真听取其执业机构、本人以及村委会、村民的意见。我国《乡村医生考核办法》和各省出台的实施细则基本上作了类似的规定。但问题在于，对乡村医生每两年组织一次考核周期偏长，导致考核机构和乡村医生对该项工作不够重视，部分考核人员甚至认为这项工作不是一项权力，而是一种负担；很大一部分乡村医生通常也是在接到需要考核的通知后才临时进行准备；再加上农村熟人社会中血缘、亲缘以及地缘的影响，导致考核机构十分追求效率。课题组在实地调研中发现，有的省（市）不足20分钟就考核完一所村卫生室，听取村委会和村民的意见也很随意。[3]乡村医生重视表面功夫而不重实质内容，考核也就难以真正发挥出"奖优罚劣"的基本功用，这在很大程度上影响到乡村医生服务、医疗技术提高的积极性。此外，在规则的具体设计上，许多省、自治区和直辖市照搬《乡村医生考核办法》的规定，尚未对考核人员的申请回避制度和暂缓考核制度等问题作出更为详细和更具操作性的规定。

2.4 考核内容不均衡

我国《乡村医生从业管理条例》第 35 条规定："县级人民政府卫生行政主管部门负责检查乡村医生执业情况，收集村民对乡村医生业务水平、工作质量的评价和建议，接受村民对乡村医生的投诉，并进行汇总、分析。汇总、分析结果与乡村医生接受培训的情况作为对乡村医生进行考核的主要。"《乡村医生考核办法》第 10 条至第 12 条作了更为细化的规定，乡村医生考核包括业务考评和职业道德评定两个方面。其中，业务考评主要包括工作任务完成情况、业务水平、学习培训情况等内容；职业道德评定主要包括医德医风情况。考核委员会在评定过程中要充分听取所在村村民委员会、乡村医生和村民的意见。各省、自治区和直辖市出台的实施细则大致作出了与《乡村医生考核办法》相似的规定。然而，课题组通过调研发现，无论是在理论认识上还是在实践操作中，考核机构大多偏重对乡村医生业务领域的考核，对职业道德评定则不够重视，尚未将二者放到同等重要的位置。这在一定程度上致使乡村医生过于侧重业务能力的提高，放松了职业道德的修养，其服务的态度和理念难以适应新时期农村居民日益增长的医疗卫生服务需求。

2.5 政府监管缺失

回顾历史可以发现，无论是"保健"员时期还是"赤脚医生"时代，抑或乡村医生以及向执业（助理）医师转化的当下，[4]由于乡村卫生服务一体化管理尚未在全国范围内普遍实现，导致全国大部分乡村医生依然保持"半农半医"的职业状态。换言之，这一群体距离完全的职业化尚有一段不小的距离。在绝大部分地区，乡村医生尚未实现身份上的转变（即由农村居民转变为城镇居民或者城镇职工），仍然是农民，始终未能进入国家正式的、主流的监管体系。另外一个原因同样不可小觑，即乡村治理模式的巨大变革。1983 年 10 月 12 日，中共中央、国务院《关于实行政社分开建立乡政府的通知》（中发〔1983〕35 号）指出，随着农村经济体制的改革，现行农村政社合一的体制显得很不适应。《宪法》已明确规定在农村建立乡政府，政社必须相应分开。1987 年 11 月 24 日，我国《村民委员会组织法（试行）》获得通过。至此，"乡政村治"的治理模式基本形成，[5]乡镇政府成为国家行政权力的末梢，其不再直接管理村级事务（包括属于公益事业的村级医疗卫生事务），由先前的"领导"关系变革为"支持、指导和帮助"的关系。村委会由于失去了集体经济的支撑和非医疗卫生专业化的局限，大部分已经无力监管村卫生室的事务，其中就包括对乡村医生的评价与考核。

3. 对策

3.1 尽快制定或者完善各省、自治区和直辖市的实施细则

可以说，无论是 2003 年颁布的《乡村医生从业管理条例》，还是 2008 年颁布的《乡村医生考核办法》，抑或是 2014 年颁布的《村卫生室管理办法（试行）》，其对乡村医生考核的规定均属框架性的，具体的操作仍需各省、自治区、直辖市尽快出台实施细则。行使立法权的部门应当是各省级卫生和计划生育委员会，具体内容应当按照《乡村医生考核办法》的规定，由总

则、考核机构、考核内容、考核方式和程序、考核结果及应用、监督管理和附则等 7 个部分组成。在立足各省、自治区和直辖市实际的基础上，应本着严格考核的原则和精神，制定相应的实施细则。同时，为了让实施细则的内容更为全面，逻辑更为融洽，应当广泛借鉴已经制定实施细则的 14 个省、自治区和直辖市的经验，实现法律执行和适用的前提，即有法可依。在已经制定乡村医生考核办法实施细则的省、自治区、直辖市，需要根据当前的社会变化，结合中央以及国家卫生和计划生育委员会新颁布的法律与政策文件，对实施细则进行修改和完善，以期能够更好地契合当前的社会现实，更好地作用于社会生活，更好地服务于农村居民。

3.2 优化考核机构

我国《乡村医生从业管理条例》《乡村医生考核办法》规定的考核机构是县级人民政府卫生行政主管部门，《村卫生室管理办法（试行）》在此基础上增加（接受委托的）乡镇卫生院；但《乡村医生从业管理条例》和《村卫生室管理办法（试行）》均未规定考核机构的组成人员，《乡村医生考核办法》则明确规定由县级卫生行政部门和县、乡医疗卫生机构的卫生管理及卫生技术人员组成考核机构。课题组认为，囿于卫生行政部门人力的局限，对乡村医生的考核离不开县、乡两级医疗卫生机构的积极参与和广泛支持。考核委员会的人员组成以及比例，应当借鉴《江西省乡村医生考核办法实施细则（试行）》的做法。具体而言，在人员类型上应当包括县、乡（镇）两级管理者和技术人员；在人员总数上需为 7 人以上的单数，且卫生技术人员不能低于半数。考核委员会还可以在属地乡镇卫生院设立考核小组，由该院 5 人以上且单数的管理人员和技术人员组成，其中技术人员不少于半数，负责属地乡村医生的考核工作。具体的考核人员，可以在考核委员会和考核小组中随机抽取 3 人，但技术人员需不少于 2 人。另外，在具体的制度设计和规则拟定上，建议增加"乡村医生应当在 3 日前向考核委员会（小组）书面申请回避"的规定，以免给考核委员会或者考核小组的考核工作带来被动。同时，可以探索异地交叉考核的模式，确保考核工作公平、公正和公开。

3.3 完善考核方式

社会学家费孝通教授认为，农村是一个"熟悉"的社会，没有陌生人的社会。[6]在一个血缘、亲缘以及地缘紧密相关的乡村文化和地域中，其对于乡村医生的考核乃至国家的法律适用均存在一定的缓冲作用。这就决定了国家对乡村医生的考核必须坚持多元化的思路，包括但不限于实地走访、口试、笔试、答辩、座谈、实践操作等方式。1998 年 11 月 4 日通过且于 2010 年 10 月 28 日修订的《中华人民共和国村民委员会组织法》明文规定，村民委员会作为村民自我管理、自我教育、自我服务的基层群众性自治组织，依法对属于本村的公共事务和公益事业的医疗卫生负有管理职责，这就决定了对乡村医生的考核必须要听取村委会的意见。生活在同一村落的村民是乡村医生的主要服务对象，对乡村医生履行职责和服务态度的情况最具发言权，理应成为考核和评价的主体之一。考核机构在综合乡镇卫生院、村委会和村民的意见之后，综合评定一定的等级，并应当允许乡村医生对此评定提出异议，可以重新考核。为了防止申请复核的权利被滥用，应当制定如下限制性条款："乡村医生对考核结果有异议的，可以在收到考核评定结果之日起 15 日内，向考核委员会（小组）提出复核申请。考核委员会（小组）应当在接到复核申请之日起 15 日内对乡村医生考核结果进行复核，并将复核意见书面通知乡村医生本人。复核意见为最终考核结果。乡村医生逾期未提出异议的，视为接受考核结果。"同样，在特殊情况下可以允许乡村医生申请暂缓考核，但亦应作出一定限制，即"乡村医生因特殊情况需要暂缓考核的，应于考核 7 天前向考核委员会提出申请。经考核委员会批准后，予以暂缓考核。一个考核周期内，每名乡村医生仅能暂缓考核一次，暂缓考核时间最长不得超过 60 日，所有暂缓考核人员名单及缓考原因须统一报区市、省级卫生行政部门备案。对于暂缓考核的乡村医生，考核委员会应统一考核时间，并按上述程序和方式进行考核"。此外，对于考核结果的公示一定要及时，原则上应当在考核工作完成后两周之内完成，努力实现公平性、公正性和公开性的统一。

3.4 重视职业道德考核

乡村医生的职业道德是医务人员应具备的思想品质，是医务人员与患者、社会及医务人员之间关系的总和，是社会公德在医疗行业中的特殊表现。乡村医生作为农村卫生室的执业主体，是农村三级医疗卫生服务网底的守门人，直接承担着广大农村居民的医疗、预防及保健任务。乡村医生的医德水准及服务水平直接关系到广大百姓的身心健康，关系到和谐社会的构建和社会主义新农村的建设。因此，加强乡村医生的医德教育与考核，引导乡村医生树立良好的医德医风，从思想上重视医德修养，将有利于全面提高乡村医生的综合素质，有利于广大农村居民享受到更优质的医疗卫生服务，有利于农村卫生工作目标的实现和健康发展。[7]因此，对于考核委员会和考核小组而言，在思想意识上予以重视不仅是必要的，而且是第一位的。

在考核过程中，重点关注乡村医生在本村被投诉的情况，经查证属实的，应当降级评价，情节严重的，应当作出不合格的评价，并影响之后的绩效（补助）发放、续聘和执业注册等。在乡村医生培训中，应当增加职业道德方面的内容和时间，使每一位乡村医生都将职业道德内化于心。

3.5 加强政府的监管力度

为了克服乡村医生考核政府监管不力、村委会无力监管的缺陷，除增强他们主动监管的意识之外，最为有效的途径就是实行乡村卫生服务一体化管理，即在县级卫生行政部门的统一规划和组织实施下，以乡镇为范围，对乡镇卫生院和村卫生室的行政、业务、药械、财务和绩效考核等方面予以规范的管理。在乡村一体化管理中，乡镇卫生院受县级卫生行政部门的委托，负责履行本辖区内的卫生管理职责，在向农民提供公共卫生服务和常见病、多发病的诊疗等综合服务的同时，承担对村卫生室的管理和指导职能；村卫生室承担行政村的公共卫生服务及一般疾病的初级诊治等工作。（村级）基本医疗卫生服务属于公益产品，因而具有非竞争性、非排他性，各级政府一定要积极承担责任，通过各部门之间的协同联动、密切配合，甚至委托其他部门或者社会组织，实现对乡村医生考核的行业监管和行政监管。

参考文献：

[1] 刘炫麟："'乡政村治'体制下农村卫生室综合改革研究"，载《中华医院管理》2014 年第 8 期。

[2] [美] 约翰·罗尔斯：《正义论》，中国社会科学院出版社2009 年版。

［3］吕兆丰、王晓燕、线福华主编：《吾土吾民——北京市怀柔区村卫生室实地研究》，北京燕山出版社 2011 年版。

［4］王冠男："基于乡村医生管理现状的分析"，载《卫生软科学》2014 年第 12 期。

［5］首都医科大学"医改背景下的首都农村卫生人力资源配置研究"课题组：《"乡政村治"环境中村级卫生人力资源配置研究——基于北京市密云县的实地调研》，北京出版社 2014 年版。

［6］费孝通：《乡土中国》，人民出版社 2008 年版。

［7］王巧玲："乡村医生职业道德教育提升研究"，载《职业时空》2013 年第 4 期。

本文原刊载于《卫生软科学》
2015 年第 5 期，略有修改。

乡村医生补助的现状、问题与对策研究

刘炫麟　周志勇　李天靖

新中国成立之初，缺医少药问题十分突出，更为严重的是，城市与农村在医疗卫生资源的配置上呈现出极不平衡的状态，即约 80% 的农村人口享受约 20% 的医疗卫生资源。为了改变这一不合理、不公正的局面，毛泽东同志于 1965 年 6 月 26 日发出重要指示，要求把医疗卫生工作的重点放到农村去，培养一批农村也能养得起的医生。从此，全国各地陆续拉开了培养赤脚医生的大幕，并于 20 世纪 70 年代末达到顶峰，取得了十分瞩目的成就。尽管这一时期基层卫生人才的培养具有政治动员性质，但其极大地缓解了农村地区缺医少药的困境亦是不争之事实。1985 年 1 月 24 日，在全国卫生厅局长会议的闭幕式上，时任卫生部副部长陈敏章同志宣布：卫生部决定不再使用"文革"中沿袭下来的、含义不确切的"赤脚医生"名称，今后，凡经考试考核已达到相当于医士水平的，称为乡村医生；达不到医士水平的，都改称卫生员。[1]卫生部的这一决定意味着"赤脚医生"时代的结束，也宣告了"乡村医生"新时代的来临。综观而论，"赤脚医生"几乎全部处于"政社合一"的乡村治理模式之中，得到了生产大队（相当于村委会一级）以及人民公社

（相当于乡镇政府一级）的全力支持，[2] 其不仅可以享受不低于一般村干部的工分收入，而且在培训学习期间亦可获得一定的补助，具有较高的职业吸引力。但是随着 1982 年《宪法》以及 1987 年《村民委员会组织法（试行）》的颁布，我国乡村治理模式逐渐完成了由"政社合一"体制向"乡政村治"体制的转变，这对乡村医生产生了重大影响。失去集体经济支撑和合作医疗绑定的许多乡村医生只能选择承包农村卫生室，并实行自主经营、自负盈亏。由于经济收入好坏不一，一部分乡村医生基于各种考虑改变了职业选择，基层卫生人力资源的流失势不可免，以致部分地区农村三级医疗卫生服务的网底出现破损。尽管此后中央和各省、自治区、直辖市相继出台了诸如政府购买服务、乡村卫生服务一体化管理等政策措施，但有关乡村医生补助不合理、不到位的问题并没有得到彻底解决。深入研究和妥善解决这一问题，将有效提高乡村医生的职业吸引力，激励其更好地为农村居民提供医疗卫生服务，保障农村居民健康权益的实现，助力国家"人人享有基本医疗卫生服务"的目标实现。

1. 现状

1.1 国家层面上的法律与政策规定

国务院于 2003 年 8 月 5 日颁布的《乡村医生从业管理条例》是我国第一部专门规范乡村医生执业的行政法规，其第 30 条明文指出，县级人民政府可以安排一部分公共卫生任务由乡村医生承担，在考核其提供服务的数量和质量之后，按照有关规定进行补助。原卫生部办公厅于 2012 年 6 月 20 日发布的《关于落实 2012 年医改任务做好农村卫生服务有关工作的通知》

（卫办农卫发〔2012〕79 号）采取了四大举措，概括起来主要包括：一是，基本公共卫生服务应当在卫生院和村卫生室之间作出合理划分，其中村卫生室应当承担 40% 左右，乡镇卫生院承担 60% 左右，县级卫生行政部门按照考核结果将经费拨付给乡村医生，不得拖延或者核减；二是，全面推行新农合门诊统筹；三是，对实施基本药物制度的乡村医生实行专项补助；四是，对服务年限长和在偏远、条件艰苦地区执业的乡村医生提高补助水平。国家卫生和计划生育委员会于2013 年 8 月 21 日发布的《关于进一步完善乡村医生养老政策提高乡村医生待遇的通知》（国卫基层发〔2013〕14 号）在重申将 40% 左右的基本公共卫生任务和经费分配给村卫生室的同时，亦明确指出要加强对实施基本药物制度、取得执业助理医师及以上资格、在边远地区执业以及作出突出贡献的乡村医生实行专项补助。此外，该通知还建议制定"原则上为 10 元左右"的一般诊疗费标准，并对各项补助经费实行预拨制。出台这些举措的目的在于，通过多方位的乡村医生补偿政策，使其补助水平与当地村干部相衔接，提高乡村医生的职业吸引力。国家卫生计生委、国家发展改革委、教育部、财政部、国家中医药管理局五部门于2014年6月3日联合下发的《关于印发〈村卫生室管理办法（试行）〉的通知》（国卫基层发〔2014〕33 号）只是再次确认了原卫生部办公厅《关于落实 2012 年医改任务做好农村卫生服务有关工作的通知》和国家卫生和计划生育委员会《关于进一步完善乡村医生养老政策提高乡村医生待遇的通知》中的各项举措，在内容上并无新意。

1.2 各省、自治区和直辖市乡村医生的补助状况

在我国，由于大部分省、自治区和直辖市尚未实现乡村卫

生服务一体化管理，因此大部分乡村医生在身份界定上仍属农民，其"半农半医"的职业特点仍在延续，远未实现完全的职业化目标，这就决定了在乡村医生的收入结构中除农副收入外，主要就是其在村卫生室执业所获得的收入。现实中，乡村医生大致可以分为两种情况：一是纳入政府购买服务的乡村医生，其在承担政府设定的一些职能（如慢性病管理、健康教育等）和任务后，享受名目不一、数额各异的补助；二是尚未纳入政府购买服务的乡村医生，其无须承担政府设定的一些职能和任务，亦不享受相关补助。原卫生部办公厅于 2009 年 4 月 16 日发布的《关于乡村医生公共卫生服务补助的情况通报》（卫办农卫发〔2009〕63 号）曾明确指出，全国已有 23 个省、自治区和直辖市制定了乡村医生公共卫生服务补助政策：从区域分布上考察，西部最多，共 9 个省份，东部、中部同为 7 个省份。从补助方式上考察，可以概括为以下三种模式：一是对乡村医生给予定额补助；二是按行政村或村卫生室数给予定额补助；三是按服务人口给予定额补助。从补助标准上考察，23 个省份甚为悬殊，补助金额区间为每天每年 300 元至每人每年 6000 元。此外，对于取得执业助理资格的乡村医生，青海、新疆等省、自治区还给予一定的补助。从补助资金来源上考察，其主要包括两种模式：一是由省、市、县级财政共同承担；二是全部由市、县级财政承担，省级财政不承担。

2. 问题

2.1 法律与政策的执行力度不一且总体偏软

前文已述，无论是《乡村医生从业管理条例》《村卫生室管理办法（试行）》等法律文件，还是原卫生部办公厅《关于落实 2012 年医改任务做好农村卫生服务有关工作的通知》、国家卫生和计划生育委员会《关于进一步完善乡村医生养老政策提高乡村医生待遇的通知》等政策文件，均对乡村医生补助问题做了明文规定，而且后者还作了较为详细的规定。正所谓"徒法不足以自行"，这些国家顶层设计的法律与政策文件，要使其精神与实质内化于各省、自治区和直辖市的管辖地域，需要仰赖他们出台更为细化的政策措施并相对统一规范地执行。但问题在于，目前尚有一些省、自治区和直辖市没有出台相关政策，一方面致使其所辖的地域无法可依；另一方面也容易致使其所辖地域"各自为政"，进而出台极具差异化的政策措施，在执行上更是无法把控。对于在同一省、自治区或直辖市为农村居民提供大致相同医疗卫生服务的乡村医生而言，其受到差别化的待遇显然是难言公平和公正的。当然，在已经出台相关政策措施的省、自治区和直辖市亦有问题存在，最为主要的就是由于补助标准和方式的不同，导致乡村医生之间的收入差距悬殊。同样以公共卫生补助为例，在补助标准上，有的省份每年补助6000 元，有的省份每年补助 300 元，后者仅占前者的 5%，尽管有经济发达程度和消费水平上的部分考量，但仍难言公平。在补助方式上，有的省份如广东、青海是按照行政村或者村卫生室的数量计算的，不足之处在于，有的行政村属于小型村，只有数百人甚至数十人，而有的行政村属于特大型村，拥有数千人甚至上万人，这就决定了村卫生室以及在其中执业的乡村医生的工作量是不同的，倘若按照相同的标准进行补助，必然不能实现"按劳分配、按劳取酬"的原则和理念，亦会导致不公平、不公正的结果。乡村医生对补助的满意度下降，势必无法起到激励的作用，农村居民所享受的医疗卫生服务也就难以获得实质性提高。此外，应当说明的是，上述问题的出现，既与决策者、执行者的重视程度和预见性密切相关，亦与社会管理体制、运行机制以及文化环境等因素紧密相连。其中，国家对法律与政策的执行疏于监管，恐怕亦是原因之一。

2.2 补助制度的功用尚未得到充分体现

国家和法律政策之所以规定对乡村医生实施补助，至少存在以下三大原因：从微观的层面考察，是为了匹配乡村医生提供的医疗卫生服务；从中观的层面考察，是为了提高乡村医生的职业吸引力；从宏观的层面考察，则是为了稳定和发展基层医疗卫生队伍。而实际情况是，补助制度的这三大功用在大部分省、自治区、直辖市尚未得到充分彰显。为了更好地说明这一问题，在此以北京市为例加以阐明。为了稳定乡村医生队伍，方便农民就近看病，北京市于 2008 年开始实施"农村基本医疗卫生村级项目"政府购买政策，即对本市乡村医生按照《北京市村级基本医疗卫生服务免费项目表》提供的标准化的公共卫生、基本医疗服务项目，实行政府购买；市、区两级财政按照每人每月 800 元拨付补助费。其中，承担村级公共卫生职能的乡村医生，每人每月补助 400 元；承担常见病防治和为群众提供零差价药品服务的乡村医生，每人每月补助 400 元。2013 年 1 月 31 日，北京市卫生局、北京市财政局联合下发了《关于调整本市乡村医生补助标准的通知》，其明文指出，北京市政府从 2013 年 1 月 1 日起，对乡村医生补助标准进行调整，乡村医生的补助标准由每月 800 元调整至每月 1600 元。其中，乡村医生承担村级公共卫生职能的部分，每月补助 1000 元；承担常见疾病防治和为群众提供零差价药品服务的部分，每月补助 600 元。[3] 2014 年 4 月 1 日，《关于调整北京市 2014 年最低工资标准的通知》（京人社劳发〔2014〕29 号）正式实施，其明确规定：
"北京市最低工资标准由每小时不低于 8.05 元、每月不低于
1400 元，调整到每小时不低于 8.97 元、每月不低于 1560 元。"
1981 年 2 月 27 日，国务院批转了卫生部《关于合理解决赤脚医
生补助问题的报告》，该报告对赤脚医生的定位是"他们同民办
教师一样，是农村中的知识分子，技术人员，脑力劳动者"。换
言之，集知识分子、技术人员和脑力劳动者于一身的乡村医生，
其收入仅比最低工资标准每月多 40 元，难以企及外出务工人
员，亦与全市人均年收入 2.5 万元存在一定的差距，不能匹配
大部分乡村医生的劳动付出，乡村医生先前保有的职业吸引力
迅速下降，以至于后继无人的问题十分突出。在对北京市 10 个
远郊区县 3410 个行政村调查后发现，936 个行政村没有配置乡
村医生，约占 27.45%，[4]这必然无法实现国务院办公厅《关于
进一步加强乡村医生队伍建设的指导意见》（国办发〔2011〕31
号）等政策规定的"一村一室至少有一名乡村医生执业"的
要求。

3. 对策建议

3.1 制定和完善乡村医生的补助制度

对于尚未制定乡村医生补助政策的省、自治区和直辖市，
应当按照《乡村医生从业管理条例》《村卫生室管理办法（试
行)》、原卫生部办公厅《关于落实 2012 年医改任务做好农村卫
生服务有关工作的通知》、国家卫生和计划生育委员会《关于进
一步完善乡村医生养老政策提高乡村医生待遇的通知》等的精
神和内容，出台适合本地区的政策文件，以便做到有章可循。

对于已经制定乡村医生补助政策的省、自治区和直辖市，应当重新审视先前制定的补助标准和补助方式，对于不合理、不公正的制度和规则应加以修正和完善。

具体而言，在补助标准上，鉴于各省、自治区和直辖市的发展程度和消费水平不同，可以考虑采取不同的数额进行补助；国家卫生和计划生育委员会也应当出台一定的限制规则，即最高补助数额与最低补助数额之间的比重应当控制在合理区间，建议以不超过300%为宜。此外，乡村医生补助的数额应当不低于村干部补助的数额，并接近或相当于乡镇卫生院正式职工的收入水平，对于服务年限较长或者在贫困、边远地域执业的乡村医生，可以考虑给予专项补助。在补助方式上，为了防止乡村医生之间的收入水平过分悬殊，课题组建议在坚持对乡村医生给予定额补助的基础上，充分吸收按行政村或村卫生室数给予定额补助、按服务人口给予定额补助两种模式中的合理成分。换言之，乡村医生的补助可由基础补助（乡村医生数量）和绩效补助（服务人口数量和质量等）构成。其中绩效补助的数额应当作出一定的限制，建议以不超过基础补助的1/2为宜。在补助资金的来源上，出于各级政府财政能力的考虑，应当规定由省、自治区和直辖市人民政府承担一定比例，且不低于1/3。在补助的项目上，可以参照《村卫生室管理办法（试行）》和国家卫生和计划生育委员会《关于进一步完善乡村医生养老政策提高乡村医生待遇的通知》的规定，进行公共卫生补助、专项补助和基本药物补助等。

3.2 加速推进乡村卫生服务一体化管理

作为过渡阶段，乡村医生仍然实行补助模式。但随着我国城镇化进程的加快，尤其是随着国家户籍制度、医疗保险制度等由城乡二元化走向城乡一元化，我国《乡村医生从业管理条例》也对新进入村级医疗卫生机构执业人员的资质作出新的规定（具备执业助理医师及以上资格），这已经与乡镇卫生院的在编职工毫无二致，乡村医生必将由补助模式改为工资模式，在行政、业务、药械、财务和绩效考核等方面实行乡村卫生服务一体化管理。其具体的做法可以参照财政部等五部门《关于农村卫生机构改革与管理的意见》（卫基妇发〔2002〕315号）、中共中央、国务院《关于深化医药卫生体制改革的意见》（中发〔2009〕6号）、原卫生部《关于加强乡村医生队伍建设的意见》（卫农卫发〔2010〕3号）、原卫生部办公厅《关于推进乡村卫生服务一体化管理的意见》（卫办农卫发〔2010〕48号）、国务院办公厅《关于进一步加强乡村医生队伍建设的指导意见》（国办发〔2011〕31号）、国务院办公厅转发《国务院体改办等部门关于农村卫生改革与发展的指导意见》（国办发〔2001〕39号）、国家卫生和计划生育委员会《关于进一步完善乡村医生养老政策提高乡村医生待遇的通知》（国卫基层发〔2013〕14号）等政策中关于乡村卫生服务一体化管理的规定，在此不再赘述。

3.3 加强政府责任

世界银行早在《1997年世界发展报告》中就曾指出，公共物品是指非竞争性和非排他性的货物。非竞争性是指一个使用者对该物品的消费并不减少它对其他使用者的供应；非排他性是指使用者不能被排除在对该物品的消费之外。这些特征使得对公共物品的消费进行收费是不可能的，因而私人提供者就没有提供这种物品的积极性。[5]2009年3月17日，中共中央、国务院《关于深化医药卫生体制改革的意见》通过，其明确指出，要"坚持以人为本，把维护人民健康权益放在第一位。坚持医药卫生事业为人民健康服务的宗旨，以保障人民健康为中心，以人人享有基本医疗卫生服务为根本出发点和落脚点，从改革方案设计、卫生制度建立到服务体系建设都要遵循公益性的原则，把基本医疗卫生制度作为公共产品向全民提供，着力解决群众反映强烈的突出问题，努力实现全体人民病有所医"。具体而言，政府不应当将属于公共产品的基本医疗卫生服务全部或者大部分依靠市场，而应主动加大资金投入，在乡村医生补助乃至实现乡村卫生服务一体化的进程中，主动承担起领导和监管职责。

参考文献：

[1] 刘炫麟、洪菡珑、王晓燕等："论首都农村卫生室乡村医生的今生——以政策与法律变迁为研究主线"，载《中国医院管理》2013 年第 6 期。

[2] 首都医科大学"医改背景下的首都农村卫生人力资源配置研究"课题组：《"乡政村治"环境中村级卫生人力资源配置研究——基于北京市密云县的实地调研》，北京出版社 2014 年版。

[3] 刘炫麟："'乡政村治'体制对乡村医生数量和质量以及分布的影响"，载《中华医院管理》2014 年第 8 期。

[4] 首都医科大学"医改背景下的首都农村卫生人力资源配置研究"课题组：《北京市村级卫生人力资源配置标图信息兜底调查报告》，北京出版社 2012 年版。

[5] 世界银行：《1997 年世界发展报告：变革世界中的政府》，蔡秋生等译，中国财经出版社 1997 年版。

本文原刊载于《卫生软科学》
2015 年第 6 期，略有修改。

乡村医生医疗损害赔偿责任的分解机制研究

刘炫麟

在县、乡、村三级医疗卫生服务体系中，村卫生室处于网底地位，在村卫生室执业的乡村医生实际上扮演了一个村落全体居民之"健康守门人"的角色。根据国家统计局于2014年9月出版的统计年鉴显示，截止到2013年12月31日，我国共有农村卫生室648 619所，2013年度诊疗人次达到201 218万。[1]这就意味着，平均每所卫生室需要提供约3102人次的医疗卫生服务。因此，农村卫生室和乡村医生的重要地位和意义不言而喻。当前，由于管理体制、运行机制以及功能定位等多重因素的综合影响，农村卫生室的设备设施普遍陈旧简陋，乡村医生的医疗技术水平总体偏低且提升缓慢，实际上已经难以适应伴随经济快速发展而产生的农村居民日益提高的医疗卫生服务需求。这使得一直较为和谐的农村医患关系开始出现不同程度的裂痕甚至破坏，村卫生室的首诊功能未能得到较好的实现，在农村居民法律意识不断提高的时代背景之下，医疗纠纷呈逐年上升态势。尽管乡村医生在执业过程中面临着民事、行政和刑事三种法律责任上的风险，但从医疗实践考察，其最主要的风险仍来源于民事责任中的损害赔偿责任。由于乡村医生个人以及家庭财产有限，若让其独立承担受害人的损害赔偿责任，在很多情形下无异于让其退出这一职业，受害人亦往往难以获得完全的救济。尤其是在 2010 年 7 月 1 日实施的《侵权责任法》全面取代 2002 年 9 月 1 日实施的《医疗事故处理条例》关于损害赔偿的法律规定之后，[2]更促使一部分乡村医生为了规避风险而推诿病人或者限制甚至取消一部分服务项目。我们应当清晰地认识到，尽管这样的做法在一定程度上控制了风险，但其导致的直接不良影响就是村卫生室的功能萎缩和患者就诊秩序的紊乱。在乡村医生收入进一步受困的同时，亦使得患者支出更多的时间成本、人力成本和财务成本。可以说，这种"两败俱伤"局面的形成，不仅使得国家"人人享有基本医疗卫生服务"的目标难以实现，而且社会主义和谐社会的建设进程将因此受到一定影响。于是，构建和完善乡村医生损害赔偿责任的分解机制就成为当下亟需须决的现实问题，值得学界深入研究。

1. 分解机制的建立现状

近些年来，各地围绕乡村医生损害赔偿责任的分解机制进行了一些有益的探索和尝试，但若从全国层面上观察，尚未建立这一分解机制的省市显然更多。在已经建立乡村医生损害赔偿责任分解机制的地区，其实践做法大致可以概括为医疗责任保险、互助金、基金以及保险与基金混合四种模式。

1.1 医疗责任保险模式

在实行医疗责任保险的省市又可以分为两种类型：第一种是村卫生室或者乡村医生无须缴纳保险费用，该模式以湖北省宜都市为代表。其具体做法是，首先由市卫生局与商业保险公司达成合作协议，投保所需费用全部纳入本市财政预算，在村卫生室执业的乡村医生不需要缴纳任何费用。当乡村医生发生医疗损害时，由保险公司先行赔付，单次赔付的最高金额为10万元，全年累计赔付的最高金额为20万元。第二种是村卫生室或者乡村医生需要缴纳一定的保险费用，该模式以山西省太原市为代表。根据《太原市村卫生室医疗责任保险实施方案（试行)》的规定，医疗责任保险的费用由市、县两级财政按照每所村卫生室每年735元的标准平均承担，乡村医生按照每人每年75元的标准缴纳。当发生医疗损害时，保险公司单次赔付的最高额度为20万元，不论该村卫生室执业的乡村医生的数量如何，单所村卫生室年度累计赔付的最高额度为30万元，超过的部分不予赔付。同时，保险公司还拥有免赔额，其数额为确定赔付金额的5%或者1000元，以高者为准予以扣减。

1.2 互助金模式

2004年8月，福建省龙溪县组织村级医疗卫生机构开展防御医疗风险互助互济活动，取得了很好的效果。2010年1月1日，新修改的《村级卫生组织抗医疗风险互助互济工作实施方案》施行。新实施方案明确指出，在村卫生室执业的乡村医生按照每人每年100元的标准缴纳互助金。当乡村医生在执业过程中发生医疗损害时，由当事人通过和解、调解、诉讼等方式确定赔偿金额，然后根据该乡村医生参加互助互济活动的年限确定该互助金的赔偿比例。具体而言，乡村医生参加1年的，互助金的支付比例为10%；参加3年的，互助金的支付比例为30%；参加5年的，互助金的支付比例为35%；参加8年的，互助金的支付比例为40%；参加10年的，互助金的支付比例为

50%；参加 15 年以上的，互助金的支付比例为 80%。新实施方
案同时规定，互助金支付的最高数额不超过 3 万元，对参加该
互助互济活动满 10 年且未发生医疗纠纷的乡村医生给予表彰和
奖励。江苏省徐州市、江西省瑞昌市均采取该种模式。

1.3 基金模式

2014 年 10 月 1 日，安徽省蚌埠市五河县颁布了《五河县村
卫生室医疗执业风险分担统筹资金筹集管理办法》，可以说是实
行基金模式的代表。其具体做法是，基金的资金来源主要由三
个部分组成，即市财政、县财政按照每所卫生室不低于 1000 元
的标准投入以及每所村卫生室按照不低于 3000 元的标准缴纳。
乡村医生发生医疗损害时，当事人可以通过和解、调解、诉讼
等方式确定赔付金额。若赔付金额低于 1 万元，基金不予支付，
由村卫生室和乡村医生按照 1∶1 的比例承担；如果赔偿金额超
出的部分在 1 万元至 3 万元（含），由基金、村卫生室和乡村医
生按照 2∶1∶1 的比例承担；如果赔偿金额超出的部分在 3 万元至
5 万元（含），由基金、村卫生室和乡村医生按照 14∶3∶3 的比例
承担；如果赔偿数额超出的部分在 5 万元以上，则由基金、村
卫生室和乡村医生按照 8∶1∶1 的比例承担。安徽省阜阳市阜南
县、滁州市凤阳县、江苏省宿迁市沭阳县、淮安市洪泽县、重
庆市永川区等均采取这一做法，其不同之处在于，这些地区在
基金赔付的范围和比例上有所差异。

1.4 医疗责任保险与基金混合模式

2013 年 6 月 29 日，安徽省桐城市卫生局和财政局联合发布
了《关于印发桐城市基层医疗机构医疗基金管理办法（试行）
的通知》（桐卫字〔2013〕45 号），该办法就是实行医疗责任保

险和基金混合模式的代表。其具体做法是，医疗风险资金的来源包括乡村医生按照每人每天 200 元的标准缴纳和市财政专拨 50 万元（其中一部分还将用于乡镇卫生院），基金用于医疗责任保险的投保费用和投保赔偿额以外的费用支付。按照市卫生局和商业保险公司签订的统保协议，乡村医生发生医疗损害后，由保险公司先行赔付，不足的部分，由医疗风险基金承担 60%，村卫生室承担 20%，乡村医生个人承担 20%。

2. 分解机制的比较分析

2.1 资金来源和总量上的比较分析

在医疗责任保险模式下，其资金全部（第一种模式）或者主要（第二种模式）来源于政府财政，这在我国当前总财政经费不足且卫生经费在与教育、能源、环保、交通运输等经费平衡中处于下风的现状之下，其筹集的资金总量过于受限于地方财政的投入，因此其结果往往难以令人满意。在互助金模式下，地方财政不投入，主要依靠乡村医生个人自愿缴纳，因此其资金总量往往不够理想，即便是与医疗保险模式相比，也常常处于下风。在基金模式下，村卫生室、乡村医生和政府财政共同出资，而且村卫生室、乡村医生的出资通常多于医疗责任保险模式和互助金模式下的出资，因此在资金总量上往往要超过这两种模式。在责任保险和基金混合模式下，资金同样源自乡村医生的出资和政府财政投入，在资金总量上尽管优于互助金模式，但与医疗责任保险（尤其是乡村医生参与出资的第二种模式）、基金模式却大致相当。

2.2 保护力度上的比较分析

在医疗责任保险模式下，当乡村医生发生医疗损害时，保险公司承担的是无过错责任，需要先行理赔，当赔付的金额低于医疗损害的赔偿数额之时，再由乡村医生本人承担补充责任。至于免赔金额或者其他减责、免责条款，则已由保险合同双方当事人事前在协议中做了具体约定，保护力度处于中等水平，基本上可以实现分解乡村医生医疗损害责任的目标。在互助金模式下，当乡村医生发生医疗损害时，互助金将按照一定的比例予以支付，但通常会设定一个赔付金额的最高限制。例如，福建省龙溪县就将基金的最高赔付金额限定在 3 万元，若 3 万元不足以赔偿受害人的医疗损害，则由乡村医生个人承担补充责任。与医疗责任保险相比，其保护力度偏低。在基金模式下，按照乡村医生发生医疗损害的数额确定所处的不同区间，由基金和村卫生室、乡村医生分别承担一定的比例，总体原则是医疗损害的数额越高，村卫生室和乡村医生承担的比例就越低。但需要注意的是，截止到 2013 年 12 月 31 日，我国共有乡村医生 100.5 万人，村卫生室 64.9 万所，平均每所卫生室拥有约 1.55 名乡村医生。这就意味着，医疗实践中很多村卫生室只有 1 名乡村医生在执业，该乡村医生就是村卫生室的主要负责人，那么村卫生室的赔偿责任将转嫁至乡村医生的身上，因此基金模式下对乡村医生的保护力度尽管要高于互助金模式，但要低于医疗责任保险模式。在责任保险与基金混合模式下，当乡村医生发生医疗损害时，由保险公司承担无过错责任先行赔付，然后由基金、村卫生室和乡村医生各自承担一定比例的按份补充责任，与其他模式相比，其保护力度是最高的。

2.3 可操作性上的比较分析

在医疗责任保险模式下，商业保险公司在资金的管理和使用上比较专业、规范，贪污、挪用等腐败现象最少。但其不足之处亦很明显，即由于乡村医生的医疗技术偏低、年龄偏大以及村卫生室的医疗设备较为简陋，保险公司大都不愿意承保。即便是保险公司愿意承保，恐怕在保险受益人的确定上也难以实现普遍性，这是因为不同乡村医生在执业年限、技术水平等方面呈现出的巨大的差异性。同时，保险公司会在减责、免责的条款上有更多的约定，保险费用也会较高。一方面，如果经过测算，每年用于投保的费用与每年赔付的费用相当甚至更多，那么乡村医生并无积极性参加医疗责任保险，因为它事实上已经起不到分解乡村医生损害赔偿责任的功用。另一方面，商业保险公司属于典型的商事主体，主要以营利为目的，如果经过测算，每年的投保费用少于理赔数额，那么其亦无积极性可言，其采取的应对措施通常是要么上浮保费，要么期满不再承保。在互助金模式下，无论是资金的筹集还是赔付的程序，都较为简捷，但在赔付的认定上却很难做到专业化，在一部分案件的处理中有失公正亦在所难免。而且在资金的管理和使用上容易出现贪污腐败、非法挪用等情况，管理机构（通常是卫生行政部门）由于欠缺专业能力也不具备互助金保值增值的能力。在基金模式下，与互助金相同的问题是管理机构的非专业化；与互助金不同的是，基金的筹资数额通常要高于互助金的数额，这无疑对基金的管理机构提出了更高的要求。在医疗责任保险和基金混合模式下，两种损害赔偿责任分解机制的弊端都存在，而且环节较多，程序复杂，尽管受害人最终获得的赔付数额可能较高，但等待的时间偏长。借用19世纪英国政治家威廉·格拉德斯通的名言"迟到的正义非正义"，那么"迟到的救济非救济"。受到医疗损害的受害人往往急需得到赔付用于支付医药救治费用和生活费用，获得救济的时间越久，对受害人实际的帮助就越小。总体而言，责任保险和基金混合模式在实践操作上具有比其他分解机制更高的难度，需要多个部门相互配合和有序衔接。

3. 分解机制的最优选择与制度设计

3.1 分解机制的最优选择

综合上述的比较分析，笔者认为乡村医生损害赔偿责任的分解机制应当采纳基金模式。与医疗责任保险相比，基金的成立、赔付更为简捷。除此之外，尽管在有些情形下基金的保护力度比不上医疗责任保险，但需要看到的是，在乡村医生造成医疗损害的大部分案件中，其数额通常较小，而且就保护的宽度而言，基金具有自己独特的优势。因为在医疗责任保险模式下，保险公司为了控制自己的风险，通常会设定免赔数额或者其他减责、免责的条款，这就使得一部分乡村医生的风险并没有得到实质性的分解。在乡村医生责任财产十分有限的情况之下，受害人往往难以填平自己的损害，甚至没有积极性或者能力参加医疗责任保险，因此应当舍弃医疗责任保险模式，不宜照搬城市医院的做法。在资金的来源和总量上，基金模式优于互助金模式是显而易见的，即便是与医疗责任保险模式相比，其亦不处于明显的下风。针对卫生行政部门对基金的管理和运作不够专业且容易滋生腐败等问题，可以通过一定的制度设计予以避免和完善。

3.2 基金模式的制度设计

3.2.1 基金筹集

笔者认为，基金的筹集应当以乡村医生而非村卫生室为筹资的基准单位。我国自20世纪80年代中期人民公社解体之后，"乡政村治"的乡村治理模式逐步确立，[3]大部分村卫生室尽管名为集体举办甚至政府举办，但就其实质而言，大都已经演变成了"自主经营、自负盈亏"的个人产业。再加上很大一部分村卫生室都只有一名乡村医生在执业，因此以乡村医生作为基准对象不仅便于操作，而且更为准确，在实践中亦更加能够提高乡村医生的风险意识和规范乡村医生执业。需要指出的是，基金筹集应以区（县）为单位，因为以地级市为单位难免因各区县差异过大而导致筹资标准难以统一，且不便于管理；以乡镇为单位难免范围过小、资金总量偏少，难以真正起到风险防控的功用。此外，为了增加基金的赔付能力，体现政府应当承担的责任，法律与政策应当要求省、市、县三级财政投入一定比例的资金注入该基金。

3.2.2 基金管理

本着"专账管理、专款专用"的原则，县级财政部门应设立专户用于统筹资金的汇集、核拨和支付等业务；县级卫生行政部门则负责资金的筹集、赔付审核等业务。基金的日常监管由县财政部门、卫生行政部门按照各自的工作分别负责。当乡村医生发生医疗损害时，无论是通过和解、调解、仲裁还是判决的方式确定赔付金额，乡村医生都应当向县级卫生行政部门申请，经过审核，由县级财政部门审批，原则上在一个月内将赔付金额拨付至受害人的账户。县级卫生行政部门应当每月或者每季度向全县村级医疗卫生机构披露医疗纠纷的处理情况和统筹资金的使用情况，以便接受社会的监督。

3.2.2 基金赔付

基金赔付主要存在两个问题，一是赔付范围，二是赔付比例。必须明确的是，并非乡村医生发生的医疗损害都应纳入基金赔付的范围，发生以下情形，则应由乡村医生个人承担赔偿责任：①乡村医生没有缴纳费用的；②乡村医生违反规定私自购进假冒伪劣药品的；③乡村医生超出诊疗范围或者没有经过注册而非法行医的。关于基金赔付的比例，笔者建议赔付金额在 1 万元以下的，乡村医生承担 90% 的责任，基金赔付 10%；1 万元以上不足 5 万元的，乡村医生承担 80% 的责任，基金赔付 20%；5 万元以上不足 10 万元的，乡村医生承担 70% 的责任，基金赔付 30%；10 万元以上不足 15 万元的，乡村医生承担 60% 的责任，基金赔付 40%；15 万元以上不足 20 万元的，乡村医生和基金各自承担 50%；20 万元以上不足 25 万元的，乡村医生承担 40% 的责任，基金赔付 60%；25 万元以上的，乡村医生承担 30% 的责任，基金赔付 70%。换言之，对属于赔付范围内的医疗损害，乡村医生的责任不能低于 30%，设定这一比例，是实现提高乡村医生风险意识和防范乡村医生因责任过重而"破产"的需要。

4. 结语

我国《乡村医生从业管理条例》自 2004 年 1 月 1 日生效以来，已经走过 12 个春秋。这部行政法规在提高乡村医生职业道德和业务素质、加强乡村医生从业管理、保护乡村医生合法权益以及保障村民获得初级医疗卫生服务等方面的确发挥了不可替代的作用。[4]但是亦应看到，随着时间的推移，这部成文法的滞后性和局限性渐渐显现，其中之一便是没有设计有关乡村医生医疗风险分解机制。因此，笔者建议在修改《乡村医生从业管理条例》时增加这一内容，消除乡村医生的后顾之忧，为筑牢基层医疗卫生服务的网底和实现农村居民就近享受优质的医疗服务做出新的贡献。

参考文献：

［1］中华人民共和国统计局：《中国统计年鉴 2014（汉英对照）》，中国统计出版社 2014 年版。

［2］刘炫麟："论《医疗事故处理条例》与《侵权责任法》的冲突"，载《中国医院管理》2013 年第 4 期。

［3］首都医科大学"医改背景下的首都农村卫生人力资源配置研究"课题组：《"乡政村治"环境中村级卫生人力资源配置研究——基于北京市密云县的实地调研》，北京出版社 2014 年版。

［4］汪建荣："《乡村医生从业管理条例》制定过程和主要内容"，载《中国卫生法制》2003 年第 6 期。

本文原刊载于《中国卫生法制》
2015 年第 5 期，略有修改。

乡村医生不合理用药问题研究

吴成锂　　刘炫麟

长期以来，乡村医生作为我国农村三级医疗卫生服务网底的工作者，在满足广大农村居民的基本医疗需求、护佑农村居民生命健康和发展基层医疗卫生事业等方面做出了不可磨灭的贡献。然而随着时代的前进，科学技术和医学知识的不断发展，基层医疗卫生体制和政策不断变革以及社会风气日渐变化，乡村医生用药的合理性成为学术界和医务界关注的焦点。本文就乡村医生不合理用药问题的现状、原因和影响进行梳理归纳，并提出初步改进建议，以期为卫生行政部门提供政策参考和理论支持，提升乡村医生的用药合理性，使广大农村居民可以获得安全、有效、经济和适当的基本医疗服务，以维护和保障农村居民的生命健康权。

1. 乡村医生不合理用药的现状

1.1 合理用药原则

世界卫生组织于 1985 年在内罗毕召开的合理用药专家会议

把合理用药定义为："合理用药要求患者接受的药物适合他们的临床需要、药物的剂量符合他们个体需要、疗程足够、药价对患者及其社区最为低廉。"世界卫生组织于 1987 年提出合理用药的标准可以概括为"在正确调剂处方的前提下，在适宜的时间，以准确的剂量、正确的用法和疗程给予公众经济承受能力范围内的适宜且质量安全有效的药物"。2013 年 12 月 10 日，国家卫生计生委发表《合理用药健康教育核心信息释义》，将合理用药定义为"安全、有效、经济地使用药物"，同时提出了"优先使用基本药物"、"能不用就不用，能少用就不多用，能口服不肌注，能肌注不输液"等合理用药十条原则。实际上，绝对合理的用药是难以实现的，一般所指的合理用药只是相对的，当今比较公认的合理用药原则应包含安全、有效、经济与适当这四个基本要素。

1.2 不合理用药常见类型和原因

1.2.1 抗菌药滥用

抗菌药对人类健康和社会发展功不可没，但我国抗菌药滥用现象广泛存在，在农村地区尤为严重。调查结果表明，村卫生室抗菌药的使用率达到 64.3%。[1] 而 WHO 推荐的抗菌药使用率为 20.00% ~ 26.80%，欧美发达国家约为 10.4%。在农村地区，由于乡村医生医技有限、处方习惯不良、农村居民对于抗菌药认知水平较低以及卫生监管部门监督不力等原因，抗菌药使用率居高不下。有一些卫生室还存在使用超出规定种类范围的抗菌药的情况。

1.2.2 注射剂滥用

有学者调研发现，部分农村地区村卫生室的注射剂使用率达到 53.9%，远高于 WHO 注射剂使用率 13.40% ~ 24.10% 的标准。[2]首先，乡村医生和患者常抱有"吃药不如打针好"的错误观念，因注射剂作用迅速可靠的特性，认为注射剂优于口服药品，因此乡村医生较多地开具注射剂处方，亦常见患者主动要求使用注射剂的情况。其次，乡村医生为获得经济利益使用注射剂的行为以及患者为迅速康复以节省药费的心态也是导致该问题的重要原因。最后，患者的医药知识缺乏、错误的用药习惯和不合理需求对注射剂等药品的过度使用也起了推动作用。

1.2.3 药物配伍不合理

临床治疗上为了达到治疗目的，乡村医生会采用两种或两种以上药物同时应用的联合用药手段。然而不合理的药物联用可能会导致药物相互作用，致使疗效降低或毒性增强，在村卫生室，则表现为不合理的抗生素联合用药。调研表明，部分农村地区村卫生室抗生素二联处方率达到27.7%，三联及以上处方率为3.4%。[1]乡村医生的医药知识水平有限是产生该问题的主要原因。由于缺乏系统的药物理论知识、合理用药的意识，乡村医生往往对药物联用适应证、禁忌证等方面缺乏了解，或忽视不当药物配伍的危害，甚至抱有"药物联用越多越好"等错误观念，致使该问题出现。其次，部分乡村医生的收入依赖于药品收入，为获取经济利益而开具重复或不必要药物也是产生该问题的原因之一。

1.2.4 新药、贵药滥用

部分农村地区存在乡村医生或患者追求新药、贵药的情况，究其原因，患者的认识误区和乡村医生的经济利益需求扮演着重要角色。受限于农村地区落后的观念和较低的卫生知识水平，一些患者错误地认为药品价格越高，效果越好，片面地将新药、贵药与疗效好画等号，盲目地追求高价格的药品，这一误区亦存在于乡村医生中。而目前，由于没有合理的补偿机制，药品收入是村卫生室的重要经济来源[3]，在这种"以药补医"的体制下，乡村医生受经济利益诱导使用新药、贵药以增加收入的现象普遍存在。此外，各类媒体上一些药品的过量、夸大疗效的广告宣传也在一定程度上误导患者追求新药、贵药。

2. 乡村医生不合理用药的影响

2.1 影响国家基本药物制度的实施

基本药物制度实施后，村卫生室部分抗菌药、注射剂使用率和抗菌药物联用率均有所下降，一定程度上促进了村卫生室的合理用药，但仍存在一些不合理用药现象[1]。这表明，基本药物制度是行之有效的，具有规范乡村医生用药行为、提高用药合理性的作用。而另一项调查结果显示，乡村医生对基本药物制度部分项目的认知和评价不高，对基本药物制度的基层医疗卫生机构合理用药指导性文件《基本药物临床应用指南》（35.6％）和《基本药物处方集》（33.5％）的知晓率较低。[4]不难看出，部分乡村医生在意识层面上没有充分认知基本药物制度，尚未将基本药物制度及有关指导性文件的规定作为考核自身用药合理性的准绳，仍旧凭借行医经验使用药物。因此，没有以当代药物学和疾病的系统知识与理论为基础制定的规范化制度作为支撑点，乡村医生在行为层面上即表现出用药随意性大、开具经验处方等一系列不合理的用药行为。基本药物制度是国家实施的保障居民基本用药权利，改变"以药补医"机制，促进药物资源合理分配的政策，该制度有利于实现社会公平，维护居民健康，推动卫生事业发展。部分乡村医生因对基本药物制度的认知不充分而未对自身不合理用药行为加以规范，势必会阻滞国家基本药物制度的实施，造成有限药物资源的浪费，加重农村居民的经济负担，阻碍基层医疗卫生事业的发展，最终影响农村居民的生命健康。

2.2 侵害农村居民的合法权益

2.2.1 侵害农村居民的生命健康权

生命健康权是指公民对自己的生命安全、身体组织、器官的完整和生理机能以及心理状态的健康所享有的权利。[5]乡村医生的不合理用药行为如配伍不当，在治疗过程中可能会出现药物拮抗、药物浓度过高、不良反应或毒性增强等现象，导致治疗效果减弱甚至直接危害患者生命健康。而如抗菌药、注射剂滥用等不合理用药行为，除去其在治疗过程中可能表现出的不良反应之外，抗菌药还可能引起细菌耐药性增强，从而影响患者长期的身体健康；抗菌药、注射剂的肝肾毒性对人体健康的危害亦不容忽视。农村人口占据我国人口的50.32%，农村居民构成了国家最基础的生产力，农村居民的生命健康受到损害势必会变相削弱国家最基础的生产力。

2.2.2 侵害农村居民的经济利益

由于医学具有较强的专业性，医患双方存在严重的信息不对称，医务人员在这种不对称格局中居主导地位。因此，乡村医生的用药行为很大程度上决定了患者的购买行为。不合理用药行为，如药物滥用、大处方、使用高价药等，最终为此埋单的是患者，这势必增加患者生病的成本，给患者带来沉重的经济负担。由于医疗成本增加而造成的医患之间矛盾对立关系也是近年来医患关系恶化的根源之一。

2.3 增加乡村医生的执业风险

无论出于何种原因，不合理用药行为一旦发生，便极有可能给患者造成直接的或是潜在的健康危害。即使潜在的危害可能由于时间久远不易察觉，直接的危害也会给患者造成显见的健康损害，从而给乡村医生带来医疗纠纷。这无疑增加了乡村医生的执业风险。

首先是民事赔偿责任的风险。这一风险主要涉及因医疗过错而产生的民事赔偿责任。依据《侵权责任法》以及《医疗事故处理条例》的相关规定，患者在诊疗活动中受到损害，医疗机构及其医务人员有过错的，构成民事侵权行为，应由医疗机构承担损害赔偿责任。倘若乡村医生的不合理用药行为给患者造成明显的医疗损害，其可能面临民事赔偿责任。由于乡村医生自身收入并不高，责任财产有限，且医疗损害赔偿风险分担机制尚未普遍建立，一次医疗纠纷即可能使乡村医生面临一贫如洗和名誉受损的双重打击。

其次是行政处罚的风险。这一风险主要涉及因医疗事故或违反规定使用乡村医生基本用药目录以外的药品带来的行政处罚。对于乡村医生的行政处罚主要包括警告、责令停业改正和暂扣执业证书。倘若乡村医生的不合理用药行为给患者造成的医疗损害达到一定程度，即构成医疗事故，其将面临行政处罚。除此以外，不同省、自治区、直辖市均有各自的乡村医生基本用药目录，根据《乡村医生从业管理条例》规定，倘若乡村医生违规使用目录以外的药物，亦将面临行政处罚。行政处罚会对乡村医生造成较重的名誉损伤，在农村特殊的"熟人社会"[6]体系中，这一损伤对其职业生涯和人际关系产生的负面影响将是较为严重的。

最后，不合理用药行为还有导致乡村医生承担刑事责任的风险，其典型则为《刑法》中的医疗事故罪。根据《刑法》第335条的规定，医务人员由于严重不负责任，造成就诊人死亡或者严重损害就诊人身体健康的，处三年以下有期徒刑或者拘役。倘若乡村医生严重不负责任，其不合理用药行为使患者产生严重不良反应，致使患者死亡或健康严重受损，即将承担这一刑事责任。高额的赔偿金可能超出乡村医生的赔偿能力范围，使乡村医生陷入严重的经济困境，也会导致受害者救治不及时或受害者家属无法及时得到赔偿等问题。受到刑事处罚的乡村医生，自处罚完毕之日起两年内不得申请乡村医生执业证书。而在农村的"熟人社会"体系中，这一刑事处罚对其造成的名誉损害，可能使其终生的职业生涯都受到严重影响。

3. 乡村医生不合理用药的对策探索

3.1 提高乡村医生专业素养

国家卫生计生委、国家发展改革委、教育部、财政部、国家中医药管理局等五部门联合制定的《全国乡村医生教育规划 (2011~2020)》要求，县级卫生计生行政部门对在村卫生室执业的乡村医生每年免费培训不少于两次，累计培训时间不少于两周。以广西、江西、山西、贵州、海南、浙江 6 省为例，根据有关学者的调查，这部分乡村医生平均一年接受培训的时间在 12 天（含）以下的占 56.5%，用药知识在培训内容中位列第三（占 26.0%）；而乡村医生对培训需求方面，相比现行培训情况，需求时间小于 12 天（含）的由 56.5%降至 49.1%，而大于 25 天的由 12.4%上升至 21.7%，用药知识需求上升至第二位（占 27.2%）。[7] 由此可见，乡村医生对培训时间的需求高于现行培训时间，并且对用药知识的需求也增加了。因此，为提高乡村医生的专业素养，应从如下几个方面入手：第一，县级卫生计生行政部门要贯彻落实国家政策要求，保证乡村医生接受应有培训时间的培训；第二，有关教育单位要配合开设可选择的培训课程，供行有余力的乡村医生进修以满足其需求；第三，教育者要增加合理用药知识在各培训内容中所占的比重，保证乡村医生掌握最新的用药知识和药物信息，同时要进行相关法律法规的教育和培训。除此以外，前文提到由于乡村医生对基本药物制度的认知不足阻碍了基本药物制度的实施，而基本药物目录中的药品质优价廉，于提升用药合理性有较大促进作用，因此，在培训中应当组织乡村医生系统地学习基本药物制度，使其详细了解并鼓励其使用基本药物目录内的药物。

3.2 提升乡村居民合理用药知识水平

Godfrey S. Bbosa 等外国学者在对全球大多数发展中国家不合理抗生素/抗菌用药现象进行系统研究后得出结论，通过社区培训等教育手段进行干预后，不合理用药现象减少达到 30.5%，[8] 其结果表明教育干预能显著减少不合理用药行为。乡村居民药物知识水平的提升不仅有利于自身合理用药观念和行为的形成，也能遏制乡村医生为牟利所采取的不合理用药行为。相比于国内，国外用药教育起步早、重视程度高，在用药教育的各方面均有较系统的研究和实践，而国内用药教育有待进一步重视和提高。[9] 受限于乡村的教育水平，乡村用药教育更为落后。一项调查显示，广东省公众获取用药安全知识的途径中，占据前三位的分别是"医生、护士"（21.4%）、"电视新闻、节目"（18.7%）和"药店"（18.6%）。[10] 由此观之，乡村的各级医疗卫生机构和药店等医药相关行业应当承担起公益性用药教育的责任，具体如教育讲座、宣传报、用药咨询、义诊、传单等，政府亦应予以支持。除了社会教育，根据乡村教育水平，亦可以探究将用药教育融入现行小学、中学教育内容，寻求公益性、普及性用药教育的可能方式。另外，基本药物制度为国家推广合理用药的重要一环，农村居民对其认知尚显不足。调查显示，47.2%的农村居民表示从未听说基本药物制度。[11]政府应加大基本药物制度的宣传力度，提升农村居民对基本药物制度的认知水平，并鼓励农村居民使用基本药物目录内的药品。

3.3 建立合理补偿机制

目前我国大部分省市普遍对在村卫生室执业的部分乡村医生实行政府购买服务政策。[12]以北京市为例，2013年1月，北京市卫生局、北京市财政局联合发布了《关于调整本市乡村医生补助标准的通知》并指出，自2013年1月1日起，对于政府购买服务的乡村医生，其补助标准由每月800元提升至每月1600元。政府购买服务的乡村医生需承担村级公共卫生职能和常见疾病防治工作，并提供零差价药品服务。然而北京市并没有要求政府购买服务的乡村医生全部销售零差价药品，而只需满足一定比例即可，一个重要原因就是当前对乡村医生的补助金额仍然偏低[12]。享受政府补贴的乡村医生仍旧需要以出售药品的方式增加其收入，更何况没有享受政府补贴，实行自主经营、自负盈亏的乡村医生。为了维持村卫生室正常运行及日常生活支出，乡村医生在药品使用中势必表现出一定的逐利性，进而导致一些不合理用药行为，阻滞国家政策的施行及危害农村居民生命健康。因此，现阶段主要的调整措施是提高乡村医生的经济补助。对于政府购买服务的村卫生室，应按照其提供零差价药品的比例，逐步提升其补助金额；对于完全销售零差价药品的乡村医生，补助应满足其维持村卫生室运转及日常生活所需。对于非政府购买服务的乡村医生，可增设与合理用药挂钩的奖励措施，对用药合理性较高的予以物质奖励，减少其对药品收入的依赖，并规范其用药行为，此种方式对政府购买服务的乡村医生同样适用。根据调查，对收入满意度越高的医务人员，对基本药物制度及其政策越支持，越注意根据政策要求规范自身的用药行为，其用药合理性就越好。[1]通过调整合适的补助及奖励金额，使两类村卫生室的乡村医生均能通过合理的用药行为获得满足其所需的收入，即可进入良性循环，达到提高用药合理性和保持村卫生室公益性的目的。

3.4 加强行政监管和社会监督

首先，政府应当提高行政监管力度。村卫生室原则上应当由县级卫生行政部门监管，而目前，我国大部分地区的县级卫生部门限于捉襟见肘的人员配置，无法对村卫生室进行有效监管，其变通的做法是授权乡镇卫生院对本乡镇内的乡村医生进行考核。[12]然而乡镇卫生院并非村卫生室的直接管理者，其监管效力难免有所削弱。因此，县级卫生行政部门应设置有一定医学背景的专门人员，对本乡镇的乡村医生进行直接的监管和考核。利用包括不定期考核、处方抽查、处方点评、财务审核、村民满意度调查、基本药物配备情况检查在内的各种方式，建立起合理的绩效考核机制，将合理用药纳入考核范围，对坚持合理用药的乡村医生进行嘉奖，对不合理用药的乡村医生进行惩处，将考核成绩与政府补助挂钩。同时，对抗生素种类及联用、注射剂使用、高价药等易发生不合理用药现象的药物使用实施重点干预，以促进乡村医生提高自身业务水平和医德水平，减少"以药补医"现象的发生，实现提高用药合理性的目的。监管中还可充分利用信息技术提高效率。对于基本药物的供应方也应进行监督，保证基本药物足量、及时供应。

最后，除政府主导的行政监管以外，还应建立起多层次、多主体参与的社会监督体系。政府应当组织发挥大众传媒、公益性组织、网络舆情、行业协会、村民委员会、村民患者等各个层面的社会力量，对乡村医生不合理用药行为进行广泛的社会监督。同时，政府相关管理部门应对这些监督主体反映问题的渠道予以便利，对反映的问题予以重视。

参考文献：

［1］管晖、尹文强、陈钟鸣等："基本药物制度实施前后山东省某市村卫生室抗菌药物应用情况分析"，载《中国全科医学》2014 年第 7 期。

［2］孙强、闫赟、王伟等："山东、宁夏农村地区县、乡、村医疗机构药品合理使用分析"，载《中国卫生事业管理》2010 年第 8 期。

［3］张自宽、赵亮、李枫："中国农村合作医疗 50 年之变迁"，载《中国农村卫生事业管理》2006 年第 2 期。

［4］于倩倩、尹文强、赵延奎等："乡村医生对基本药物政策认知和评价及对策研究"，载《Chinese General Practice》2014 年第 19 期。

［5］张颉如、尹文进："论生命健康权"，载《贵阳金筑大学学报》2004 年第 3 期。

［6］费孝通：《乡土中国》，中华书局 2013 年版。

［7］刘聚源、夏修龙、黄建始："中国乡村医生教育培训现状调查"，载《公共卫生与预防医学》2011 年第 3 期。

［8］Godfrey S. Bbosa, Geoff Wong, David B. Kyegombe, Jasper Ogwal-Okeng, "Effects of intervention measures on irrational antibiotics/antibacterial drug use in developing countries", *A systematic Review. Health*, 2014, Vol. 6 (2), pp. 171 ~ 187.

［9］吴青青、王磊、赵玉遂等："浙江省部分居民合理用药干预研究"，载《中国预防医学杂志》2013年第13期。

［10］唐凤敏、王斌："国内外患者用药教育现状浅析"，载《中国药房》2013年第13期。

［11］刘作仁、钱扬："广东省公众安全用药意识与行为的调查分析"，载《中国药房》2012年第48期。

［12］刘炫麟：""乡政村治'体制对乡村医生数量和质量及分布的影响"，载《中华医院管理杂志》2014年第8期。

乡村医生签约服务问题研究

赵欣星　刘炫麟

　　我国是农业大国，让6.56亿农民分享医药卫生体制改革带来的"红利"，是我国"新医改"的重要目标之一。健全农村基层医疗卫生服务体系是实现该目标的主要手段。[1]乡村医生签约服务是其中很重要的一项工作，在农村推行签约服务制是推动农村基层转变服务模式、落实基本公共卫生服务等医改政策的重要手段。2012年7月12日，原卫生部农卫司在"医改重大专项农村卫生项目培训班"上提出各省应积极探索，试点乡村医生签约服务。2013年4月22日，《关于开展乡村医生签约服务试点的指导意见》（卫办农卫发〔2013〕28号）（以下简称《意见》）要求各地制定并完善实施方案，总结经验，2014年全面展开。各地方卫生厅积极响应，制定了本地区的乡村医生签约服务试点指导意见。

　　乡村医生签约服务是乡村医生与所在地的村民签订服务协议，在所在地卫生院（社区卫生服务中心）的指导下，按协议内容提供相关卫生服务，充分发挥基层卫生服务网的作用，[2]是促进基层医疗卫生服务向健康管理转变的重要载体。但随着我国农村医疗领域的快速发展和医药卫生体制改革的深化，原有的一些制度需要进行相应的调整。为此，本文将对乡村医生签约服务中仍存在的关键问题进行深刻剖析，并提出对策，助推乡村医生签约服务的健康发展。

1. 乡村医生签约服务的政策规定

1.1 乡村医生签约服务的内容

2003 年 8 月 5 日，中华人民共和国国务院令第 386 号颁布了《乡村医生从业管理条例》（以下简称《条例》），其第 24 条规定："乡村医生在执业活动中应当履行下列义务：（一）遵守法律、法规、规章和诊疗护理技术规范、常规；（二）树立敬业精神，遵守职业道德，履行乡村医生职责，为村民健康服务；（三）关心、爱护、尊重患者，保护患者的隐私；（四）努力钻研业务，更新知识，提高专业技术水平；（五）向村民宣传卫生保健知识，对患者进行健康教育。"此外，针对"签约"这一服务形式，《意见》对乡村医生签约服务的内容又做出如下分类：①基本公共卫生服务；②基本医疗服务；③健康评估；④转诊服务。各省根据《意见》《条例》等政策文件制定了各地方具体的签约服务内容。以浙江省为例，根据《浙江省基本公共卫生服务规范（2013 版）》，乡村医生签约服务内容包括：① 提供个性化服务。按需求提供基本医疗服务，为签约居民提供门诊预约、社区首诊和双向转诊服务，制订个性化的健康体检套餐；对残疾人制定康复计划，指导和督促康复训练；对空巢和行动不便有需求的老年人提供上门健康服务；提供家庭心理健康咨询和支持。②特需约定服务项目。结合实际，开展家庭病床、家庭诊疗等特需服务项目。服务过程中产生的收费项目根据浙江省医疗服务价格标准执行。参保居民政策范围内的医疗费用按医保规定支付。③为慢性病患者提供免费血糖检测。

1.2 乡村医生签约服务的基本方法

《意见》中关于乡村医生签约服务的基本方法规定："县级卫生行政部门负责乡村医生签约服务的组织和动员；乡镇卫生院组织骨干医生划片包村，对签约乡村医生进行业务指导和考核；乡村医生是签约服务的第一责任人，负责对签约农村居民提供服务。要建立签约乡村医生考核制度，由乡镇卫生院组织考核，考核结果与乡村医生补助挂钩。原则上，农村居民以户为单位与乡村医生签约，服务协议一年一签。"实际上，乡村医生签约服务是由农村居民和乡村医生通过一种契约的方式，通过责任双方签字，达成服务协议。协议达成后，乡村医生要在提供基本医疗和基本公共卫生服务的基础上，全面掌握签约农村居民的健康状况，并据此制订健康方案，指导农村居民进行相应的预防保健。

2. 乡村医生签约服务的问题及原因

2.1 乡村医生签约服务面临签约率低的困境

乡村医生签约服务在转变乡村医生服务模式，促进基本公共卫生服务项目和各项医改工作在农村的落实方面功不可没，但目前签约率却较低。江西省新建县，截至 2012 年底，全县乡村医生签约服务率为 60.08%；[3] 江苏福世所在街道社区卫生服务中心，截至 2013 年 7 月 31 日，签约覆盖率为 42.99%。[4] 造成签约率低的原因有以下几点：一是，受限于卫生知识方面的了解，一些村民不懂得维护健康的重要性，不清楚签约服务的重大意义，认为没有疾病，便无须签约。二是，相关部门，如乡镇卫生院、村卫生室等，对签约服务的宣传力度不够，缺少新闻媒体等传播途径，村民对于签约服务不知情，或徒知其名而不清楚知晓签约服务的实际意义。三是，已经与村民达成签约协议的乡村医生没有真正为乡村居民的健康带来改善，签约服务效果未达到预期，降低了下一轮的签约率。以某地区为例，65 岁以上老年人体检表将近一半不合格，如体检项目不全，高血压患者没有按照规范要求进行分类管理，访视次数和内容不达标，部分高血压患者血压控制情况不佳。[5]

2.2 乡村医生签约服务的主体不规范

2.2.1 签约服务提供方的主体规定不清晰

《意见》中规定："县级卫生行政部门负责乡村医生签约服务的组织和动员；乡镇卫生院组织骨干医生划片包村，对签约乡村医生进行业务指导和考核；乡村医生是签约服务的第一责任人，负责对签约农村居民提供服务。"文件中并未说明提供签约服务一方的主体，这就导致医疗过程出现问题时，谁来履行职责成了难题。原因是政策制定者未意识到，在签约服务中，乡村医生与村卫生室有不同的职责定位，乡村医生实际上是村卫生室的员工，是签约服务的第一责任人，[6]不能成为签约服务的主体。法律上应当明确村卫生室是签约服务的主体。

2.2.2 签约服务的接受方是个人或者家庭

《意见》规定："要建立签约乡村医生考核制度，由乡镇卫生院组织考核，考核结果与乡村医生补助挂钩。原则上，农村居民以户为单位与乡村医生签约，服务协议一年一签。"而实际上，签约服务的患方应该是个人，而不是家庭，因为以户为单位的签约主体模式在法律中存在不周延的问题，法律上对"户"没有准确的定义，主体不明确。例如，有些试点乡村实行"包户责任制"，[7]但"户"的界定模糊，导致医疗纠纷发生时，无法确定接受赔偿一方的主体范围。此外，若患方的签约主体是家庭，那么个人在签约服务时便会受到家人的限制，其他家庭成员的签约与否影响着个人是否能签约，个人在签约服务中的自主选择权便难以保证。

2.3 乡村医生职业吸引力较低

近年来，乡村医生后备人才匮乏的主要原因在于其职业吸引力较低，具体体现在以下两个方面：

一是下发给村乡村医生补贴没有实际作用。《意见》中明确规定了乡村医生签约服务激励机制中的补偿渠道、补偿方式及补偿标准。但乡村医生的补助金额之低使补贴本身并未达到有效的激励效果。以福建西部为例，为完善乡村医生签约服务激励机制，县卫生局根据签约完成的数量，按签约服务户数和质量，给予每个签约户10元补助，按实际完成量每月拨补。同时推行基层首诊制，对乡村医生出诊，按天给予交通费补助3元，乡村医生的补助水平随着城镇化的推进，的确显得有些黯淡。虽然一些地区制定了多渠道补偿机制，[8]但补助金额的低廉同样使补助本身流于形式，乡村医生的收入水平与其付出的劳动不成应有的比例，[4]职业吸引力下降。另外，一些地区受限于绩效工资总额的控制，也使得乡村医生补助较低。这种情况下，乡村医生的主观能动性和工作积极性便难以调动。

二是乡村医生待遇并未提高，农民身份并未改变。目前，乡村医生普遍参加的保险是新型农村合作医疗保险，而非城镇职工或居民医疗保险。且政府购买的乡村医生服务是以补助形式给予经济鼓励的，而不是"工资"。此外，乡村医生的养老保障方面，大部分地区的政策并未实现"老有所养"的社会效用。

2.4 对乡村医生监管不足

中国日报网 2014 年 6 月 18 日发布的一则题为"河南杞县丙肝村：乡村医生监管缺失之痛"的新闻，反映出卫生监管部门对乡村医生医疗行为的监管失职。出现这类现象的具体原因有以下几点：

一是，职业准入的严格度较低。在全国范围内调查的18 259 名乡村医生中，有 63.0% 的乡村医生文化程度为中专学历，大专及以上学历的乡村医生仅占总数的 13.3%。[9]有些地区还出现大量在职乡村医生的续聘，而不是综合考核其技术水平、职业道德等方面后竞争上岗，这样便很难留住真正优秀的卫生人才，不仅阻碍农村卫生人才素质的提升，还会影响农村基层医疗卫生服务的质量[1]，乡镇卫生院基本医疗卫生保障的综合作用难以体现[10]。

二是，绩效考核方面有漏洞。如果说职业准入门槛比较低，那么绩效考核则是第二个甄选出高水平乡村医生的关键。绩效考核名义上由乡镇卫生院联合村委会负责，但实际情况是，几乎全部由卫生院实施，出现村委会"聘而不考"、卫生院"考而不聘"的现象。原因是相关部门不清楚各自在绩效考核中的角色，导致部门间互相推卸责任，最终无人真正负责，难以实现优胜劣汰。另外，乡村医生的考核水平也较低。1998 年 6 月 26 日第九届全国人民代表大会常务委员会第三次会议通过的《执业医师法》规定，以临床执业助理医师资格考试为例，相关人员需要通过实践技能考试和医学综合笔试两个部分。但由于我国农村卫生室属于最低一级医疗卫生机构，主要解决农村居民常见病、多发病等小问题，其设备设施通常较为简陋，很难满足实践技能考试的要求，且大部分乡村医生不是执业（助理）医师，不受执业医师法的考核标准限制，因此一些地区会不自觉地降低考核难度，这同样影响绩效考核的水平。

三是，入职后的再培养力度不够。国家卫生计生委、国家发展改革委等五部门于 2013 年 10 月 18 日联合发布了《全国乡村医生教育规划（2011～2020 年）》（国卫科教发〔2013〕26 号），其目标为：到 2020 年，全国各省、自治区和直辖市建立一支以中职（中专）及以上学历、执业（助理）医师为主体、整体素质基本满足村级卫生服务需求的合格乡村医生队伍。随后，2015 年 3 月 24 日发布的《意见》就乡村医生的教育培训指出：应依托县级医疗卫生机构或有条件的中心乡镇卫生院，对乡村医生每年免费培训不少于两次，累计培训时间不少于两周；每 3～5 年免费组织乡村医生到县级医疗卫生机构或有条件的中心乡镇卫生院脱产进修，原则上不少于 1 个月。各项政策对于乡村医生的再培养规划得比较合理，但由于政策出台的时滞性，及部分地区对于政策执行的效率问题，很多地区并未及时响应出台相应的实施细则，故一些地区的乡村医生入职后并未及时受到良好的学习培养。再者，乡村医生的医学技能普遍不高，年龄普遍偏大，还要照顾家庭，这种情况下，县级医疗卫生机构等对其入职后的再培养就是一种压力。在这种压力下，乡村医生不仅难以按培训要求完成学习内容，继续学习的积极性也会受到影响。随着农村居民对健康的要求普遍提高，在各种不利因素的影响下，乡村医生的学历却普遍偏低，越来越难以满足村民们的健康需求。

3. 乡村医生签约服务问题的对策

3.1 规范签约行为

3.1.1 对于没有签约的村民

首先，对于尚且未签约的村民，相关部门有责任知晓其不签约的理由，根据原因，进一步完善签约服务；应根据本地区的特点，制定有地方特色的乡村医生签约服务协议书。签约前患方应详细阅读签约须知，严格按照规范进行签约。阅读知情同意书、本人签字等必要的步骤在正常情况下不能省略或以简代繁；本人知情同意后方可进行签字。考虑到一些村民文化水平较低，签约时对于签约服务并不能够清楚的了解，村卫生室有义务以更为通俗的方式（如口头说明等）使每一位村民都清楚知晓签约服务的各项须知，以及签约服务对其健康的重要意义。待前期任务充分落实后，方可进行签约。

其次，各地方要明确签约服务的主体。签约服务提供方的主体是村卫生室，而不是乡村医生个人，因为在法律上承担责任的主体应该是卫生机构，而不是个人。乡村医生只是其中的员工，有义务提供服务，但不能成为主体。签约服务接受方的主体是个人，而不是户，因为以户为单位的签约会使民事主体不明确，对象是个体才能使个人的签约行为更加自由。故而相关条例应当对签约双方的主体进行修订，使签约双方能够更合理地享有各自的权益。

3.1.2 对于已经签约的村民

对于已经签约的村民，签约服务相关责任人应当根据已签约的经验，使其签约过程更加详细规范，签约条款也应该更加细致明确。考虑到乡村居民的文化水平等因素，阅读条款应当根据已签约村民的比较集中的反馈意见，将一些晦涩的文字修改为更加通俗易懂的语言；签约完成后，还要确保已签约的乡村居民知晓乡村医生对自己的职责，以及自己有权享受的公共卫生服务项目等细节。

3.2 提升乡村医生医疗服务水平

对乡村医生进行结合地方特点的教育培训。《意见》指出："要有针对性地开展乡村医生业务培训，提高乡村医生解决实际问题的能力。"2010 年 1 月 11 日《关于加强乡村医生队伍建设的意见》（卫农卫发〔2010〕3 号）明确规定："从农村卫生和乡村医生的实际出发，合理制定人才培养规划。采取多种途径，鼓励有条件的乡村医生参加医学学历教育，促进乡村医生向执业（助理）医师转化。"首先，乡镇卫生院及村卫生室应当在政策文件的指导下，结合本地区乡村医生受教育程度，制订乡村医生的培训内容。其次，根据《条例》第 5 条、第 6 条有关"国家鼓励乡村医生通过医学教育取得医学专业学历、申请参加国家医师资格考试，及鼓励取得执业医师资格或者执业助理医师资格的人员，开办村医疗卫生机构，或者在村医疗卫生机构向村民提供预防、保健和医疗服务"的规定，各地区要充分落实国家的鼓励政策，根据实际情况，选派优秀乡村医生到省、市级医院接受免费培训，增强乡镇卫生院全科医生临床经验的指导，除全科医生下到乡村的实践指导外，鼓励乡村医生和全科医生其他方式的沟通。再次，根据《条例》的规定，在培训经费方面，县级人民政府要将乡村医生队伍建设经费纳入财政预算，中央财政和省级人民政府对乡村医生队伍建设予以支持，加大对困难地区的补助力度。各级财政要确保专款专用，不得截留、挪用、挤占。最后，签约服务责任制前的培训要加强管理，涵盖乡镇卫生院和村卫生站人员，内容包括技能培训、人文素质教育和法律法规知识等[7]。

3.3 加强乡村医生签约服务的监管

为加强乡村医生队伍建设，应当从"严格职业准入，常规业务管理，规范开展考核"三方面加强监管。

一是严格职业准入。县级人民政府要明确乡村医生的聘任流程，各级管理部门务必知晓各自的职责，根据《条例》在具体实施层面上充分落实，严格监管准入流程，防止不合格的乡村医生人力资源涌入。二是常规业务管理。按照《执业医师法》《条例》的相关规定，乡镇卫生院与村卫生室结成对子，对乡村医生进行定期的常规业务指导与监督，加强对乡村医生医疗行为的管理，促进合理用药，确保其医疗行为的安全性、有效性。各管理部门定期交流沟通，逐步完善现有的监管制度及各项政策，使之更加严密合理、明确有效。三是规范开展考核。卫生行政部门要明确考核重点，对乡村医生提供的基本医疗及基本公共服务的数量、质量等方面进行考核。引进竞争机制，针对考核结果，对优秀的乡村医生给予相应实质性奖励，成绩欠佳者进行教育等。具体可以从以下几个方面进行：一是卫生行政部门应对签约完成率、患者满意度等硬性指标负责，针对每一阶段各项硬性指标的统计结果，提出改进意见，通过阶段间的比较，对监督管理系统进行完善。二是乡镇卫生院负责各个硬性指标的统计分析工作，将结果上报卫生行政部门，同时保证下级执行部门进行统计时的公正性与公开性以及定期考核分支单位签约行为的规范性。三是村干部要充分发挥其地缘优势，深入了解村民们的思想动态，负责硬性指标统计的采集、整理，定期考核签约行为的规范性。各单位的考核流程要确保公平、公正、公开，考核指标要细致且明确。

3.4 提高医患双方对签约服务的积极性

3.4.1 患方

为提高患者对签约服务的积极性，首先应当提高已签约患者的满意度。村民满意度的高低，会直接影响新一轮的签约率。其次，要加强签约服务的宣传力度，通过广播、宣传栏等方式进行宣传，对于村民的疑问，可举行必要的说明会，使每位村民熟悉乡村医生签约服务的内容，知晓签约服务的重要意义[11]。最后，要加强机构对签约农民主动、系统的服务。因为签约服务的内容主要是基本医疗和国家基本公共卫生服务项目，农民签约与否在享受服务的数量、质量和价格上区别较小，因此关键在于乡村医生转变传统的服务意识，从被动到主动。

3.4.2 医方

现阶段，面对村级卫生人力资源"欲聘而无人可聘"的局面，我们看到乡村医生的职业发展、收入待遇等方面亟待提高，不能仅依靠暴力的行政手段使乡村医生履行签约义务，外在的激励手段更为重要。

首先，提高乡村医生的职业发展潜力。根据《关于加强乡村医生队伍建设的意见》等政策文件的规定，同等条件下，乡镇卫生院优先聘任具有执业医师或执业助理医师资格的乡村医生；能够到卫生室工作的医学院校本科毕业生优先参加住院医师规培；加强严格的定期培训指导及考核。同时，课题组建议增设职称考核机制，分为初级、中级和高级，优秀且具有执业医师或执业助理医师资格的乡村医生可以参加不同等级的职称考试，包括笔试、实际操作等；根据职称等级，划分工资水平。

其次，提高乡村医生工资水平。相关部门应适当提高乡村医生的工资水平，适当的激励机制是必要的，并且一定要落实到制度层面上。课题组建议对其签约服务完成质量进行绩效考核，定期进行患者反馈统计，将统计结果纳入每一阶段的奖金考核指标。通过考核结果，使乡村医生客观地认识到自身的优缺点，进而完善相关诊疗行为[5]。对于能很好地完成基本医疗及基本公共卫生服务，还能承担额外任务的乡村医生，应重新核算并给予额外奖励。

再次，1994 年 2 月 26 日中华人民共和国国务院令第 149 号发布的《医疗机构管理条例》第 4 条规定："国家扶持医疗机构的发展，鼓励多种形式兴办医疗机构。"课题组建议可引进竞争机制，鼓励民营个体乡村诊所加入到乡村医生签约服务中，与社区卫生服务中心或乡镇卫生院形成良性竞争关系，促进乡村医生签约服务的发展。但要注意，这种医疗机构须经县级以上地方人民政府卫生行政部门审查批准，并取得设置医疗机构批准书，方可向有关部门申请办理其他手续。

最后，为防止优秀医疗人才的逆向流动，缩小因医疗硬件配置的不合理造成的城乡之间、区域之间以及区域内的医疗服务差距，应加大卫生事业的投入，将投入向基层倾斜，充分调动基层医疗的积极性[12]。

4. 结语

乡村医生签约服务是转变乡村医生服务模式，推动基本公共卫生服务等医改政策在农村地区落实的必然要求，是提升农村卫生服务的基础性工作。除本文所涉问题外，乡村医生签约服务仍存在一些难以逾越的障碍，尤其是如何改变人们普遍存在的对乡村医生根深蒂固的职业偏见，保证乡村医生监管部门履行职责时的执行力度与执行行为的有效性等。为让这一基础性工作的效果得到保障，课题组会在日后深入研究这些问题并思考对策，相信乡村医生签约服务将会伴随着各地学者们的努力研究，真正发挥网底"守门人"之功用！

参考文献：

［1］陈秉喆等："北京市 M 县乡村医生聘任制管理存在的问题与思考"，载《医学与社会》2014 年第 5 期。

［2］邓干进、何璃金、何云燕："不断完善村医签约服务"，载《中国农村卫生》2015 年第 1 期。

［3］王建华："新建县乡村医生签约服务全覆盖"，载《中国农村卫生》2013 年第 4 期。

［4］吴军、史庆："家庭医生签约服务与医保支付方式改革工作的思考"，载《中国全科医学》2013 年第 34 期。

［5］荆媛等："乡村医生签约服务实践研究"，载《中国卫生事业管理》2014 年第 11 期。

［6］王成群："建言促进乡村医生签约制度落实"，载《协商论坛》2014 年第 1 期。

［7］"江西开展乡村医生签约服务试点"，载《社区医学杂志》2012 年第 15 期。

［8］邱道尊："签约服务促进村级卫生工作有序发展"，载《中国农村卫生》2014 年第 5 期。

［9］刘炫麟、赵双、陈鹏："乡村医生培养的现状、问题与对策研究"，载《卫生软科学》2015 年第 3 期。

［10］秦晴、田侃、陈常义："《基本医疗卫生保健法》立法问题探讨"，载《医学与社会》2011 年第 6 期。

〔11〕徐根亮、汪海："创新基层服务模式 筑牢农村卫生'网底'——访江西省卫生厅副厅长曾传美"，载《中国农村卫生》2013年第4期。

〔12〕石鼓区卫生局："'四个到位'推进乡村医生签约服务工作"，载《衡阳通讯》2015年第1期。

乡村医生执业地点法律问题研究

周志勇　刘炫麟

　　乡村医生是我国医疗卫生服务队伍的重要组成部分，是保障农村居民健康的第一道防线，承担着向农村居民提供基本医疗和基本公共卫生服务的任务，在农村防病治病中发挥着重要的作用。李克强总理曾说，中国城镇化还有很长的路要走，未来几十年乡村医生仍将长期存在。作为亿万农村居民健康的"守护人"，乡村医生在过去和今后相当长的一段时间内起着保障农村居民健康的重要作用。虽然目前有法律法规对乡村医生执业问题进行规定，但仍有诸多不规范的行医行为发生，乡村医生不在注册的执业地点执业就是其中较为突出的一个问题。不规范的执业行为不但会使农村居民的健康受到威胁，也会使乡村医生受到相应程度的处罚，在不利于其自身利益的同时又影响到农村居民享有基本医疗卫生服务。导致这些问题的不仅是乡村医生和农村居民意识不足，也存在着相关立法、制度和监管方面的欠缺。本文便是从乡村医生执业地点的现状入手，分析乡村医生执业地点的实际状况可能会导致的一些问题，从而提出一些切实可行的对策以促进农村卫生事业的发展和完善。

1. 现状

1.1 乡村医生法定执业地点

国务院在 2004 年 1 月 1 日实施的《乡村医生从业管理条例》（以下简称《条例》）及其他法律法规均对乡村医生的执业地点做出了具体规定，明确规定其需在注册的执业地点执业；变更执业的村医疗卫生机构的，应当依照《条例》第 13 条规定的程序办理变更注册手续。《条例》第 15 条更是明确指出乡村医生经注册取得执业证书后，需在聘用其执业的村医疗卫生机构从事预防、保健和一般医疗服务。

随着城镇化不断发展，也有众多行政村撤销建制，建立社区居委会，即"撤村改居"。因为该现象导致乡村医生执业地点发生变化的，按照国家卫生计生委于 2014 年 9 月 22 日所做的《国家卫生计生委关于"撤村改居"后原乡村医生执业问题的批复》及原卫生部先后于 2004 年 4 月和 2010 年 1 月作出的《关于对〈乡村医生从业管理条例〉实施中有关问题的批复》和《关于城区扩大后原乡村医生执业问题的批复》的规定，已取得合法行医资格并在该村医疗卫生机构工作的乡村医生，可以继续在由原村医疗卫生机构转型的城市社区卫生服务机构注册执业。

由于乡村医生性质的原因，其可能会离开注册的执业地点去患者家中为患者诊疗，这在一定程度上符合农村居民的健康和利益，但是目前没有规范性文件对此种诊疗方式作出界定。为了促进医疗资源平稳有序流动和科学配置，更好地为人民群众提供医疗服务，卫生行政部门正在医院中大力推进多点执业，但是，与外出诊疗相同的是，在医疗资源较为缺乏的农村地区仍无法规和规范性文件对乡村医生多点执业有任何规定。

1.2 乡村医生实际执业地点

规范是恒定的，事实却千变万化，在实践中，多数乡村医生都会依照法律的规定在合法的执业地点执业，但也难免有部分乡村医生由于各种原因不在其注册的执业地点执业。

依照《条例》，乡村医生只能在向农村居民提供预防、保健和一般医疗服务的村卫生室或村社区卫生服务站开展诊疗活动，在其他医疗机构行医则构成非医师行医，而实践中却发现有部分乡村医生在乡镇卫生院及城区社区卫生服务站执业的现象。但"撤村改居"后的乡村医生若执业证书仍在有效期内，在转型后的城市社区卫生服务机构执业是有法可依的，是合法的执业行为。

一般而言，乡村医生注册的执业地点为设在本村中的医疗卫生机构，其平常的诊疗活动都应当在该机构进行，但是部分乡村医生为了便利或者其他原因在自己家中为他人诊疗，且这种情况不在少数。在实际调研中还发现有的乡村医生被聘至设在外村的医疗卫生机构，但当其回到本村后却在设在本村的医疗机构或者自己家中再进行医疗活动。然而，一旦在诊疗活动中出现纠纷，乡村医生就处于非常不利的境地，即便不能称之为"非法行医"，也会因为行医地点违规而承担相应责任。

在实际调研中发现出现最多的不在执业地点执业的情形是乡村医生提供的"随叫随到"等服务，但这种情形却与其他不在注册的执业地点执业有着显著的不同。该情形是由于乡村医生"亦医亦农"的身份、相对灵活的上班时间、较为开放的行医场所等原因造成的，再加上由赤脚医生演变而来的乡村医生在相当程度上也习惯了随时送医送药到田间地头的行医传统，使得乡村医生问诊、检查和开药等诊疗行为都有可能不在村卫生室内进行。[1]

2. 问题

2.1 不规范行医行为增多

乡村医生不在其注册的执业地点执业，可能更易滋生不规范行医行为。实际调研中发现，部分乡村医生在家中行医的同时将药品存放在家中，由于药品存放环境不符合要求，从而影响了药品的安全性。这两种行为都明显违反相关规定，若有差池极易诱发医疗事故，引起医疗纠纷，而且这些行医行为很难受到卫生执法机关的监督、管理及检查。另外，由于乡村医生的执业地点不规范，这些乡村医生对医疗废物处置不当或是无记录、使用过的一次性医疗用品未按规定处理、不严格保管消毒产品等行为也会导致产品安全性受到影响。而国务院在 2003 年 6 月 16 日颁布的《医疗废物管理条例》中对医疗废物的处理做了详细的规定，《条例》第 26 条也对一次性医疗器械和卫生材料的使用作出了明确规定，更有 2002 年 7 月 1 日起施行的《消毒管理办法》所要求的对消毒产品和一次性医疗用品的处理方法。另外，部分乡村医生在患者家中诊治时对待门诊登记处方的态度过于随意，不记录或者不开具处方的情况时有发生，或者是在患者家中为其输液，但输液后往往不认真观察是否有不良反应，或立即就离去。[2]这些不规范的执业行为在给乡村医生带来违法的负面影响的同时，也会在很大程度上增加医疗纠纷发生的危险。

2.2 法律风险明显增加

乡村医生的不规范行医行为极有可能会引发医疗纠纷，使得乡村医生承担法律风险的可能性明显增加。

由于农村地区的乡土性，一旦发生医疗纠纷，乡村医生在承担损害赔偿责任的同时会失去其在农村居民心中的地位和人气，从而失去前来就医的患者。若是发生较严重的医疗事故，根据自2002年9月1日起施行的《医疗事故处理条例》中的规定："对负有责任的医务人员依照刑法关于医疗事故罪的规定，依法追究刑事责任；尚不够刑事处罚的，依法给予行政处分或者纪律处分。"乡村医生必然要承担行政责任，甚至可能被吊销执业许可证和乡村医生资格证书，加大了乡村医生的退出风险，使得人力资源减少，进而影响到农村居民能否享有基础、优质的医疗卫生服务。而更为严重的情况是，乡村医生违反法律造成患者死亡或者严重损害患者身体健康，依照《刑法》第335条规定的医疗事故罪等刑法规范，其不仅需要承担刑事责任，也在获罪的同时根据《条例》第14条第2款的规定失去了乡村医生的身份，无法继续执业。另外，当发生纠纷时，由于部分卫生室的法人代表不明确，常导致诉讼无法正常进行，给患者及卫生行政部门带来不必要的负累。

2.3 制度、立法及监管的缺失

国家卫生计生委于2015年1月12日发布的《2014年11月底全国医疗卫生机构数》和《2014年1月~11月全国医疗服务情况》显示，在村卫生室数目日益减少的情况下，2014年1月至11月，村卫生室的诊疗人次仍高达18.4亿人次，同比上年增加3.8%。而在村卫生室诊疗人次不断上升的同时，中华人民共和国国家统计局发布的卫生人员年度统计却显示乡村医生及卫生员的数量在近几年呈现不断下降的趋势。这不仅是因为我国农村地区的医疗资源偏少，也与相关部门没有相应的政策和措施缓和问题、完善制度有关。

此外，如上文所说，目前尚无法律法规对乡村医生去患者家中为患者诊疗的行为适格与否作出具体规定，但与平常在城市医疗机构中执业的卫生人员坐诊不同的是，"设在村落中的村卫生室并不像城市的医院里有严格的上下班制度，村医的行医地点和工作时间较为灵活，有时是在村卫生室，有时是在自己家中"。"乡村医生并不是在任何情况下都能保证其医疗行为都发生在村卫生室内。在村卫生室外发生的医疗行为，如果严格按照法律的规定，那就是'非法行医'。"[3]而且在实际情况中出现过乡村医生上门服务用药不做皮试导致患者过敏身亡的事件，严重威胁到患者的人身健康。为了广大农村居民的人身健康，有关部门有必要对乡村医生出诊和上门服务做出规范。

在农村居民看来，对乡村医生的约束不仅需要其自我约束，还需要外在的监督约束。但是，卫生行政部门等外在的监督约束方式对乡村医生执业地点的监督和管理在一定程度上还存在着缺失。现在监督和管理村卫生室和乡村医生工作的主要还是乡镇卫生院，卫生行政部门处于次要地位，而主要监督和管理的项目还是用药等，对执业地点的监督和管理并不受到重视。

3. 建议

3.1 完善乡村医生保障机制

乡村医生保障机制不完善使得其在一定程度上过度追求经

济利益，这是导致其不规范执业的主要原因之一。为了削弱其营利目的，可以从保障乡村医生的收入水平和加强乡村医生的养老保障这两个主要方面入手。在 2014 年 6 月 3 日实施的《村卫生室管理办法（试行）》第 44 条、第 46 条和第 47 条中规定"保证村卫生室人员的合理待遇"、"适当提高村卫生室人员养老待遇"和将"补助等方面所需资金纳入财政年度预算，并确保及时足额拨付到位"来保证乡村医生的收入和保障。而在国务院办公厅于 2015 年 3 月 6 日发布的《关于进一步加强乡村医生队伍建设的实施意见》中也提到要"保障乡村医生合理收入"以及"建立健全乡村医生养老和退出政策"，在之后对该意见的解读中也提到诸如"切实落实乡村医生多渠道补偿政策"、支持和引导相应符合条件的乡村医生按规定参加职工基本养老保险或者城乡居民基本养老保险、"建立乡村医生退出机制"以及"落实资金投入"等加强乡村医生保障的相关建议。

课题组认为，在有条件的情况下也可为乡村医生建立风险基金，适当分担其所要承担的损害赔偿责任，如安徽省蚌埠市五河县、阜阳市阜南县、滁州市凤阳县、江苏省宿迁市沭阳县、淮安市洪泽县、重庆市永川区等地区就规定由市、县财政投入一部分，村卫生室缴纳一部分建立风险基金。当乡村医生发生医疗损害需要赔偿当事人时，赔偿的赔付金额由基金、村卫生室和乡村医生按一定比例共同承担。

为了保证上述方案良好地贯彻和实施，相关卫生计生行政部门应当及时了解方案的实施程度以及乡村医生享受保障的情况。其在履行以上义务时，也负有监督方案实施和接收乡村医生的意见并适时处理的责任。

3.2 提高乡村医生和其他农村居民的法律意识

现阶段，我国农村居民的法律意识较为淡薄，在法律知识方面也有较为严重的欠缺。这些问题在引起乡村医生不定点执业的同时，会使得乡村医生缺乏其他农村居民的辅助监管。因此，提高乡村医生和其他农村居民的法律意识，促进其学习法律知识是有必要的。

"法治秩序的建立不能单靠制定若干法律条文和设立若干法庭，重要的还得看人民怎样去应用这些设备。更进一步，在社会结构和思想观念上还得先有一番改革。如果在这些方面不加以改革，单把法律和法庭推行下乡，结果法治秩序的好处未得，而破坏礼治秩序的弊病却已先发生了。"[4]因此，在帮助农村居民学习相关法律知识之前，增强其法律意识的工作不可缺少。

在提高农村居民的法律意识的过程中，应当注意以下几点：

第一，突出乡村医生和其他农村居民的主体意识，将自上而下的宣传和灌输与自下而上的接纳和认同结合起来，并尊重他们的主体地位，尊重其对法律的态度，尊重其通过社会生活的实际体验以获取法律认知的自由。[5]

第二，国家应当持续地传输系统的法治知识，做好送法下乡和普法工作，并把重点放在传送法律思想和观念上。在对被普法主体进行普法教育时应当注意：在普法形式上，要力求灵活多样，要选择与他们相适应和易于接受的形式；在时间跨度上，要持之以恒，把普法工作制度化、法律化、长期化。[6]

第三，平常生活中对乡村医生和其他农村居民影响最为深刻者，莫过于基层机关的司法、执法状况，因此，要树立良好的法律意识，不仅需要从乡村医生和其他农村居民入手，也需要注意改善目前农村的司法、执法状况，杜绝不规范的司法、执法行为，加强司法、执法机关的内部制度建设，完善法律监督体系。[7]

在提高乡村医生与其他农村居民的法律意识之后便可帮助其获取相应的法律知识。在自身知法晓法的情况下，乡村医生的执业将会更为规范：倘有不规范的行医行为，也会有农村居民和卫生行政部门的参与，督促乡村医生加以改正，在促进乡村医生规范化执业的同时，既能减少其退出风险，也能保证农村居民就近享受优质的医疗卫生服务。

3.3 促进多点执业

目前，医师多点执业在城市医院方兴未艾，以"促进优质医疗资源平稳有序流动和科学配置"，而在相对更为缺医少药的农村地区的医疗机构却没有较好的措施合理地分配有限的医疗资源。因此，促进乡村医生多点执业以优化医疗资源配置、推动医疗卫生事业加快发展应当早日提上日程，这关乎农村居民能否就近享受到优质医疗卫生服务。

相关部门可以结合城市医院人才智力流动的经验探索乡村医生多点执业的可能性，并通过有关卫生行政部门的登记与注册规范乡村医生执业。在严格执行乡村医生需要执业医师资格才可准入的前提下开放对乡村医生多点执业的限制，可以提高卫生人力资源的利用率，缓解卫生资源的需求与配置之间的矛盾。

在支持乡村医生多点执业的同时，也可以鼓励医院系统的执业医师及执业助理医师到基层村卫生室多点执业。国家卫生计生委等部门在2014年11月5日发布的《关于推进和规范医师多点执业的若干意见》（以下简称《意见》）提到："鼓励支持大医院医师到基层医疗卫生机构、社会办医疗机构多点执业。

坚持强化基层，对到基层医疗卫生机构多点执业的，要明确政策给予支持和鼓励。"

对乡村医生多点执业规定的具体管理办法及原则可以依据《意见》和原卫生部 2009 年 9 月 11 日《关于医师多点执业有关问题的通知》中的相关规定制定。但需要注意的是，注册多点执业的乡村医生应当符合一定标准（该标准应当由国家卫生计生委相关部门负责制定），在保证医疗质量和安全的前提下，经相关卫生行政部门批准，由村卫生室与拟多点执业的乡村医生签订书面协议，卫生行政部门对申请多点执业的乡村医生的乡村医生执业证书增加执业地点注册后，才可以在一定区域内的 2 至 3 个基层卫生机构依法开展诊疗活动。其他相关事项的监督、管理在要求乡村医生自律的同时，也需要农村居民、社会和政府协同合作以加强监管。

3.4 完善立法和监管

当前对乡村医生的权利和义务进行规范的主要是《条例》等法律文件，从实际情况来看，主要调整乡村医生具体行为的还是各个规范性文件以及地方政府的相应政策。但是目前部分文件和政策未考虑到其他影响因素，与现实有所脱节，不适合当下的实际情况。因此，制定和完善相应的规范性文件和政策时需要结合实践并且听取乡村医生和卫生人员的意见，防止法律、法规与规范性文件、政策的空白和冲突。另外，一些机制也可以通过立法进行确定和规范，如上文所提及的乡村医生多点执业便可以通过规范性文件在试点的情况下加以推进和规范。同样的，乡村医生的"随叫随到"服务、去患者家中进行诊疗活动这些不在注册的执业地点执业的服务也可以通过规范性文件进行规范。在调研中，绝大多数村民和乡村医生均表示乡村医生的执业地点不应该只限制在其注册的医疗机构，对此种执业形式的实情，前文亦有所述。为了规范乡村医生的执业活动，在保障农村居民健康的前提下，可以适当考虑农村居民就诊的便利性。相关部门可以依照原卫生部于2001年6月20日发布的《关于医师执业注册中执业范围的暂行规定》制定相关规范，在农村地区规定乡村医生注册后对病人实施紧急医疗救护的，不属于超范围执业，而乡村医生去不方便外出就诊的患者家中为患者诊疗的行为也不应当划归为超范围执业。

在加强立法，避免法律冲突和空白的同时，也需要相关卫生行政部门加强对法律法规实施情况和乡村医生执业的监督，杜绝乡村医生的不规范行医行为，保障满足农村居民对优质的医疗服务的需求。而且"多部门等协同联动形成合力，加大执法宣传力度，多种形式加强监督力度"。规范行医也需要社会各界的监督与管理，需要增强医疗机构和乡村医生依法执业的自觉性，提高农村居民的自我保护意识，更需要他们的积极参与。同时，卫生行政部门要建立乡村医生教育评估制度，注重培训过程的管理，加强监督、检查和评估，[8]并保障农村居民的健康。

参考文献

[1] 刘兰秋、赵婧："乡村医生执业的法律困境与制度消解"，载《中国全科医学》2013年第5期。

[2] 孟雨、吕兆丰、王晓燕等："村卫生室医疗纠纷的现状、原因与对策研究"，载《卫生软科学》2013年第1期。

[3] 孟雨、吕兆丰、王晓燕等："乡村医生执业的法律困境与对策研究"，载《中国卫生法制》2012年第4期。

[4] 费孝通：《乡土中国》，北京大学出版社2012年版。

［5］ 魏小强："当代农民法律意识发展的路径选择——新农村建设背景下的探讨"，载《学海》2011 年第 5 期。

［6］ 于庆生："农民法律意识现代化的路径选择"，载《社会科学家》2008 年第 3 期。

［7］ 陈方南："论新农村视域下新型农民法律意识的培养"，载《理论学刊》2010 年第 5 期。

［8］ 杨静："乡村医生职业素质提升的研究"，西南大学 2009 年硕士学位论文。

乡村医生养老保障制度研究

赵 琛 刘炫麟

引 言

乡村医生是我国医疗卫生服务队伍的重要组成部分，是亿万农村居民健康的"守护人"，是发展农村医疗卫生事业、保障农村居民健康的重要力量。长期以来，由于体制原因，乡村医生养老保障问题一直未得到妥善解决，导致乡村医生队伍年龄老化、后续力量不足，具备执业资格的年轻医生不愿在村卫生室工作等问题，成为制约农村卫生队伍结构改善、业务提高和农村卫生事业发展的瓶颈。2015 年 3 月 23 日，国务院办公厅发布了《关于进一步加强乡村医生队伍建设的实施意见》，该意见提到了新一轮医药卫生体制改革实施过程中乡村医生队伍建设的必要性，更强调要建立健全乡村医生养老和退出政策。因此，为保障乡村医生的养老问题，充分发挥乡村医生基本医疗、预防保健的作用，就必须制定、完善乡村医生养老保障制度，并可通过立法的方式为制度的执行提供法律支持。

1. 现状

1.1 法律与政策的规定现状

1.1.1 国家层面的相关规定

我国民政部于 1992 年 1 月 3 日颁布了《县级农村社会养老保险基本方案》，其中规定了养老保险的对象，交纳、领取保险费的年龄，保险资金的筹集等问题。这是继 1991 年国务院发布《关于企业职工养老保险制度改革的决定》后，对农村（含乡镇企业）养老保险制度改革做出的指导性决策。可以认为，《县级农村社会养老保险基本方案》是农村居民社会养老保险的开始，也是乡村医生养老保险的开始。

根据 2008 年 10 月党的十七大和十七届三中全会精神，国务院 2009 年 9 月 1 日发布了《关于开展新型农村社会养老保险试点的指导意见》，对 2009 年起开展的新型农村社会养老保险（以下简称为"新农保"）试点的工作提出了指导意见。"新农保"与一些地方老农保的区别主要有两点：一是，新农保实行个人缴费、集体补助、政府补贴相结合的筹资办法，地方财政对农民缴费进行补贴，即"补入口"；二是，新农保实行基础养老金和个人账户养老金相结合的养老待遇，国家财政全额支付最低标准基础养老金，即"补出口"。[1]

2011 年 7 月 2 日国务院《关于进一步加强乡村医生队伍建设的指导意见》中明确乡村医生的职责，指出乡村医生（包括在村卫生室执业的执业医师、执业助理医师）主要为农村居民提供公共卫生和基本医疗服务。该意见还提出，要积极解决乡村医生的养老问题，指导各地要结合新型农村社会养老保险制度，采取补助等多种形式，妥善解决好老年乡村医生的保障和生活困难问题，具体办法由当地政府结合实际制定。

2013 年 8 月 21 日，国家卫生计生委发布了《关于进一步完善乡村医生养老政策提高乡村医生待遇的通知》，从细化政策措施、采取多种形式等方面对各政府提出完善乡村医生养老保障制度的意见。江苏、浙江等地采取由政府缴纳一定比例的社保经费，帮助乡村医生参加企业职工养老保险或参照灵活就业人员参加养老保险的方式；安徽、河南、广东等地采取根据老年离岗乡村医生服务年限发放生活补助的方式。该通知还要求各地结合实际，采取多种形式提高乡村医生养老待遇，确保其养老金收入不低于当地居民最低生活保障水平；可结合乡村卫生服务一体化管理将取得执业（助理）医师资格的乡村医生纳入乡（镇）卫生院编制统一管理；并提出建立乡村医生到龄退出机制。

2015 年 3 月 23 日，国务院办公厅《关于进一步加强乡村医生队伍建设的实施意见》（以下简称《意见》）出台。《意见》提出建立健全乡村医生养老和退出政策，完善乡村医生养老政策的要求；鼓励和引导符合条件的乡村医生按规定参加职工基本养老保险；不符合条件的乡村医生，可在户籍地参加城乡居民基本养老保险；对年满 60 周岁的乡村医生结合实际进行补助，进一步提高乡村医生养老待遇。同时提出各地应结合实际，建立乡村医生退出机制；确有需要的，村卫生室可以返聘乡村医生继续执业。

1.1.2 省级层面的相关规定

由于我国不同地区经济发展状况不同，因此全国各省、自治区、直辖市对其辖区内的乡村医生养老政策又有不同的规定，课题组以北京市、江苏省、上海市三省市的相关政策为例，介绍省级层面对乡村医生养老保障制度的规定。

2007年10月8日，北京市人民政府办公厅转发了市卫生局等部门《关于建立健全乡村医生社会养老保险制度与基本待遇保障机制的意见》。该意见按照"承认历史、合理确定、区县实施、自愿参加"的原则要求建立北京市的乡村医生养老保险制度，并规定了乡村医生养老保险的入保范围、基本标准以及补助政策等基本内容，其中提出市财政、县区财政、个人应按照4:4:2的比例共同缴纳养老保险费。参加该养老保险的北京市乡村医生拥有自己的"乡村医生农村社会养老保险个人账户"，其实质仍属于北京市农村社会养老保险制度。

2007年12月10日，江苏省劳动和社会保障厅、卫生厅、财政厅发布了《关于切实解决乡村医生养老保障问题的意见》。该意见同样规定了江苏省乡村医生参加养老保险的准入范围与补助方式等内容，但江苏省采取了乡村医生参照灵活就业人员的参保政策参加企业职工基本养老保险的方法。对于不适龄的或已离岗的乡村医生不再纳入社会养老保险，由当地政府给予适当补助。

2007年7月13日，上海市卫生局、劳动和社会保障局、保险局、发展和改革委员会、农业委员会、财政局发布了《上海市关于本市乡村医生纳入基本社会保障制度的指导意见》。意见中规定了乡村医生的参保范围、参保方式及筹资渠道等内容。其中，按照乡村医生是否在岗将参保方式划分为直接参加镇保、按三联动原则纳入镇保、实施"农保+补贴"的补助方法以及镇保接续之前已加入的其他社会养老保险四种方法。

1.2 法律与政策的执行现状

在农村卫生事业改革发展的现阶段，部分省市已经探索出了一些适合当地的乡村医生养老保障政策。2008年4月，原卫生部办公厅转发了《北京、上海、江苏三省市关于解决乡村医生养老问题有关文件的通知》，介绍了四种乡村医生养老保险模式，[2]总结如下。

1.2.1 模式一：纳入新型农村社会养老保险

该模式下的实践经验有北京市、江西省部分地区。这种模式是各地政府以2009年9月1日国务院《关于开展新型农村社会养老保险试点的指导意见》（以下简称《指导意见》）中新农保制度为契机，将乡村医生的养老保障与新农保相结合，再发展出符合当地实际的养老保险制度。如江西省南丰县乡村医生参照灵活就业人员进入社会养老保险的办法，自愿选择是否将补贴的每人每年400元用于购买社会养老保险（不购买的乡村医生仍可领到400元公共卫生补贴）；或如北京市各区县乡村医生可于农村社会养老经办机构办理"乡村医生农村社会养老保险"。然而，现行较低的养老保险筹资水平，以及退休后每月较低的养老金均不能满足乡村医生的养老需求，"乡村医生进入农村社会养老保险体系缺乏现实的依托条件"。[3]

1.2.2 模式二：纳入企业职工基本养老保险

该模式下的实践经验有江苏省。2007年江苏省劳动和社会保障厅等《关于切实解决乡村医生养老保障问题的意见》中指出，未参加社会养老保险的乡村医生可参照灵活就业人员的参保政策，参加企业职工基本养老保险，其缴费中未记入个人账户的部分，地方政府给予补助，有条件的乡（镇）卫生院也应给予补助。但是，该模式需补缴的保险费较高，年纪大的乡村医生可能没有能力或不愿参保。此外，对收入较低的乡村医生，保险费逐年增高，也会为其带来较重的经济负担。

1.2.3 模式三：纳入小城镇社会保险

该模式下的实践经验有上海市。上海市政府以上海市人大常委会2007年制定的《上海市小城镇社会保险暂行办法》为标准，将乡村医生纳入小城镇社会保险（以下简称"镇保"）。镇保基金的支付范围包括养老、医疗、失业、生育等保险待遇以及按规定应当支付的其他费用，从而解决了乡村医生的基本社会保障，包括养老保障。除此之外，乡村医生还可以通过"农保＋补贴"的办法获得不低于每月300元的养老待遇。即便如此，从待遇的绝对水平来看，特别是与城保对比，镇保的待遇水平较低。这也是有些劳动者认为镇保比城保差，不愿意参加镇保的原因。

1.2.4 模式四：为受聘乡村医生统一办理农村社会养老保险

该模式下的实践经验有江苏省赣榆县。2006年该县下发了《赣榆县乡村保健医生农村社会养老保险的若干意见》，重构县镇两级、镇村一体的农村卫生服务体系，并以此为基础，对全县范围内在编在岗并取得乡村保健医生执业资格证书从业注册的乡村医生办理农村养老保险。

2. 问题

2.1 相关立法的缺失

实际情况中，乡村医生包括取得执业（助理）医师证的乡村医生以及未取得执业（助理）医师证、经注册的乡村医生。已取得执业（助理）医师证的乡村医生受《执业医师法》调整，本文不再赘述。未取得执业（助理）医师证的乡村医生仅受2003年国务院颁布的《乡村医生从业管理条例》调整。该《条例》从执业注册、执业规则、培训与考核、法律责任等方面规定了乡村医生从业的各项内容，但并未作出乡村医生待遇方面的规定。在实践中，乡村医生的养老保障问题仅能依靠卫生行政部门的指导性文件，再根据各地实际情况，对乡村医生的养老保障方式进行规定。乡村医生的养老保障若以地方政府规章的形式来规定，其较低的位阶将会为制度建设与政策实施带来困难，因此，将乡村医生的养老保障纳入立法层面显得较为重要。

我国乡村医生的就业逐步走向规范化，部分地区已开始以考取执业（助理）医师证的乡村医生为就业起点。部分乡村医生由于年龄较高或其他原因，使得其考取执业（助理）医师较为困难。对这部分乡村医生的养老保障制度，法律层面仍有空缺，国家可通过立法的形式为其确立相应的养老保障制度。

2.2 村卫生室较弱的公益性质导致村医养老保障无法实现

国务院办公厅 2001 年 5 月 24 日转发的国务院体改办等部门《关于农村卫生改革与发展的指导意见》中明确指出："村卫生室为非营利性医疗机构"。[4]若要对这些村卫生室进行划分，广义层面来讲，村卫生室包括乡村医生联办、个体举办，或者由政府、集体或单位举办，经县级卫生行政部门批准后设立；[5]狭义层面来讲，村卫生室仅包括政府、集体举办的或由县级卫生行政部门批准设立的村卫生室。理论上，村卫生室的工作性质是公益性的，但现实中，在非政府举办的村卫生室执业的乡村医生对医疗收入的直接支配等现象，又使村卫生室难以摆脱其经济属性。据 2014 年《中国卫生统计年鉴》统计，2013 年全国村卫生室中，乡（镇）卫生院设点办村卫生室占 9.23%，村办村卫生室占 57.29%，村医联办村卫生室占 5.04%，个人办村卫生室占 24.48%，其他占 3.96%。[6]可以看出，近 1/3 的村卫生室的承办主体是公益性较差的个人，这一现状也间接影响到乡村医生的身份问题。

因此，从法律地位上讲，村卫生室处于一个尴尬的地位，它并不像上级的医疗机构，成为事业法人，也不能划归属于个体户。[7]如果把村卫生室的性质与其举办主体联系起来，基于村卫生室的公益性质仍然较弱，即个人承办的村卫生室较多，各地政府乡村卫生服务一体化管理工作困难，进而使村医养老问题难以解决。

2.3 乡村医生身份定位绝大多数仍为农民

2013 年 8 月 21 日，国家卫生计生委印发了《关于进一步完善乡村医生养老政策提高乡村医生待遇的通知》，指出各地要加快制定并完善乡村医生养老政策，采取多种形式提高乡村医生养老待遇，确保其养老金收入不低于当地居民最低生活保障水平。有条件的地方可结合乡村卫生服务一体化管理将取得执业（助理）医师资格的乡村医生纳入乡（镇）卫生院编制统一管理。无论是乡村医生的前世——赤脚医生，还是乡村医生的今生，其身份在本质上依然是农民，始终没能进入国家编制，始终未能进入公职人员的行列。[8]这使农民身份的乡村医生参加城镇职工养老保险无章可循，而新农保的养老金又无法满足乡村医生的需求。由此可见，无论是政策规定还是实际情况，乡村医生的农民身份使现阶段乡村医生的养老保障途径较为单一，养老保障的程度较低，其养老保障制度亟待完善。

2.3.1 养老保障的途径单一

据了解，现在全国已经有 12 个省市制定了乡村医生养老保障的具体政策和标准，其中大多数省级行政机关通过将乡村医生纳入地方新型农村社会养老保险的方式解决乡村医生养老问题，如北京、江西、甘肃、山东等地。这种传统的模式在现阶段初步解决了大多数乡村医生"无老可养"的问题，以较低的门槛为已离岗或年纪较大的、尚未离岗的乡村医生打开了养老保障的大门。但是，每人每月较少的养老金和这种单一的养老保障模式并不能真正解决乡村医生的后顾之忧。

少数省市采取将乡村医生养老保障纳入企业职工基本养老保险或纳入小城镇社会保险的方法，表面上可行性较高，乡村医生愿意也承担得起相对较高的保险费，但该方法背后却缺少不了地方财政的大力支持。迫于这一现状，除了少数地方财政收入较高的地区，大部分县市都无法提供政府部分的缴纳金，因此，该方法无法覆盖全国。

综合两方面分析，可以粗略得出结论，现今乡村医生养老保障的途径仍略显单一，这也与乡村医生的农民身份有较大关系。因此，我国卫生计生委要求各地方政府卫生部门根据各地实际情况，在全国范围内采取多种形式提高乡村医生养老待遇。各省卫生计生委应不断探寻乡村医生的养老保障制度，以打破这一现状。

2.3.2 养老保障的程度较低

就目前乡村医生享受的养老保障待遇来看，相比于同为服务基层的其他职业，如乡村教师、农村地区兽医以及村干部等人群，乡村医生总是待遇较低的一部分人群，其养老保障的程度低于其他职业人群的养老保障，具体表现为养老金额较少，政府为乡村医生提供的养老保险种类较不合理等。对此，乡村医生心理不平衡，也导致乡村医生队伍极不稳定。

导致乡村医生的养老保障程度较低的原因可以归纳为以下几点：第一，乡村医生的收入一部分来源于村卫生室的医疗收入，这部分收入是乡村医生公益服务外部性的一个重要原因；第二，乡村医生属于"半农半医"，还可以通过农业或副业获得一部分收益，这部分收益往往高于普通农民的收入，使得乡村医生具有一定的保险金支付能力；第三，"新农保"的基础养老金较低，使得乡村医生退休后的养老金补助与普通村民持平或更低。因此，政府可提高乡村医生养老金以解决现阶段乡村医生的养老问题。

2.4 政府投入的力度不够

2.4.1 较低的养老保险金无法满足乡村医生的养老需求

前面提到，我国乡村医生的养老保险途径较为单一，基本上由新型农村社会养老保险以及以此为基础制定的乡村医生的养老保障制度组成。这种单一的养老保障模式的缺点之一就是乡村医生在达到法定退休年龄之后每月领取的养老金较低，而这种情况产生的原因之一就是政府对基础养老金的标准仍然较低。其他模式的养老保险也有养老金较低的情况，如上海市将乡村医生纳入小城镇社会保险，缴满 15 年的乡村医生退休后的月养老金与城镇职工养老保险的养老金相比仍然较低。

2.4.2 地方监管力度不够

地方政府的财务部门以及社会福利部门需要被监管。如果一个完善的养老保障制度无法按照正确程序执行下去，利益受损的还是基层的乡村医生。政府加大对乡村医生养老保障的重视力度，就要着眼于各个方面，包括制度执行的各个层级。

此外，医患双方在医疗活动中肯定存在医疗风险。随着农村人口法制观念逐渐提高，患方的要求便会增高，因此乡村医生的诊疗过程是高风险、低回报的，出了问题只能自己承担。相对执业风险较低回报的社会保障，乡村医生更希望有一个稳定的养老保障。若将村卫生室纳入乡（镇）卫生院一体化管理，加大监管力度，加强对乡村医生行医过程的规范，即能在一定程度上降低医疗风险。

3.　对策

3.1 完善相关法律、法规

　　乡村医生主要为农村居民提供公共卫生和基本医疗服务，承担卫生计生行政部门委托的其他医疗卫生服务相关工作。而乡村医生养老保障问题仅在部门规章中有所体现，使该制度的实施困难重重。乡村医生在我国医疗体制改革过程的基层医疗保健任务中起过渡作用，是特殊时期的特殊产物。将对乡村医生的养老保障以行政法规的形式进行规制，将相关规定写入《乡村医生管理条例》中，才能使乡村医生的养老保障有法可依，从而进一步完善基层卫生法治化进程。因此，全国人大常委会或国务院可以对现有的法律、行政法规进行修改，在法律层面确认乡村医生的身份，建立乡村医生的培养及退出机制，并对乡村医生的养老保险种类、缴纳方式、养老金比例等内容做出规定。

　　实际操作上，对年纪较大的或考取执业（助理）医师证较难的乡村医生，政策中可规定以新型农村社会养老保险的形式辅以提高基础养老金金额的方式，为该部分乡村医生提供养老保障，或对到龄仍在岗的老年乡村医生发放一次性退出补助。对有能力考取执业（医师）证的乡村医生，可通过乡村卫生服务一体化，由乡（镇）卫生院收录入编，一体化管理，提高乡村医生的职业吸引力，并对其统一实行城镇职工养老保险的养老政策，从而改变其农民身份。该种方法可以提高乡村医生的行医水平，规范村卫生室的行医行为，加强对村卫生室和乡村医生的监管。

3.2 促进乡村卫生服务一体化管理

2010 年 3 月 31 日原卫生部办公厅发布的《关于推进乡村卫生服务一体化管理的意见》中指出，乡村卫生服务一体化管理是从行政、业务、药械、财务和绩效考核等方面进行一体化管理。

乡村卫生服务一体化应从两方面考虑。首先，从国家层面，国家卫生计生委可以加大对基层卫生服务工作的投入，开展试点，以乡（镇）卫生院设点的方式对村卫生室进行管理，改善村卫生室公益性较差的现状，加速推进乡村卫生服务一体化的进程。其次，从地方层面，地方政府及各地方卫生行政部门应积极响应国家指导意见，制定适应本地区发展状况的乡村卫生服务一体化制度，尽快将村卫生室及乡村医生纳入乡（镇）卫生院管理体系，统一解决乡村医生的待遇及养老问题。

3.3 改变乡村医生的身份

现阶段乡村医生的农民身份不利于建立、完善其养老制度，因此改变他们的身份对改变这一现状起着重要的作用。2015 年 3 月 6 日，国务院办公厅发布的《关于进一步加强乡村医生队伍建设的实施意见》提出了建立健全乡村医生养老和退出政策的意见，通过企业职工基本养老保险与新型农村社会养老保险并存的方式为乡村医生提供养老保障。课题组认为，县级卫生行政机构可结合各地实际情况，通过加大对乡村医生的培养、培训力度，不断提高乡村医生技术水平，并通过乡（镇）卫生院对村卫生室及乡村医生一体化管理的方式，将乡村医生纳入乡（镇）卫生院人事编制，从而解决其养老保障问题，同时改变其"半农半医"的身份。

然而，针对现阶段一部分从"赤脚医生"过渡来的乡村医生，其偏高的年龄和以"经验"为准的传统诊疗方式不符合法律、政策及其他规范的规定，使其难以完全进入新一轮医改建立的医疗卫生服务体系。因此，为完成对乡村医生养老保障的全覆盖，对这部分农民身份较难改变的乡村医生，政府可以通过给予补贴及建立一次性补助的退出机制来解决其养老问题。此外，卫生行政部门可以降低乡村医生培训门槛，加速新一代乡村医生的培养，从宏观上改变乡村医生的农民身份。

3.4 加强政府的投入与监管

乡村医生的养老保障，除了个人对个人账户的积累之外，还要依靠政府财政的补助。政府和财政应该加大对村卫生室和乡村医生的财政投入，减轻乡村医生养老保险个人的负担。[9]对现阶段未取得或无法取得执业（助理）医师证的乡村医生，其只能依靠新农保作为养老保障。《意见》中也提到对于年满60周岁的乡村医生，各地要结合实际，采取补助等多种形式，进一步提高乡村医生养老待遇。[10]为此，现阶段，政府对乡村医生的养老保障仍需要财政的大力支持，需要政府的不断投入。我国各地乡村医生养老保障制度各有不同，在执行过程中很难避免系统性风险和策略性风险。因此，行政部门需要注重在这一过程中风险的规避和监管，这也需要政府的投入。

参考文献：

[1] 邓大松、薛惠元："新型农村社会养老保险制度推行中的难点分析：兼析个人、集体和政府的筹资能力"，载《经济体制改革》2010年第1期。

[2] 张新生、张学栋："乡村医生养老保障水平亟待提高"，

载《人民政协报》2013 年 4 月 1 日，第 8 版。

[3] 柯青林、徐凌忠："乡村医生养老保障模式研究"，载《中国卫生事业管理》2011 年第 12 期。

[4]《国务院办公厅转发国务院体改办等部门关于农村卫生改革与发展的指导意见的通知》（国办发〔2001〕39 号）。

[5]"国务院办公厅《关于进一步加强乡村医生队伍建设的指导意见》（国办发〔2011〕31 号）。

[6] 卫生和计划生育委员会：《2014 年中国卫生和计划生育统计年鉴》。

[7] 史甲奇："乡村医生养老保障机制研究"，华中科技大学 2010 年硕士学位论文。

[8] 刘炫麟、王晓燕、刘晓霜等："论首都农村卫生室乡村医生的未来——以政策与法律变迁为研究主线"，载《中国医院管理》2013 年第 6 期。

[9] 李新民、任彦孔："对解决乡村医生待遇问题的刍议"，载《中国初级卫生保健》1998 年第 12 期。

[10] 国务院办公厅《关于进一步加强乡村医生队伍建设的实施意见》（国办发〔2015〕13 号）。

乡村医生聘用法律问题研究

刘沛晔　刘炫麟

乡村医生是农村基层卫生技术人员，是基层卫生人力资源的重要组成部分，在保护农村居民健康方面发挥了重要的作用。近些年来，由于在农村基层相关法律未能完全实施，乡村医生的身份没有正确的认定，有关乡村医生的聘用问题日益突出，亟待解决。乡村医生的聘用问题不解决，会导致基层医疗出现困难。

1. 有关乡村医生聘用的相关政策规定

1.1 国家层面

国家针对乡村医生的聘用问题出台了许多政策。原卫生部和财政部在 2010 年 1 月 10 日发布的《关于加强乡村医生队伍建设的意见》中要求省级卫生行政部门合理配置乡村医生；聘用乡村医生要引用竞争机制。原卫生部办公厅 2010 年 3 月 31 日发布的《关于推进乡村卫生服务一体化管理的意见》和 2012 年 6 月 20 日发布的《关于落实 2012 年医改任务做好农村卫生服务有关工作的通知》中均提到乡镇卫生院和村卫生室应由政府举办，乡村医生实行聘用制，其业务收入、社会保障和村卫生室的资产纳入乡镇卫生院统一管理。国家卫生计生委在 2013 年 8 月 21 日发布的《关于进一步完善乡村医生养老政策提高乡村医生待遇的通知》中提到，乡村医生聘用应当遵循"县聘、乡管、村用"的原则。县级卫生计生行政部门负责本行政区域内乡村医生的聘用、注册和管理工作。乡镇卫生院受县级卫生计生行政部门委托负责辖区内乡村医生的业务指导和管理，按照《劳动合同法》相关规定，与乡村医生签订劳动合同，明确各自的权利和义务。

1.2 省级层面

许多省份对乡村医生聘用作出了规定。山西省从 2009 年开始采取从院校毕业生中招录、在现有乡村医生中培训选拔、返聘退休医师的形式，为村卫生室选聘合格乡村医生。目前，山西各县卫生行政部门建立了日常监督与年度考核、村委会考核及群众满意度调查结合的考评机制，对聘用的乡村医生实行优胜劣汰。黑龙江省从 2011 年开始，对乡村医生的聘用遵循"竞争上岗、择优聘用"的原则，以在村卫生所（室）执业并具备乡村医生执业资格的人员为竞聘对象，通过考试、考核等方式，选拔职业道德和业务水平较高的人才。对于落聘的乡村医生，在以后的招聘中可优先聘用。河北省在 2011 年正式启动了"大学生村医"计划，计划选聘 1000 名临床医学、公共卫生管理专业的全日制普通高校专科以上学历的毕业生到乡（镇）卫生院或重点村医疗卫生机构服务两年。"大学生村医"实行聘用合同管理，服务期满后，除鼓励"大学生村医"续聘外，河北四级机关单位，省、市卫生部门事业单位对"大学生村医"给予优待；同时，政府支持和扶助"大学生村医"自主创业和自主择业。

2. 乡村医生聘用现状及存在的问题

2.1 聘用前

2.1.1 无人可聘

在一些交通不便、经济条件差的边远村卫生站，乡村医生无人可聘，"村医空白村"屡屡出现。乡村医生由于业务收入微薄且政府经费补助不足，仍要通过从事农业生产、打零工等方式以维持生计。上级医疗机构对他们的学历、从业资格、服务能力、工作量等方面均要求颇高。部分乡村医生执业地点偏僻甚至位于贫困山区、少数民族地区，环境艰苦，人口少，营业收入不高。尽管聘用主体降低了医生的准入门槛，但一直无人问津。[1]由于乡村医生待遇低、保障少，退休养老问题困扰乡村医生。目前，只有上海、北京、江苏等地初步建立了乡村医生养老保险制度。多数地区尚未建立乡村医生养老保险制度，相关研究显示，乡村医生中仅有2.54%的人有养老保险，97.46%的人没有养老保险，"老无所养"问题十分严重。针对养老问题，乡村医生集体上访在全国多个地区多次出现，严重影响了当地卫生工作的开展和社会的稳定，甚至在一些地方文件中将处理乡村医生集体上访作为工作重点。[2]因此，不少乡村医生无奈改行，使得人才流失严重，最终导致乡村医生无人可聘。印度为解决乡村医生无人可聘的问题，提出让毕业生在农村强制实习的方案，这倒可以为我们所采用。[3]然而缺少乡村医生，将会导致本地区公共卫生、疾病预防等工作无法开展，村民的医疗服务无法得到保障，最终使村民的利益受到严重侵害。

2.1.2 聘用的主体错位

各地聘用乡村医生的主体不同，例如，四川绵阳由卫生院聘用乡村医生；河南新乡由村委会选聘乡村医生；山西太原由卫生局面向社会聘用乡村医生；南京的乡村医生由街道社区卫生服务中心聘用。然而，在 2015 年 1 月 19 日的"聚焦农村医疗"的常务会议上，国务院要求部署加强乡村医生队伍建设、更好保障农村居民身体健康；要拓宽乡村医生发展空间；要求乡镇卫生院优先聘用乡村医生。可以看出，乡镇卫生院可以聘用乡村医生，村委会、卫生局也能够聘用乡村医生，这反映出了乡村医生聘用的主体错位。

然而，不同的聘用主体聘用乡村医生会产生不同的效果。2010 年 3 月 31 日原卫生部发布的《关于推进乡村卫生服务一体化管理的意见》中要求对乡镇卫生院统一业务管理。因此，规范了对乡村医生业务管理、培训职责，这有利于提升乡村医生服务能力，使服务内容达到一体化，极大地提高公共卫生服务的质量和效率，促进基本公共卫生服务均等化的实现。[4]然而，卫生局的主要职能是制订当地卫生事业发展改革的有关方案、工作规划、政策和意见；对公共卫生实施监督管理；对医疗机构及医疗卫生从业人员实施准入和监督。因而，乡村医生的聘用问题不属于其职能范围。《村民委员会组织法》第7~9条对村委会职能的规定中并未规定村委会有权决定聘用乡村医生之类的涉及村民利益的事项，反而在第 24 条中将聘用之事授权于村民会议，因此，由村委会聘用乡村医生是不合理的。综上所述，只有乡镇卫生院才有资格聘用乡村医生。

2.1.3 聘用的程序不规范

例如，北京市密云县的乡村医生聘任程序不够健全，聘任过程中缺少公开招聘、竞聘上岗两个环节。在每年乡村医生聘任之前，各乡镇卫生院乡村医生管理办公室会仅向本乡镇现任乡村医生宣讲新一年乡村医生聘用政策，并未面向社会公开发布招聘公告。[5]这是在北京周围的乡村医生的聘用程序不规范的案例。中国有许多村落位于偏僻的地区，交通不便，信息闭塞，很少与外界联系，本村乡村医生很少流动。因此，新任乡村医生的对象一般仅是在本地区的现任乡村医生。

聘用程序的不规范会影响其他优秀卫生人才到基层农村提供服务，不利于农村基层医疗卫生服务可及性的提高，也不利于农村卫生人才队伍的扩充与优化。而且，很有可能导致乡村医生长时间工作在同一地点，难以调动工作。如果乡村医生所处村落落后贫穷，生活水平低，长时间在此执业，难以保证乡村医生正常行医。人员的不流动也会导致医生之间经验交流较少，不利于乡村医生行医。

2.2 聘用中

2.2.1 医生与管理部门义务履行状况及影响

各地出台的乡村医生管理办法均规定了乡村医生与管理部门的义务。一般来说，乡村医生在执业活动中应遵守法律法规和技术规范，做好公共卫生和基本医疗工作。管理部门应确保村级卫生机构有充足的药品采购周转资金，同时由乡镇社区卫生服务中心统一采购、供应、管理药品、卫生材料、器械，并按规定处置使用过的一次性医疗器械和卫生材料。由乡镇社区卫生服务中心根据工作需要在所辖范围内统一调配、定向培养被录用乡村医生。由镇村卫生机构一体化管理领导小组办公室根据工作需要统筹、调配聘用制乡村医生。县卫生行政部门负责检查乡村医生执业情况。然而，有些乡村医生或管理部门在执业或管理的过程中均未能完全履行规定的义务。正因乡村医生未能履行"遵守法律法规和技术规范"的义务，违规重复使用一次性注射器具，卫生部门没有对医疗器械进行监管，导致河南杞县近千名村民感染丙肝。因此，双方的义务均不履行，将使村民的利益遭受损害，危害他们的健康。

2.2.2 劳动法、劳动合同法等相关法律施行的情况

由于如今农村集体经济组织已经解体，绝大多数的村卫生室实质是村医个体兴办或承包经营。在村卫生室工作的乡村医生身份还是农民，其完全被排斥在国家工资、福利待遇政策以外。[2] 由此看来，乡村医生的养老等待遇保障的问题之所以迟迟不能解决，归根到底还是因为其身份未能明确。因而乡村医生不明确医生的身份，《劳动法》关于社会保险与福利的规定就无法惠及他们，相关法律也就难以施行。在古巴，所有医务人员都是政府雇员，因而医疗卫生工作者的薪金由国家财政承担。[6] 将医生纳入政府部门，那么他们的利益将得到法律上的保障。

如果法律难以施行，那么乡村医生的工资福利待遇将无法得到保障；那么乡村医生可能会丧失对工作的积极性，会选择改行，从而导致人员流失。当地因此缺少乡村医生，村民的医疗服务将无法得到保障。

2.2.3 乡村医生的权利义务失衡

政府对乡村医生承担的公共卫生服务等任务给予合理补助，但补助标准由地方人民政府规定，存在很大的缺陷。一些贫困地区的政府，缺少资金，难以维护乡村医生正当的劳资权益。乡村医生每月补助很低，远不及当地普通农民一天的劳务收入，严重违背了劳动力市场的价值规律。"吃私家饭、干公家活"的用人模式延续至今，乡村医生的权利与义务严重失衡，缺乏应有的社会公平性。越是在艰苦地区工作的乡村医生，其待遇越

低，从而导致农村地区卫生发展的"马太效应"。过去是半农半医，现在乡村医生大部分时间是在做医生，从而无法通过自己的农业积累解决养老问题，因此大多数村医实际上都很难全身心投入到医疗服务中。由此看来，乡村医生的权利义务不能平衡，队伍就难以稳定，甚至还有可能影响地区的稳定。[1]

2.3 乡村医生的聘期和续聘并未合理设定

各地的乡村医生聘期和续聘设定不同，例如在沿海地区，如青岛市、南京市，乡村医生的聘期只有一年，同时建立了乡村医生退出机制，结合乡村医生的身体状况和执业能力，乡村男年医生满 65 周岁、女医生年满 55 周岁或 60 周岁即退休，不再聘任，特殊情况下签订返聘协议的除外。然而，在中西部地区，如甘肃省、西藏自治区，乡村医生的聘期却长达 3~5 年，续聘标准则依据乡村医生每年工作的考评情况。因此，可以发现，偏远地区乡村医生的聘期往往长于沿海地区的乡村医生，同时续聘标准要低。课题组认为，续聘时间长，可能是因为偏远地区的乡村医生人数稀少，难以招聘新的乡村医生，因此乡村医生工作很少变动；而沿海地区医生人数多，人员流动量大，因而乡村医生调动更为灵活。但这对于偏远地区的乡村医生来说不合理。与沿海地区相比，偏远地区基础设施较差，生活条件较差，医疗服务水平较低，这对乡村医生来说是一个不小的压力。相比印度，印度政府在 2005 年提出"全国农村健康计划"，农村医院可以高薪聘请城市中的医生到农村任职一定时间，以提高农村的医疗水平，[7]而且，在一定程度上缓解了乡村医生的工作压力。因此，通过政府确保续聘工作正常进行，给予乡村医疗机构财政或政策支持，从而合理设定乡村医生的聘期和续聘工作，不但能减轻乡村医生的压力，也能提升本地区的医疗水平。从 2005 年 6 月开始，由国家卫生部组织的"万名医师支援农村卫生工程"已经启动。国家卫生部与有关省级政府签订了责任书，担负支农任务的万名城市的医师已奔赴受援的农村医院，他们将在农村工作一年，定期轮换。该工程为农民提供了较好的医疗服务，同时也培养了农村医务人员，提高了技术水平。可见，该工程仍需继续实施。

3. 乡村医生聘用法律分析

3.1 相关法律的实施未贯彻落实

根据《劳动法》第 48 条、第 49 条的规定，用人单位应综合参考多方面因素，向劳动者支付工资且工资不得低于当地最低工资标准。因此，管理部门应据此保障乡村医生的基本生活条件，并参考当地的工资标准、生活标准、经济状况等因素确定和调整乡村医生的工资。《劳动法》的规定意图保障劳动者最基本的工资收入，然而，由前文论及"无人可聘"部分推定，管理部门并未贯彻落实《劳动法》的相关规定，从而导致乡村医生收入微薄、待遇低等问题不能依法妥善解决。乡村医生仅依收入难以维系生活，被逼无奈，只能放弃乡村医生的职业。无人应聘，自然导致聘用主体"无人可聘"。

3.2 合同双方的法律意识淡薄

在参引资料时，课题组发现，有许多内容涉及"乡村医生法律法规培训"，但此类培训也仅限于打击非法行医，并未涉及劳动合同相关的法律内容。由此观之，乡村医生在劳动合同方面，特别是聘用合同方面，法律意识不足，法制观念淡薄。因此，在实践中，乡村医生难以处理涉及聘用合同的法律纠纷。除此之外，聘用主体——管理部门的法律意识亦非浓厚。例如，乡村医生在行医过程中与患者产生纠纷，医患双方为了顾及邻里之间和睦的关系，往往在管理部门的领导协调下花钱"私了"。课题组发现，许多乡村医生的聘用合同在聘用主体方面出现了错位的问题，即合同的聘用主体呈现为乡镇卫生院、村卫生室等诸多单位并存的局面。合同的主要内容也仅规定双方的基本权利义务，即聘用主体有聘用或解聘等权利及为乡村医生提供物品、支付工资奖励等义务；乡村医生享有自由选择聘用合同的权利和遵守法律规章制度行医的义务。但合同中几乎没有涉及医疗事故责任，遑论医疗责任的分担机制。乡村医生由于技术水平和职业素养方面的欠缺，引发的医疗事故和纠纷日益增多，即使是管理部门也不能妥善解决此类问题。乡村医生大多法律意识淡薄，总是想通过"私了"解决问题，在缺乏医疗事故责任鉴定的条件下，往往需要赔偿，有时甚至倾家荡产。因此，国务院办公厅在 2015 年 3 月 5 日下发的《关于进一步加强乡村医生队伍建设的实施意见》提出，建立适合乡村医生特点的医疗风险分担机制，可采取县域内医疗卫生机构整体参加医疗责任保险等多种方式化解乡村医生的医疗风险，不断改善乡村医生执业环境。[9]乡村医生与管理部门应在风险分担上达成一致，并在合同中有所体现，这样才能保证乡村医生的利益免遭损害。

3.3 相关部门监管不到位

《劳动合同法》第 73 条、第 74 条规定，县级以上地方人民政府劳动行政部门负责监督管理本行政区域内劳动合同制度实施情况，依法对用人单位与劳动者订立和解除劳动合同的情况、劳动者工作时间和休息休假的情况、支付劳动合同约定的劳动报酬和执行最低工资标准的情况、参加各项社会保险和缴纳社会保险费的情况进行监督检查。因此，地方行政部门应据此对本行政区域内乡村医生的劳动合同制度实施监督管理，监督乡村医生聘用主体是否与乡村医生依法订立和解除劳动合同，是否按规定执行工作时间和休息休假制度、支付劳动报酬、执行工资标准以及参加社会保障。课题组发现，在实际情况中，相关部门监管的范围仅包含卫生、药品、物价等方面，少有涉及劳动合同；对乡村医生聘用合同实施的监督就更加微乎其微了。监管不到位，导致各种违规合同通过监管漏洞产生，乡村医生合法的劳动、工资、福利等权利受到损害，但乡村医生不知如何就此损害请求赔偿，最终乡村医生对职业的认可度渐渐降低，离"无人可聘"愈来愈近。

4. 对策

4.1 加强相关法律的宣传及对合同双方进行法律知识培训

到目前为止，全国各地已经有许多乡村医生接受过县级及村级卫生部门的法律培训。但培训内容局限于《乡村医生管理条例》《医疗废物管理条例》等内容，旨在规范乡村医生的行医活动，打击非法行医行为，培训内容有所缺失。因此，除了卫生部门的培训，乡村医生还要接受当地劳动行政部门有关《劳动法》《劳动合同法》等法律法规的培训，并认识到自己在聘用合同中应履行的义务及享有的权利。相应的，乡村医生的聘用主体也应该接受当地劳动行政部门的法律培训，明确自己身为合同一方当事人应尽的义务，以及负有违约赔偿的责任。课题组建议以法律的形式，通过设置分配权利义务，提高双方法律意识，规范合同双方当事人的行为。

4.2 加强乡村医生聘用的立法和监管工作

乡村医生的聘用与村民的日常生活息息相关，涉及村民的利益，因此在国家层面，乡村医生的遴选应按照《村民委员会组织法》第 24 条的规定，经村民会议讨论并决定后，方可聘用。在省级层面，北京市卫生局、农委、劳动保障局、财政局和中医局在 2007 年 7 月发布的《关于建立健全乡村医生社会养老保险制度与基本待遇保障机制的意见》中要求建立乡村医生养老保险制度。除此之外，在"规划设岗、优先聘用、统一标准"的基础上，积极发挥乡村医生的作用，规范乡村医生待遇，满足乡村医生的需求，提高乡村医生的职业吸引力，使优秀的医药卫生人才自愿从事乡村医生的职业，献身于乡村医药卫生事业。在基层方面，北京市密云县卫生局制定的实施意见规定了乡村医生的聘任程序：①乡镇政府按行政村人口数量提出乡村医生聘用计划；②有受聘意向的卫生人员向村民委员会（以下简称"村委会"）提出书面申请，村委会将名单上报乡镇政府，乡镇政府汇总后上报卫生局；③卫生局进行乡村医生任职资格审核，并将符合条件的人员名单发至各乡镇政府，由其通知各村委会；④经村委会同意，村委会与拟聘乡村医生签订聘用协议并备案。[5]

在监管方面，可以借鉴古巴的经验。古巴的人民权力代表大会具有监督权和决策权，各级医院、诊所、教育培训中心直接向各级人大负责。公共卫生部和国家级医疗机构受全国人大的领导和监督。人大有权制定和修改卫生计划，对本级医疗卫生机构实行人事调整。为保证监督执行提议的反馈灵敏与责任到位，群众组织和卫生委员会协助完成医疗服务工作的监督与决策。[10]各级权力机关直接领导监督各级医疗机构，使相关法律政策能有效地施行，监管有力，从侧面保障了聘用合同的正常履行，极大地减少了不规范现象的产生，使之无漏可钻。课题组建议，可以借鉴其经验，这样乡村医生的权益就能得到最大程度的实现。

4.3 提高乡村医生的待遇

对乡村医生实行合同制（聘用制）管理，由乡镇卫生院与乡村医生签订聘用合同，建立劳动关系，使乡村医生的合法权益受《劳动法》保护，如此其待遇也能得到保障。按照同工同酬的原则，乡镇卫生院应根据乡村医生的业务收入、完成公共卫生服务的质量、工作年限、职称及综合目标考核等为其发放工资，落实与乡镇卫生院工作人员同样的医疗、失业、养老等保障。[11]在此方面可以借鉴印度对待乡村医生的保障政策，为吸引受过良好教育的医生和医学生到农村基层服务，印度政府为在初级、社区保健中心的医生和主要工作人员提供住宅和充足的住房补贴，并且在初级保建中心服务的医生还享有接受继续医学教育的待遇。[12]加拿大和澳大利亚等发达国家也采取了各种措施对乡村医生提供财政刺激，如解决搬迁问题、偿还贷款等。但上述措施只能在短期内解决问题，若想从根本上解决问题还需要其他方法，如当地社区支持和技术专业支持，缩小收入差距和多方面筹集资金等。[13]印度、加拿大、澳大利亚诸国对乡村医生的政策均集中于加大财政投入，解决住所问题，保障收入，支持其继续教育。中国亦可适当加大对乡村医生的财政支持力度，提高待遇，减少乡村卫生人才的流失，鼓励受过良好教育的医生和医学生到乡村基层服务。

5. 结语

　　课题组认为，乡村医生聘用问题，非一朝一夕所能解决，这要求我们加快医疗卫生事业改革进程，完善相关法律制度，坚持依法治国，使乡村医生的聘用法治化。尽管目前存在很多问题，前景依旧模糊，但政府有决心、有毅力，社会各界大力支持，借鉴国外先进的做法，汲取过去的经验教训，一定能切实解决乡村医生聘用问题，保障乡村医生的权利，促进该制度不断完善，在法治道路上愈走愈远。

参考文献：

　　[1] 叶建平、李劲峰、吉哲鹏："偏远岗位无人问津'空壳村室'屡见不鲜"，载《经济参考报》2011 年 6 月 10 日，第 7 版。

　　[2] 田疆等："中国乡村医生队伍的现状与发展"，载《中国卫生事业管理》2012 年第 2 期。

　　[3] Dinsa Sachan, *India looks to a new course to fix rural doctor shortage*, The Lancet, 2013.

　　[4] 冯珊珊："乡村卫生服务一体化管理实施现状及问题分析"，载《中国初级卫生保健》2012 年第 11 期。

　　[5] 陈秉喆等："北京市 M 县乡村医生聘任制管理存在的问题与思考"，载《医学与社会》2014 年第 5 期。

　　[6] 马进：《国际卫生保健》，人民卫生出版社 2013 年版。

　　[7]《国务院关于印发医药卫生体制改革近期重点实施方案（2009～2011 年）的通知》（国发〔2009〕12 号）。

　　[8] 张自宽、赵亮、李枫："中国农村合作医疗 50 年之变迁"，

载《中国农村卫生事业管理》2006 年第 2 期。

[9] 王君平、王明峰、张志峰："村医老了谁接班"，载《人民日报》2015 年 5 月 8 日，第 19 版。

[10] 马进：《国际卫生保健》，人民卫生出版社 2013 年版。

[11] 郑旭："村医难当"，载《民生周刊》2013 年第 8 期。

[12] 张文镝："独具特色的印度农村医疗保障体系"，载《上海党史与党建》2009 年第 8 期。

[13] Shankar P R, "Attracting and retaining doctors in rural Nepal", *Rural and Remote Health*, 2010, 103.

乡村医生多点执业的法律思考

马晓娜　　吴昱航　　刘炫麟

1. 乡村医生多点执业的现状

1.1 村级医疗资源分布不均衡

首先，我国乡村人口众多，占全国人口的 45.23%；而根据国家卫生计生委最新统计数据显示，截至 2014 年年底，我国乡村医生共有 985 692 人。[1]对比近几年的统计数据，我国乡村医生人数连续 4 年呈现下降态势，每 1000 农村人口中乡村医生的人数同样在持续下降。换言之，如今不足百万的乡村医生却要提供 6 亿多人口的基础医疗服务。在这种配比下，想要真正满足村民基本医疗卫生服务的需求几乎是不可能的。并且，不单单是乡村医生人才的减少，村卫生室等乡村基本医疗机构也在减少。截至 2014 年底，我国村卫生室合计为 645 470 个，较上几年而言，同样在下降。尤其是村办卫生室，数量由 2013 年的 371 579 个下滑到 2014 年的 349 428 个。乡村医生人数的减少以及村卫生室数量的下滑，均影响了村级医疗卫生服务的实效。

其次，我国村卫生室的资源存在着不均衡的问题。对于乡镇卫生院所在的行政村，虽然大部分省市的规定表示原则上不再设置村卫生室，但现实中依旧有大量的乡镇卫生院所在村设置着村卫生室，存在着大量的资源浪费。同时，就全国而言，依旧有大量的"空白村"存在。例如，2013 年 1 月 20 日，江西省卫生厅发布了《关于村卫生室实施基本药物制度进展情况的通报》，该通报指出："全省无村卫生室的行政村数量为 94 个。其中九江市有 12 个，景德镇有 4 个，新余有 12 个，鹰潭有 2 个，上饶有 16 个，吉安有 48 个。"[2] 而对于设置了村卫生室的行政村来说，村卫生室的位置也有偏移的现象。受各种因素的综合影响，一些行政村尽管设置了卫生室，但没有设在村的中心或者相对中心的方位。这导致一些行政村的不同居民在就医的便捷与多样性上存在明显差异，尤其是在当前农村常住人口以老弱病残为主和一部分行政村交通不便的情况下，更是雪上加霜。

最后，就我国现有的乡村医生的队伍来说，其水平也是参差不齐。截至 2014 年年底，我国村卫生室人员中拥有执业助理医师证的共计 304 343 人，仅占 23.59%，而这些乡村医生却肩负着中国 45.23% 人口的基本医疗服务。

1.2 乡村医生出村出诊现象普遍

城市医生大部分集中在医院，除去定点支援或者有出诊任务，城市医师绝大部分都是在医疗机构坐诊，与患者的交流只在医院中进行；但乡村医生则不同，他们不单是坐诊，还有着大量的出诊。乡村医生不单单是有着医生的身份，同时也是这个村的村民，村庄不仅是他实施医疗行为的执业地点，也是其生活的地方，并且，乡村和乡村的联系较城市更加紧密，不同的村庄并没有很明显的界限，在管理中也没有明确的差别，而且附近村庄的村民也大多有联姻关系。在这种熟人社会中，乡村医生出村出诊的现象非常普遍。

2004 年施行的《乡村医生从业管理条例》（以下简称《条例》）第 13、14 条规定，乡村医生只能在一个村医疗卫生机构执业，若是超出执业范围或者在其他村卫生医疗机构执业，应当及时依法办理变更执业注册的手续。《条例》第 40 条规定了乡村医生超出执业地点执业的法律后果："乡村医生变更执业的村医疗卫生机构，未办理变更执业注册手续的，由县级人民政府卫生行政主管部门给予警告，责令限期办理变更注册手续。"

对于并没有办理执业注册地点变更登记的乡村医生来说，出村出诊显然已经违反了《条例》中关于执业地点的限定，对于乡村医生出村出诊的规制依旧是空白。大部分乡村医生出村出诊都是暂时性的，没有因此变更执业注册地点的必要，但完全遵从规定仅在本村出诊并不现实。因此《条例》第 40 条便形同虚设，在法律适用中很难起到作用，但抛开第 40 条，实践中并没有相关条款对乡村医生出村出诊进行规制和管理。

1.3　乡村医生多点执业限制明显

目前，《执业医师法》及《医师执业注册暂行办法》、卫生部办公厅《关于扩大医师多点执业试点范围的通知》（卫办医政发〔2011〕95 号）等规范性文件，对医师的多点执业作出了规定。2015 年 1 月 12 日国家卫生计生委等五部委联合印发了《关于推进和规范医师多点执业的若干意见》（以下简称《意见》），就医师多点执业问题作出了详细的规定，而且目前全国大部分地区都开始积极地推进医师多点执业的试点工作。可以说，医师多点执业正在不断推进。但是这些法律法规几乎都局限于城市医师和大型医院，对于乡村医生及村卫生室几乎未涉及。

由于我国城乡之间明显而巨大的差异，目前针对城市医师多点执业的政策法规，对于乡村医生来说很难适用。就多点执业人员的遴选来说，即便现在国家已经对医师多点执业开了"绿灯"，但在《意见》中，对于申请多点执业的医师的要求是："应当具有中级及以上专业技术职务任职资格，从事同一专业工作满 5 年；身体健康，能够胜任医师多点执业工作；最近连续两个周期的医师定期考核无不合格记录。"而截至 2014 年底，我国乡村医生中拥有助理医师资格的还不足四分之一，很少有人获得中级以上专业技术职务。这就意味着，乡村医生在我国现有的法律体系下，是无法实现多点执业的。

2. 目前乡村医生多点执业的问题

2.1 对乡村医生和村卫生室的管理模糊

在乡村施行"乡政村治"体制后，乡村医生和村卫生室的地位逐渐变得尴尬。多数村干部当选后，很难像当初承诺的那样重视乡村医生和村卫生室的发展，主要原因在于这一事业的开展不仅在村委会的收入分配上毫无获益（大部分村卫生室实行独立核算），反而需要承担一定的责任与风险（部分省市将村委会主任作为村卫生室的法定代表人）。[3]尤其对于一些经济发展较为缓慢的乡村来说，村干部更是将精力放到了如何更好地创收上，而医疗卫生服务这种短期内很难有显著提高的项目，村委会的关注程度自然会降低。并且村卫生室所有制多样化的模式，加之目前村卫生室的管理界限本就模糊不清，使得村委会更加不受重视。2012 年 12 月，卫生部等五部委联合颁发了

《关于农村卫生机构改革与管理的意见》。该文件指出，村卫生室"可采取村民委员会办、乡（镇）卫生院办、乡村联办、社会承办或者有执业资格的个人承办等多种形式举办"。虽然卫生部已经将多种形式的村卫生室纳入管理，但仍旧无法解决乡村医生和村卫生室管理中存在的问题，反而引出了一系列不相吻合的问题：第一，由于医疗事业的特殊性及专业性，乡村医生和村卫生室需要乡镇医院进行技术上和专业上的指导；并且乡村医生和村卫生室的管理也有别于普通日常事务的管理，同样需要乡镇医院的支持。但需要注意的是，乡镇卫生院并没有管理乡村医生和村卫生室的职责和义务。第二，在乡镇医院的不断介入中，村委会的管理职能在不断压缩，虽然村委会直接领导村卫生室，却出现了几乎不再过问的情况。因此，现实中大部分村卫生室的资金筹措均由乡村医生自己解决。在这种乡镇医院和村委会管理职能交叠不清的状况下，乡村医生和村卫生室的发展无疑会受到限制。

2.2 乡村医生执业地点选择的功利性

由于现在大部分村卫生室需要自负盈亏，所以现在的乡村医生无法像以前一样不为生计发愁，进而导致了乡村医疗服务的公益性渐失。2001年5月24日国务院体制改革办公室等部门颁布的《关于农村卫生改革与发展的指导意见》指出："乡镇卫生院、村卫生室为非营利性医疗机构。农村非营利性医疗机构的医疗服务价格执行政府指导价，营利性医疗机构的医疗服务价格放开。"该文件明确指出村卫生室为非营利机构，具有公益性。而现实中，在如今的"乡政村制"体制下，许多乡村医生如果仅靠政府补助，是无法维持生计的，村卫生室也是很难支撑下去的，甚至无法满足基本医疗服务的要求，有的村卫生室的医疗器械只剩下听诊器、血压计、体温计了。乡村的经济本就不如城市发展迅速，而村委会对筹集资金又不重视，无法保证足够的补助和投入，大部分的乡村医生不得不自主经营，自负盈亏。在这种情况下，即便政策上规定村卫生室并非营利性机构，但是村卫生室为了能够维持下去，或多或少都会有创收营利的意愿，其公益性渐失。在这种情况下，乡村医生执业地点的选择自然会趋向功利性。

其次，《意见》第8条规定："国家鼓励取得执业医师资格或者执业助理医师资格的人员，开办村医疗卫生机构，或者在村医疗卫生机构向村民提供预防、保健和医疗服务。"由此可知，具有执业医师或执业助理医师资格的人员，在开办村医疗卫生机构或在其中行医时，有自主选择执业地点的权利。鉴于多方面的考虑，乡村医生在取得执业资格后都会趋向于在自己原籍执业，以谋求较大的利益。其原因主要在于：第一，在原籍执业，周围的环境较为熟悉，乡村医生便于利用人缘和地缘的优势。在家族观念比较浓厚的乡村选择原籍执业不但可以依托自己的家族，还可以为自己的家族争光。第二，在原籍执业，乡村医生不仅可以依法行医，还可以照顾到家庭、耕种等，除了疾病高发季节，基本可以做到行医务农两不误。第三，若去外村行医，可能会有村民的不信任、村委会沟通的不便、医生对村民健康状况的不熟悉以及对外村人的歧视等多重问题。第四，由于受到历史文化等方面的影响，还会在社会生活中产生乡村医生分布重叠、偏移甚至空白的问题，致使乡村医生呈现出不均衡的分布状态，影响了农村居民获取基本医疗卫生服务的公平性和可及性。

2.3 乡村医生人才队伍后继乏力

第一，在我国，目前乡村医生的收入主要来自于三个方面：农副业收入、医疗收入和预防保健收入。这三方面的收入，因不同的地区、不同的经济水平而存在着较大的差异。经济发达地区的乡村医生的收入，可能是贫困地区乡村医生的几倍甚至几十倍之多。而且随着新一轮医疗卫生体制改革的进行，公共卫生服务均等化、基本药物制度逐渐实施，乡村医生从销售的药品差价中获得的收入减少，而这部分收入占到了乡村医生全部收入的80%～90%。[4]政府的各种补助未能及时跟上医改的脚步，也使得乡村医生的整体收入逐渐减少。尽管目前我国大部分的省、自治区、直辖市都制定了有关乡村医生补助的公共卫生服务补助政策，但是由于各地区的补助的方式、来源、配套的措施和各地的经济水平不同，补助政策在实施过程中未能真正贯彻实施，出现了诸如补助不及时、实际补助偏低、补助无法完全落实到村一级的问题。而且，乡村医生队伍普遍缺乏养老保障。目前仅有上海、江苏、北京等地初步建立了乡村医生的养老保险制度，大部分地区都尚未建立乡村医生养老保险制度。[5]收入的不稳定性、收入水平较低和缺乏养老保障，大大地降低了乡村医生队伍的职业吸引力。

第二，乡村医生的发展空间不足也极大地限制了乡村医生队伍的发展。不管是以前还是现在，乡村医生的实质身份始终是农民，仍未进入到国家的体制之内。在执业医生群体中，乡村医生无疑处于金字塔的最底端。不少医生把乡村医生看作是专业技术差的代名词，歧视乡村医生。县级医院和乡镇卫生院都在国家体制内，其医护人员的身份是公职人员，不仅待遇方面比乡村医生更好、更有保障，发展空间也相对畅通。从医士

（药士、护士、技士）到医师（药师、护师、技师），到主治医师或主管医师（主管药师、主管护师、主管技师），到副主任医师（副主任药师、副主任护师、副主任技师），再到主任医师（主任药师、主任护师、主任技师），城市医生有着比较明确和畅通的发展空间。相比之下，乡村医生则不论其技术和经验如何，均不存在职务和晋升职称的差别，所以乡村医生的身份级别上并不存在差异，晋升空间也十分受限。[6]而且现在的医学生和医疗人才，在如今社会生活压力和社会观念的影响下，为了寻求更广阔的发展空间和更高的生活水平，会更倾向于选择大型医院或者城市医疗机构就业。而乡村医生由于发展空间的狭小，自然不在绝大部分专业医学人才的选择之中。

2.4 部分村卫生室和乡村医生的医疗服务难以充分发挥

从目前乡村医生的配置比例看，基本实现"每村卫生室至少一名乡村医生"的要求。并且，就各省的政策文件来看，绝大部分是依照人口比例来配备乡村医生的。[7]虽然这种依照人口比例来进行配比的方式最为普遍，但也不能一概而论。我国乡村分布广泛，其地理位置、人文风土有着诸多不同，依照同一种方法来配置乡村医生并不合适。并且，目前国家政策文件中只有"每村卫生室至少一名乡村医生"等类似这样比较模糊的规定，对于究竟需要多少乡村医生并没有明确的规定。对于山区地区的乡村医生来说，每个村的村民生活分散，加之山路难行，一个乡村医生显然难以应付。随着国家基本公共卫生服务工作的不断推进，乡村医生工作重心逐步向提供公共卫生服务转移，而公共卫生服务的提供，更多依靠团队作业，这与当前乡村医生单打独斗的服务模式不同。因此，探索符合乡村医生新型服务模式的人员配备数量及技能组合方式，至关重要。[8]

2014 年 6 月，卫生计生委等五部委联合印发了《村卫生室管理办法（试行）》，其中包含了乡村卫生室的建设规格、基本设备等诸多内容。不少地方也建起了新的村卫生室，但对于一些老村医来说，现代化的诊疗设备还很陌生，他们依旧靠着自己的经验来诊断治疗，把设备撂在了一边，并没有真正地利用。而且，对于经常出诊的乡村医生来说，那些比较笨拙难以携带的机器所起的作用远远达不到城市的标准。

乡村医生培训的效果也没能得到充分发挥。从调查结果可以看出，目前的乡村医生培训是由县级卫生行政部门组织的，集中在县卫校和县级卫生机构，以获得学历或行医资格为主要目的，并以学校培训为主、网络和临床培训为辅的一种短期的职业教育。[9]既然是以获得学历为主要目的的培训，其培训的内容难免比较死板，实用价值较低；仍沿用生物医学模式指导下的学历教育培训模式，只注重专业知识培训课程，缺乏与时代相适应的边缘学科如信息技术、文献检索等课程的培训；只注重理论讲授，缺乏临床实际操作技能的培养。[10]有的医生培训了好几次却仍不会用现代的诊疗设备。乡村医生与在校的医学生不同，对于已经有行医经验的乡村医生来说，培训的实用性显然更加重要。对于理论培训，不少医生就是在走过场，考核也相对简单。这种情况下，培训资源未能得到充分利用，与预期的效果还有较大的差距。

3. 对策建议

3.1 加大政府的重视和投入

首先，加大政府对于村卫生室的设施建设，更新和完善村卫生室的医疗设备等硬件条件，为乡村医生多点执业提供物质基础。《村卫生室管理办法（试行）》中明确规定："村卫生室是农村公共服务体系的重要组成部分，是农村医疗卫生服务体系的基础。各地要采取公建民营、政府补助等方式，支持村卫生室房屋建设、设备购置和正常运转"，"村卫生室房屋建设规模不低于 60 平方米，服务人口多的应当适当调增建筑面积。村卫生室至少设有诊室、治疗室、公共卫生室和药房"。对于村卫生室建设的地点，应当选择在村庄较为中心的地带，以方便村民就医。政府通过建设和升级村卫生室，便于乡村医生进行多点执业，可以减少基层卫生医疗服务网络中空白村的存在，促进农村医疗资源更好地发挥作用。

其次，政府还要加大对乡村医生的补贴。2014 年下发的《村卫生室管理办法（试行）》中提出"建立健全村卫生室补偿机制和绩效考核制度，保证村卫生室人员的合理待遇"。在具体的补贴机制方面，课题组建议由基础补助（按照乡村医生的等级）＋绩效补助（按照服务的数量和质量等）的方式进行补贴。由各级卫生行政部门将辖区内的乡村医生按照统一的标准划分为初级、中级和高级，不同级别的乡村医生享有不同数额的基础补助。并且根据乡村医生服务的数量和质量，按照一定的标准，向乡村医生发放绩效补贴。补贴的具体数目由各地政府根据当地的经济水平协商确定，并建议由省、自治区和直辖市的政府承担一部分。[11] 在补助项目方面，可以参照《村卫生室管理办法（试行）》和《关于进一步完善乡村医生养老政策提高乡村医生待遇的通知》的规定，进行公共卫生补助、专项补助和基本药物补助等，做到既有差距又不悬殊，充分调动乡村医生的积极性。通过给予乡村医生足够的补贴，保障他们的基本生活，可以激发乡村医生对于执业的积极性，激发乡村医生对于多点执业的热情，促进乡村医生多点执业制度的推广和发展完善。

3.2 完善法律法规和政策

首先，要明确村委会和乡镇卫生院与村卫生室的关系，细化对村卫生室的管理。应明确村委会对村卫生室的属地管辖权，村委会应当对于村卫生室建设而所需的土地房屋及设施等提供便利。并且，鼓励村委会根据自身的经济状况对村卫生室的建设发展提供资金支持和组织捐款。县级卫生部门应当重视村卫生室的建设和发展，对其进行专项拨款和补助。乡镇医院应对村卫生室提供技术支持和指导，并为乡村医生的培训提供条件。其次，对于乡村医生的资质评级制度也应逐渐建立。由于乡村医生和城市医生所面对的环境和医疗的范围有诸多不同，建议设立专门的乡村医生评级体系。对于乡村医生的在职进修考核也应执行统一的标准。同时考虑到各地常见病、多发病的差异和人口比例的因素，应对不同地区的乡村医生进行更有针对性的培训和考核。

对于乡村医生的多点执业，要在政策上予以支持。通过修改现有的《乡村医生从业管理条例》或者开展乡村医生多点执业试点，在考虑距离成本的前提下，允许优秀的乡村医生在自己现有执业地点周围再申请数个执业地点，将乡村医生的服务范围以一点为中心向外辐射。对于乡村医生从业地点的选择，允许多个乡村医生申请同一地区，也支持乡村医生注册多个执业地点，从而形成网络性医疗服务，鼓励乡村医生开展合作性医疗服务。同时建立乡村医生多点执业的准入制度，以及较高的乡村医生多点执业的技术标准，也就是只有符合资格的医生才可以开展多点执业，从而改善乡村医生水平参差不齐的现状。

只允许有较高医德和技术的乡村医生进行多点执业，并进行登记注册，也便于相关部门进行管理。鉴于乡村医生与城市医师所面临环境的不同，乡村医生多点执业的准入门槛也同样不能照搬对城市医师的要求。第一，要考虑到乡村医生的执业年限。老医生对乡村情况的体会更加深刻，对于附近村民的健康程度也会更加了解。第二，设立进修并且成绩合格的乡村医生优先制度。作为医生，不单要熟悉病人的状况，对于较为先进的医疗方法也要有比较强的学习能力。这样有助于提高乡村医生的专业技术水平，推动乡村基本医疗的发展。第三，健全完善村民评价制度。相较城市医师来说，乡村医生与病人接触更加紧密。通过村民的评价，可以提高乡村医生竞争的积极性，提升乡村医生的整体素质。第四，建立明确的乡村医生多点执业的医疗风险评估和责任分担制度，确保有多点执业资格的乡村医生能够安心进行多点执业。

3.3 加强城乡医生之间的交流协作

首先，城镇医院应为乡村医生的在职培训提供机会，开展乡村医生实习临床工作，对乡村医生进行专门指导。其次，随着农村网络的普及，在有条件的村卫生室，可以充分利用网络，开展"互联网＋医疗"的尝试，采取远程医疗、网络教育等现代化方式，加强城市和乡村的联系，对乡村医生进行指导和技术支持，提高乡村医生的技术水平。通过组织对乡村医生的技术指导和培训，逐渐提高乡村医生的技术水平，增加乡村医生对于多点执业的自信，提升多点执业的质量，从而推动乡村医生多点执业制度的实现和顺利实施。

4. 结语

　　乡村医生和村卫生室是我国基层医疗卫生服务体系中的一支重要力量，承担着向农民群众提供基本医疗服务、预防保健、疫情报告、健康教育等工作任务。第四次全国卫生服务调查显示，全国农村地区58%的患者在村级卫生机构就诊，充分说明了乡村医生深受农民欢迎及其在基层医疗服务中的重要地位和作用。乡村医生多点执业能够将乡村医生的作用发挥得更加充分，然而在这之前，还有很长的一段路要走。

参考文献：

　　[1] 国家卫生和计划生育委员会：《2015年卫生统计年鉴》。

　　[2] 刘炫麟、鄢灵、徐张子航："农村卫生室均衡设置问题研究"，载《中国初级卫生保健》2014年第11期。

　　[3] 刘炫麟："'乡政村治'体制对乡村医生数量和质量及分布的影响"，载《中华医院管理》2014年第8期。

　　[4] 田疆、张光鹏、任苒等："中国乡村医生队伍的现状和发展"，载《中国卫生事业管理》2012年第2期。

　　[5] 田疆、张光鹏、任苒等："中国乡村医生队伍的现状和发展"，载《中国卫生事业管理》2012年第2期。

　　[6] 刘炫麟、王晓燕、李德龙："论首都农村卫生室乡村医生的执业资质"，载《中国农村卫生事业管理》2013年第3期。

　　[7] 李晓燕、孔辉、武宁等："我国乡村医生配置现状与相关研究特点"，载《社区医疗杂志》2013年第15期。

　　[8] 李晓燕、孔辉、武宁等："我国乡村医生配置现状与相关

研究特点"，载《社区医疗杂志》2013 年第 15 期。

[9] 何俊："乡村医生在岗培训现状与对策研究"，中国医科大学 2010 年硕士学位论文。

[10] 戴伟娟、颜世霞、雷嘉等："乡村医生培训模式改革的探讨"，载《中国卫生事业管理》2014 年第 2 期。

[11] 刘炫麟、周志勇、李天靖："乡村医生补助的现状、问题和对策研究"，载《卫生软科学》2015 年第 6 期。

村卫生室

下 篇

论新农合政策下政府、
村民与定点村卫生室之间的法律关系

——基于首都某地区 21 天的实地观察

刘炫麟　王晓燕

　　从新中国成立初期至今，中国的医疗卫生事业发生了翻天覆地的变化，人民健康水平不断提高，基本建立起遍及城乡的医疗卫生服务体系，世界卫生组织曾经赞誉"中国用最低廉的成本保护了世界上最多人口的健康"。由于我国农村人口众多，故农村卫生室与乡村医生在其中的贡献甚巨。回溯首都农村卫生室的演化历程，从 1965 年~1982 年赤脚医生依托于集体经济实行工分补助，到 1982 年之后集体经济开始解体走向个体制，实行自负盈亏，再到 2008 年政府采取购买部分村级基本医疗服务项目的方式核定支付村医的经济补助，均反映了国家在不同历史时期对农村卫生室的政策调整和价值取向。时至今日，首都农村卫生室法律问题虽然在实践中甚是凸显，但囿于各种原因，无论是法学界还是医学界，鲜有学者较为深入地关注并探讨。其中，在新型农村合作医疗制度中，政府、（就诊的）村民和定点卫生室之间的法律关系，就是一个亟须研究并予以澄清的重要理论问题。相信这一问题的解决必将对我国的实践操作大有裨益。

1. 政府与村民之间的法律关系

在新型农村合作医疗制度中，政府和村民是两个极为重要的主体。欲探讨二者之间的法律关系，我们需要先厘清一些基本的概念。

1.1 新型农村合作医疗制度和社会保险

新型农村合作医疗制度，简称"新农合"，是指由政府组织、引导、支持，农民自愿参加，个人、集体和政府多方筹资，以大病统筹为主的农民医疗互助共济制度，采取个人缴费、集体扶持和政府资助的方式筹集资金。我国于 2010 年制定的《社会保险法》第 2 章（医疗保险）第 24 条规定："国家建立和完善新型农村合作医疗制度。新型农村合作医疗的管理办法，由国务院规定。"社会保险是指劳动者因年老、疾病、伤残、失业、生育等原因丧失劳动能力和劳动机会时，国家为了保障其基本生活需要给予其一定物质帮助的制度。[1] 由此可见，我国是将新型农村合作医疗纳入到社会保险的领域，社会保险又属于社会保障法的领域，尽管经济法的范畴迄今为止仍未达成共识，但已有学者将社会保障法纳入到经济法的范例。[2]

1.2 新型农村合作医疗制度与普通的商业保险的关系

作为社会保险法范畴内的新型农村合作医疗制度，其与普通的商业保险之间既有联系，亦存区别。

1.2.1 新型农村合作医疗制度与普通的商业保险的联系

第一，无论是新型农村合作医疗制度还是普通的商业保险，其都实行自愿原则，投保人根据自身的实际情况做出判断，这与城镇职工的医疗保险等社会保险不同，因为后者是强制性的，不允许当事人作出选择。第二，无论是新型农村合作医疗制度还是普通的商业保险，其保险的对象均是一切愿意投保的社会成员，尽管在实际的制度运行中，有些地方政府为了追求某种目标而强制村民参与，但这并不能因此而抹杀了这项制度本身的设计初衷。

1.2.2 新型农村合作医疗制度与普通的商业保险的区别

首先，保险性质不同。新型农村合作医疗具有社会保障的性质，是国家对劳动者承担的一种社会责任，具有非营利性；普通的商业保险是商业保险公司进行经营，以营利为目的的商业活动。其次，保险费用负担不同。新型农村合作医疗的保险费由村民个人、乡镇政府（有时村委会也参与出资）和国家三方共同分担，商业保险的保险费由投保人全部负担。最后，核销的机构不同。在新型农村合作医疗中，核销的机构是该地区的合作医疗管理中心，属于行政机构；而在普通的商业保险中，核销的机构是保险公司，属于商事主体。

1.3 该地区的实践与结论

根据北京市 2011 年度新型农村合作医疗制度实施方案，该地区人均筹资总额为 520 元。其中，市、县两级财政人均补助 385 元，镇财政人均补助 85 元，农民每人出资 50 元。对于农村五保户、最低生活保障对象及优抚对象参加新型农村合作医疗的，个人缴费部分由财政部门给予补贴。同时，该实施方案还对参加新型农村合作医疗的人员范围、门诊普通病的报销比例、住院报销的起付线和封顶线、门诊特殊病范围和报销比例、计划内分娩的报销、报销医疗费时需要提供的单据和证明、住院报销的比例等事项均作了规定。这些事项的内容多带有强制性，事前并未与村民协商，类似于合同法上的格式条款。由此可见，国家在人民社会保障方面起到了主导和调控的作用。因此，在国家推进新型农村合作医疗政策下，将政府与村民之间界定为一种经济法律关系是相对适当的。

2. 村民与定点卫生室之间的法律关系

在新型农村合作医疗制度中，最不具争议的就是村民（患者）与定点卫生室之间的法律关系，即医疗服务合同关系。关于这一定性，既适用于定点卫生室（即纳入政府购买服务的村卫生室），亦适用于个体卫生室（即非纳入政府购买服务的村卫生室）。二者之间的差别仅在于，前者可以享受一定比例的费用报销优惠，而后者只能由村民自担费用，不享受报销优惠。本文所要探讨的是前者。在医疗服务合同法律关系中，前来看病的村民和定点卫生室是合同法律关系的主体，乡村医生提供医疗服务的行为是合同法律关系的客体。前来看病的村民，主要的合同义务是针对乡村医生提供疗服务的行为支付相应的价款，主要权利就是得到法律或者其他规范要求乡村医生提供的服务；村卫生室的权利义务也是明确的，其权利是收取相应的服务费用，而义务则是按照法律或者相关的诊疗规范谨慎地为村民提供医疗服务。当然，这是在没有其他因素或者力量介入的情况下对双方权利和义务所做的初步配置。但在实地考察中我们发现，政府为了使村民的报销更为便捷，村民在定点卫生室看病之后，不需要持相关单据亲自报销，其在前往村立卫生室看病拿药之时就直接减免了（当地俗称"直报"）。这一操作模式的问题在于，由定点卫生室或者村医先行垫付参加新农合村民的医药费用，是否存在一个足够充分且正当的理由？因此，接下来我们有必要探讨和求证定点卫生室和政府之间存在何种法律关系。

3. 定点卫生室与政府之间的法律关系

在正式讨论定点卫生室与政府之间的关系之前，我们不妨先行考察该地区的实际情状，这或许有益于对这一法律关系的讨论。目前，北京市该地区的具体做法是，乡村医生先行垫付村民报销的门诊费用，乡村医生持相关单据交到乡镇卫生院，再由乡镇卫生院交到本（乡）镇合作医疗管理所初审、核定报销金额，然后交由区（县）合作医疗管理中心复审，复审无误后，区（县）合作医疗管理中心将报销款拨付给乡镇合作医疗管理所，由乡镇合作医疗管理所将报销款送达卫生院，乡村医生待下月取药时领取报销款。另外，定点卫生室已被政府购买了村级医疗服务，作为有偿的对价——政府对定点卫生室实行每月 800 元的补贴，其中乡村医生承担村级公共卫生职能的，每人每月补贴 400 元，承担常见病防治和为群众提供零差价药品职能的，每人每月补助 400 元。由此可见，政府与定点卫生室之间存在行政委托关系，定点卫生室从事的部分事务（如新农合报销）源于卫生行政机关的委托，而非基于法律法规的授权。[3]

4. 三种法律关系同时运行所产生的问题

通过对上述三种法律关系的分析，我们似乎很容易得出这样一个结论，即这三种法律关系的界定是清晰和自洽的，但当这三个方面的法律关系同时在新型农村合作医疗制度中运行时，就产生了一些比较现实的问题，比如说由于报销比例较低和报销范围较窄而导致该地区的村民参加积极性不高，受此影响，有些定点卫生室处于门可罗雀的状态。但应当明确的是，这些都不是最为根本的问题。笔者认为，最为根本的问题在于让乡村医生先行垫付新农合报销费用，挫伤了其工作的积极性，影响了农村卫生人力资源的后续补充，我们在此有必要作一个简单的分析。

正如前文所述，村民到定点卫生室看病，其享受的一定比例的费用报销优惠由村立卫生室（或者乡村医生）来承担，但乡村医生在乡镇卫生院取药之时是按照实价购进的，并没有直接将这一部分优惠费用减免掉。这就导致实践当中许多乡村医生感觉力不从心，因为他们之中的许多人并没有多余的资金购进药品，而且乡村医生们还存在着另外一个担忧，即购进的药品卖不出去或者过期失效的话，这些损失均需乡村医生自己承担，并没有其他的分担机制或者处理办法。笔者在实地观察和深入访谈中还发现，目前北京市的村医经济状况存在很大差别，定点卫生室和个体卫生室的情况也各不相同。但是就总体而言，受制于体制框架，定点卫生室之间的情况差别并不大，而个体卫生室之间的情况则相差悬殊，这不仅体现在门诊业务量上，而且体现在具体的经济收益上。因此，许多经济效益不佳的卫生室（尤其是个体卫生室）的乡村医生萌生退意。另外，一些乡村医生还开辟了一些副业，如开饭店、搞养殖、种果园等，这些副业的收入远远超出了"乡村医生"这一职业带来的经济效益，一部分乡村医生已经无力或者无暇顾及卫生室的工作，这在一定程度上也使得"乡村医生"这一职业黯淡无光、渐行消退。这些情状使得现有的一部分乡村医生已经不再依恋这一职业，也使得原本欲进入这一职业队伍的人员进行了重新考量，这无疑影响了现有农村卫生人力资源的稳定和后续的补充。

村卫生室作为农村三级医疗网的网底，承担着村民健康守门人的角色，倘若网底首先破损，那么国家医疗卫生服务的公平性和可及性就无法实现。因此，我们需要厘清政府、村民和定点卫生室三者之间的法律关系，使乡村医生从"困境"中解脱出来，首要的改革便是将乡村医生先行垫付新农合报销费用的负担转移给政府，理顺政府、村民与定点卫生室三者之间的法律关系，使之形成良性互动。

参考文献：

［1］ 符启林：《经济法学》，中国政法大学出版社 2009 年版。

［2］ 肖江平：《经济法案例教程》，北京大学出版社 2003 年版。

［3］ 张树义：《行政法与行政诉讼法》（第 2 版），高等教育出版社 2007 年版。

本文原刊载于《卫生软科学》
2012 年第 10 期，略有修改。

论我国农村卫生室与个体诊所的区别

刘炫麟　吕怡青　王晓燕　毕晓林　曹欣昕

1994 年 2 月 26 日颁布的《医疗机构管理条例》规定，医疗机构包括从事疾病诊断、治疗活动的医院、卫生院、疗养院、门诊部、诊所、卫生所（室）以及急救站等。在这些不同类型的医疗机构中，农村卫生室和个体诊所最容易使人产生混淆。为了澄清这一问题，本文从定位、执业、管理三个方面对二者进行全面阐述，并以此展现当前农村卫生室和个体诊所的管理体制与运行机制现状，以期为相关主题的研究提供借鉴与参考。

1. 定位

1.1 农村卫生室

农村卫生室是由集体或其他主体兴办，由政府统筹规划的非营利性、公益性的村级医疗卫生机构，是农村医疗卫生事业的重要组成部分。2001 年《国务院办公厅转发国务院体改办等部门关于农村卫生改革与发展的指导意见》指出，村卫生室为非营利性医疗机构。农村非营利性医疗机构的医疗服务价格执行政府指导价，营利性医疗机构的医疗服务价格放开。目前，卫生行政部门对农村卫生室颁发的是非营利性医疗机构执业许可证。2009 年 3 月 17 日发布的中共中央、国务院《关于深化医药卫生体制改革的意见》提出要进一步健全以县级医院为龙头、乡镇卫生院和村卫生室为基础的农村医疗卫生服务网络。农村卫生室作为农村三级医疗卫生服务网络的网底，在农村卫生工作中发挥着不可替代的基础性作用，在此执业的乡村医生实际上成了一定区域农村居民身体健康的守门人。21 世纪以来，我国各省市开始陆续实行村级医疗卫生服务项目政府购买政策，对承担基本医疗服务和公共卫生服务的乡村医生实行定额补助，在很大程度上补强了一部分农村卫生室的公益性。

1.2 个体诊所

个体诊所是指医疗服务所得收益用于开业者经济回报的医疗机构。[1]个体诊所依法自主经营，放开医疗服务价格，实行市场调节价，根据实际服务成本和市场供求情况自主制定价格，多是个人资金或者合伙、合资兴办的医疗机构。与农村卫生室相反，个体诊所是营利性组织，其实行自主经营，不享受政府的任何补助，主要通过向人们提供医疗服务和出售药品等方式来营利。目前，卫生行政部门对个体诊所颁发的是营利性医疗机构执业许可证。与农村卫生室拥有相对固定的服务群体不同，个体诊所在流动人员中保有较强的吸引力，往往成为其首诊或者首治机构。原因在于，我国目前实施的新型农村合作医疗制度和城镇职工基本医疗保险制度大多是基于户籍所在地或人事关系而建立的，彼此兼容性比较差，所以户籍所在地或人事关系在农村，但工作、生活在城市的流动人员就被排除在医疗保险体系之外，尤其在当前看病难、看病贵的现实情况下，流动人员更愿意在个体诊所诊疗。[2]

2. 执业

2.1 执业主体

2.1.1 农村卫生室的执业主体

2003 年 8 月 5 日颁布的《乡村医生从业管理条例》规定，本条例适用于尚未取得执业医师资格或者执业助理医师资格，经注册在村医疗卫生机构从事预防、保健和一般医疗服务的乡村医生。本条例公布之日起进入村医疗卫生机构从事预防、保健和医疗服务的人员，应当具备执业医师资格或者执业助理医师资格。因此，农村卫生室执业主体可分为两类：①尚未取得执业医师资格或者执业助理医师资格的乡村医生；②受 1998 年 6 月 26 日颁布的《执业医师法》调整的执业医师或执业助理医师。[3] 目前，前者占 85.69%，后者占 14.31%。

2.1.2 个体诊所的执业主体

2010 年 8 月 2 日颁布的《诊所基本标准》对诊所从业人员作了三项限定：①至少有 1 名取得执业医师资格，经注册后在医疗、保健机构中执业 5 年，身体健康的执业医师；②至少有 1 名注册护士；③设医技科室的，每医技科室至少有 1 名相应专业的卫生技术人员。2011 年 6 月 9 日发布的卫生部《关于开展有资质人员依法开办个体诊所试点工作的通知》中，对开办个体诊所的要求有所提高，要求申请开办个体诊所的医师除了满足上述条件外，还需具有副高以上专业技术职务任职资格且在二级甲等以上医院工作 3 年；对具有治疗某种疾病专长的中医，需要其治疗效果经临床验证疗效确切，并经县级卫生行政部门考试、考核合格以及市卫生行政部门批准，才能申办个体诊所。另外，由于诊所的种类较多，不同诊所对其执业医师的要求也不同。例如，中医诊所需要 5 年以上经验的中医师；民族医诊所需要至少有 1 名民族医医师和 1 名民族药药士。

2.2 建设标准

2.2.1 农村卫生室的建设标准

1994 年 9 月 2 日颁布的《医疗机构基本标准》规定村卫生室的建筑面积不少于 $40m^2$，至少应设有独立诊室、处置室和治疗室。2007 年 7 月 24 日颁布的《中央预算内专项资金（国债）村卫生室建设指导意见》指出，通过中央专项资金支持偏远、民族、边境、贫困及重大传染病和地方病流行地区的村卫生室，其建设面积不超过 $60m^2$，且不设置病床。这都是在国家层面上所做的原则性规定，实际上允许各省、自治区、直辖市在此基础上作适当的调整。例如，2009 年 4 月 3 日颁布的《海口市农村卫生室标准化建设实施方案》规定行政村人口基准线为 4000人，行政村人口数在基准线以下的卫生室建设面积为 $80m^2$，在基准线以上的行政村，卫生室建设面积为 $100m^2$。

2.2.2 个体诊所的建设标准

我国《医疗机构基本标准》规定个体诊所的建筑面积不少于 $40m^2$，且每室必须独立。此外，考虑到不同诊所需要的设备和就诊面积不同，该文件还作出了一些特别性的规定。例如，口腔诊所要求牙科治疗椅占地面积不少于 $25m^2$，每牙科治疗椅净使用面积不少于 $6m^2$；精神卫生诊所除需要满足建筑面积不少于 $40m^2$，且每室独立的要求，还需满足通风、采光、安全的要求。

2.3 服务

2.3.1 农村卫生室的服务内容与服务方式

农村卫生室是非营利性医疗机构，它承担着基本医疗和公共卫生两大服务职能。我国各省市对农村卫生室的服务内容作出了规定，大致包括以下内容：①承担、参与、协助开展基本公共卫生服务和重大公共卫生服务，包括但不限于预防接种、传染病控制、慢性非传染病防治、计划生育、儿童妇女老年保健、健康教育、信息管理和精神卫生服务等；②承担基本医疗服务职能，即利用适宜技术开展常见病、多发病的一般诊治，包括但不限于提供中医药服务，做好急重病人的初级救护、及时转诊和家庭康复指导；③承担上级卫生行政主管部门交办的其他卫生工作任务。部分省市对农村卫生室实行政府购买服务政策之后，纳入政府购买服务的农村卫生室仍然提供公共卫生与基本医疗两大服务，但对于那些没有被纳入政府购买服务的农村卫生室而言，其几乎只提供基本医疗服务，而很少提供公共卫生服务。[4]在农村卫生室执业的乡村医生通常能够做到为村民提供24小时的医疗服务，且一般不收取专门的出诊费，但调查显示，局部地区也存在收取一定出诊费的情况。

2.3.2 个体诊所的服务内容与服务方式

2010年8月2日颁布的《诊所基本标准》指出，诊所是为患者提供门诊诊断和治疗的医疗机构，不设住院病床，只提供易于诊断的常见病和多发病的诊疗服务。个体诊所靠提供医疗服务和赚取药品差价来营利，与农村卫生室相比，它不提供公共卫生服务，也不由政府统筹规划，不承担上级卫生行政主管部门交办的卫生工作任务。在服务方式上，个体诊所与农村卫生室相反，其实行坐诊制度，即每天开门等待患者上门寻医问诊，不外出诊疗。囿于城乡之间的差别，个体诊所多分布在城市或者城乡接合部，其医务人员因不熟悉患者的住处无法提供上门服务。因此，一般情况为人们来诊所就诊，告诉医师自己的症状或要求开某种药物，这样虽节省了人力与物力，但也使得个体诊所的功能向单纯药房的方向发展。

3. 管理

3.1 命名

3.1.1 农村卫生室的命名

全国各地对于农村卫生室的命名没有统一规定，以下介绍两种典型的命名方式：①将农村卫生室命名为：××（所在乡、镇、街道）××（所在行政村）卫生室。2010 年 10 月 8 日颁布的《西安市村卫生室建设标准》和 2012 年 8 月 22 日颁布的《重庆市村卫生室（所）管理办法》均要求以这种方式统一命名农村卫生室。②将农村卫生室命名为××（所在乡、镇、街道）××（所在行政村）××（乡村医生姓名）卫生室。

3.1.2 个体诊所的命名

个体诊所命名是××诊所（不加任何乡镇或者行政村的名称命名），这里的××是指人的姓名全称。在农村卫生室没有被规范命名的情况下，两者的命名不同之处在于农村卫生室名称上的人名不带姓氏，除非负责人的名字是两个字的，但个体诊所名称上的人名需要全名。

3.2 分类

3.2.1 农村卫生室的分类

按照不同的标准，农村卫生室可以进行多种分类，主要有以下三种：①按照诊疗科目分为以中医、西医、中西医结合三种农村卫生室；②按照产权形式分为公立农村卫生室、私立农村卫生室；[5]③按照举办主体分为乡村医生联办、个体举办、政府举办、集体举办、单位举办的农村卫生室。最后一种分类方式在 2011 年 7 月 2 日国务院办公厅《关于进一步加强乡村医生队伍建设的指导意见》中规定，村卫生室可以由乡村医生联办、个体举办或者由政府、集体或单位举办，经县级卫生行政部门批准后设立。

3.2.2 个体诊所的分类

个体诊所主要按照类别进行划分。个体诊所一般都是专科诊所，部分是全科诊所。而这些专科诊所根据其不同的专业可进行不同的划分。在《医疗机构基本标准》中规定了以下七种个体诊所，即中医诊所、中西医结合诊所、民族医诊所、口腔诊所、美容整形外科诊所、医疗美容诊所、精神卫生诊所。

3.3 税收

3.3.1 农村卫生室的税收问题

2000 年财政部、国家税务总局《关于医疗卫生机构有关税收政策的通知》规定，对非营利性医疗机构的税收政策为：①对于其从事非医疗服务所取得的收入（非医疗服务取得的收入是指租赁收入、财产转让收入、培训收入、对外经营饮食业收入等），应当按照规定征收各项税收；②其将取得的非医疗服务收入应用于改善自身医疗条件的部分，经相关税务部门的批准，可抵扣应纳税所得额，就其余额征收企业所得税；③对其自产自用的制剂，免征增值税；④药房分离为独立的药品零售企业，应按规定征收各项税收；⑤对其自用的车船、房产、土地免征收车船使用税及房产税。由于农村卫生室是非营利性医疗机构，因此也适用上述规定。

3.3.2 个体诊所的税收问题

2009 年 5 月 18 日发布的财政部、国家税务总局《关于公布若干废止和失效的营业税规范性文件的通知》废除了 2000 年发布的《关于医疗卫生机构有关税收政策的通知》中关于营业税的部分。为了支持营利性医疗机构的发展，修改后的《关于医疗卫生机构有关税收政策的通知》规定了如下税收优惠政策，对营利性医疗机构取得的收入，直接用于改善医疗卫生条件的，自其取得执业登记之日起，三年内给予下列优惠：①对其自产自用的制剂，免征增值税；②对其自用的车船、房产以及土地，免征收车船使用税、房产税以及城镇土地使用税。三年免税期满后恢复征税。由于个体诊所属于营利性机构，因此也适用上述规定。

参考文献：

［1］邱岚、胡元佳、王一涛："营利性医疗机构的发展现状及投资前景"，载《经济导刊》2011 年第 6 期。

［2］尹菁菁、周晓媛："基于私人诊所构建农民工门诊医疗保障体系"，载《现代预防医学》2009 年第 22 期。

［3］刘炫麟、王晓燕、李德龙："论首都农村卫生室乡村医生的执业资质"，载《中国农村卫生事业管理》2013 年第 3 期。

［4］吕兆丰、王晓燕、线福华主编：《吾土吾民——北京市怀柔区村卫生室实地研究》，北京燕山出版社 2011 年版。

［5］张西凡："山东省农村卫生室现状研究"，山东大学 2006 年硕士学位论文。

本文原刊载于《医学与社会》
2013 年第 10 期，略有修改。

首都农村卫生室民事主体类型研究

刘炫麟

2012 年 11 月 8 日，胡锦涛同志在做党的十八大报告时指出："健康是促进人的全面发展的必然要求。要坚持为人民健康服务的方向，坚持预防为主、以农村为重点、中西医并重，按照保基本、强基层、建机制要求，重点推进医疗保障、医疗服务、公共卫生、药品供应、监管体制综合改革，完善国民健康政策，为群众提供安全有效方便价廉的公共卫生和基本医疗服务。"在我国农村三级医疗卫生服务网络中，村卫生室处于网底，因此，在此执业的乡村医生实际上承担了护佑一方百姓身康体健的"守门人"作用。北京是我国的首都，是一个拥有近 2200 万常住人口的国际化大都市，尽管快速的城镇化进程使其农村人口已不足 300 万，但相较于其所占的 80% 以上的土地面积而言，农村卫生室的功用依然不可小觑。[1] 目前，尽管有关首都农村卫生室的法律问题较为凸显，但囿于各种原因，无论是传统法学界还是卫生法学界，均鲜有学者对其进行深入的探究。其中，首都农村卫生室在我国民事主体类型中应当如何定位，就是一个亟须研究并予以澄清的基础理论问题。为了更好地研究和解决这一问题，课题组在北京市某区县进行了为期 21 天的实地观察与深入访谈。

1. 现状描述

当前，农村卫生室与患者之间存在医疗服务合同法律关系不仅获得了学术界的理论认可，而且得到了行政以及司法部门的实践支持，一定程度上亦根植于普通民众的意识之中。因此，农村卫生室属于一种民事主体确属无疑。但有疑问的是，它在外延上应当归属于哪一类具体的民事主体。我国于1986年4月12日颁布的《民法通则》仅仅规定了自然人和法人的二元主体结构，[2]将个体工商户、农村承包经营户和个人合伙视为特殊的自然人，在司法实践中准用自然人的相关法律规则。后来，随着我国《著作权法》《专利法》《商标法》以及《合同法》的颁布，"其他组织"才逐步被认定为一种重要的民事主体。至于国家成为民事主体，一方面是因为其具有特定的功能，另一方面是基于理论上学术建构的需要，且国家仅在物权（例如所有权）取得、发行国债、政府采购、国家赔偿等特殊情形下成立[3]。

实地观察中发现，目前该地区的农村卫生室大致可以分为两类：一类是政府购买服务的农村卫生室，它们的名称通常被命名为"＊＊＊（行政村村名）卫生室"；另一类是非政府购买服务的农村卫生室，它们的名称通常被命名为"＊＊＊（村医姓名）卫生室"。但需要注意的是，实践中的情况可能更为复杂。例如，由于历史的原因，一部分非政府购买服务的农村卫生室仍继续使用"＊＊＊村卫生室"的牌匾，这就在外观标识上给社会公众造成一定的混淆。对于政府购买服务的农村卫生室而言，在其中执业的乡村医生每月享受国家800元补助，其中承担村

级公共卫生职能的，每人每月补助 400 元，承担常见病防治和
为群众提供零差价药品职能的，每人每月补助 400 元。除此之
外，乡村医生还被允许通过销售一部分（北京市各区县允许的
比例不一）非零差价的药品获得一定的收益。但实际上，由于
政府购买服务的农村卫生室都需要从本乡镇卫生院统一购进药
品，而乡镇卫生院给其配备的药品又多为零差价药品，因此在
政府购买服务的农村卫生室的药房里，实际陈列的多为零差价
药品。而按照相关政策规定，非政府购买服务的农村卫生室实
行自主经营、自负盈亏，既不享受政府补助，也不受进药渠道
和零差价药品配备比例的限制，只需满足法律规定的基本要求
即可。不过，课题组从对当地的村民访谈中得知，即便是一些
政府购买服务的农村卫生室，也出现了"多购进非零差价药品
而适当减少零差价药品"的现象，逐利倾向凸显。而一部分非
政府购买服务的农村卫生室更是通过压低成本（例如，从河北
省等周边地区的小药厂进药）的方式逐利，商业化氛围渐重。
此外，尽管卫生行政部门对政府购买服务的农村卫生室与非政
府购买服务的农村卫生室均颁发"非营利性医疗机构执业许可
证"，但在具体内容上仍然存在一定的差别。其中最大的差别体
现在，政府购买服务的农村卫生室在其执业许可证上的"法定
代表人"一栏通常填写的是属地行政村村委会主任的姓名，而
非政府购买服务的农村卫生室这一栏通常为空白。不过，无论
是政府购买服务的农村卫生室还是非政府购买服务的农村卫生
室，其执业许可证上的"主要负责人"一栏均填写的是乡村医
生的姓名。

2. 定位分析

2.1 农村卫生室不属于自然人

在我国，自然人包括普通的自然人和特殊的自然人两种，后者在现阶段主要是指个体工商户、农村承包经营户和个人合伙。其中，自然人在法律允许的范围内，依法经核准登记，从事工商业经营的，为个体工商户。农村集体经济组织成员在法律允许的范围内，按照承包合同规定从事商品经营的，为农村承包经营户。[4]农村卫生室首先不属于普通的自然人，因为普通的自然人是基于自然的生物规律而出生的人，而农村卫生室属于一个单位，一个物质实体，主要是依照相关法律规定经设立而产生的，显然不符合"基于出生"这一条件。另外，目前在农村卫生室执业的乡村医生大多只有一人，一个单一的普通自然人，不可能存在"主要负责人"的问题，因为从语言修辞学的角度考察，"主要"是相对于"次要"而言的。根据实地观察，无论是政府购买服务的农村卫生室还是非政府购买服务的农村卫生室，在其非营利性医疗机构执业许可证上均有"主要负责人"一栏，因此，不应当也不宜将其归属到普通自然人的领域。那么，农村卫生室是否属于个体工商户或者农村承包经营户呢？答案也是否定的。2011年11月1日实施的《个体工商户条例》第2条规定："有经营能力的公民，依照本条例规定经工商行政管理部门登记，从事工商业经营的，为个体工商户。"由此可见，我国法律将个体工商户的经营范围限定在工商业。与之不同，我国农村承包经营户的经营范围被限定为商品经营。目前，首都农村卫生室非营利性医疗机构执业许可证上的诊疗科目（即经营范围）被限定为"预防保健科/全科医疗科＊＊＊＊＊＊"，与个体工商户、农村承包经营户存在明显的不同。除此之外，在我国，无论是个体工商户还是农村承包经营户，其同为商事主体，其存在的目的主要是为了营利，而农村卫生室属于非营利性医疗机构，因此在性质上亦差别明显。我国的民事法律将合伙分为个人合伙和合伙企业，前者属于自然人的特殊形式，主要适用《民法通则》的相关规定；后者属于非法人组织，主要适用《合伙企业法》的相关规定。所谓个人合伙，是指两个以上的公民按照协议，各自提供资金、实物、技术等，合伙经营、共同劳动。前文已述，实地观察中发现，无论是政府购买服务的农村卫生室，还是非政府购买服务的农村卫生室，其通常只有一名乡村医生执业，只有在人口较多、规模较大的村庄，才存在同一卫生室有两名或者数名乡村医生同时执业的情况。因此，在我国目前的法律框架下，将农村卫生室定位为个人合伙，不仅不符合法律的定性（合伙具有营利性），亦不符合社会生活的实情（合伙具有人合性）。因此，农村卫生室不属于自然人。

2.2 农村卫生室不属于法人

根据我国《民法通则》第 36 条第 1 款的规定："法人是具有民事权利能力和民事行为能力，依法独立享有民事权利和承担民事义务的组织。"第 37 条规定："法人应当具备下列条件：（一）依法成立；（二）有必要的财产和经费；（三）有自己的组织机构和场所；（四）能够独立承担民事责任。"从法学理论上说，法人之所以被定位为一种独立的社会组织，乃是因为其存在三个方面的独立性，即人格独立、财产独立和责任独立。实地观察中发现，农村卫生室与在此执业的乡村医生在从事社会活动（包括民事行为）时常常难以区分，二者不仅在对内的财产所有上高度混同，而且在对外的人格表征上亦很难区隔。当然，对于政府购买服务的农村卫生室而言，其还是存在着一定的特殊性，即属于政府或者村委会提供的财产（如房屋、标配的医疗设备等）仍然是产权独立且清晰的。但在实践运行中，政府和一部分村委会对农村卫生室的资助却十分有限，大部分是乡村医生自己的投入并以此作为责任财产的一部分。另外，法人通常有自己的机关，而农村卫生室却没有任何组织机关，因此，农村卫生室不是法人。但倘若这一结论是令人信服的，那么逻辑悖论又随之而生，即：既然农村卫生室不是法人，又谈何在其非营利性医疗机构执业许可证上设置"法定代表人"一栏呢？实地观察中还发现，在有的农村卫生室营业执照上，其"注册资本"一栏写的是"三万元人民币"，而这一数额恰好是我国修订后《公司法》对有限责任公司的最低注册资本要求。根据我国《公司法》的相关规定，有限责任公司有两种形式，即普通的有限责任公司和一人公司。首先，农村卫生室不可能是一人公司，因为我国《公司法》对一人公司作了特别规定，即将其最低注册资本额调高至"十万元人民币"，所以农村卫生室"三万元人民币"的注册资本不符合法定要求。其次，农村卫生室也不能归入到普通的有限责任公司之中，因为普通的有限责任公司强调人的集合，要求发起人必须在二人以上，而农村卫生室的普遍形态是一人，因此也不符合法律的规定。最后，公司属于典型的商事主体，以营利为主要目的，而农村卫生室属于公益性的医疗卫生机构，因此很难将其纳入公司法人的范畴。因此，农村卫生室不属于法人。

2.3 农村卫生室不属于典型的非法人组织

非法人组织是指不具有法人资格，但可以自己的名义进行民事活动的社会组织。在现代社会中，存在大量的社会组织。这些社会组织中的一部分因具备了法定条件而取得法人资格，还有一部分以非法人组织的形式存在。大陆法系的民法对非法人组织的称谓以及类型作出了不同的规定。德国民法称为"无权利能力社团"，日本民法称为"非法人社团"或"非法人财团"，我国台湾地区的民法则称为"非法人团体"。学界有学者认为，团体是指为了一个共同的目的、利益而联合或组织起来的一群人，并不包括物或者财产的集合，也不包括由单个人建立起的组织体，如个人独资企业。因此，团体这一用语并不能包括社会生活中广泛存在的各种非法人组织体，从这个角度说，使用"非法人组织"要比使用"非法人团体"更为准确。[5]在我国，非法人组织包括非法人私营企业、非法人集体企业、非法人的中外合作经营企业、非法人的企业联营、企业集团、非法人的公益团体以及其他特殊组织（如筹建中的法人、债权人会议和清算组等）。通常而言，非法人组织具有以下六个方面的特征：①需有自己特定的经营范围；②需有能够由自己独立支配的财产或经费；③须设有代表人或者管理人；④需以非法人组织的名义进行民事活动；⑤不能独立承担民事责任；⑥须具有稳定的人合组织体。对于首都地区的农村卫生室而言，其存在特定的经营范围，即"预防保健科/全科医疗科＊＊＊＊＊＊"。并且，农村卫生室能够自己独立支配财产和经费。前文已述，在农村卫生室的营业执照上存在注册资金一栏，而这恰恰可以标识其原始的财产和经费。对于政府购买服务的农村卫生室而言，其存在（法定）代表人，对于非政府购买服务的农村卫生室而言，其存在（主要）

负责人（即管理人）。农村卫生室对外建立各种民事关系几乎均是以卫生室的名义，在乡村医生以个人的名义参与民事法律关系时，通常应将其作为普通的自然人来对待；仅在其从事职务行为时，可视为与使用村卫生室的名义具有相同的法律效果。最后，其不能独立承担民事责任。但在解释非法人组织的第六个特征之时，首都地区的农村卫生室却遭遇了解释上的障碍。因为近代民法认为，非法人组织是由多数人组成的组织体，而且这个组织体不是临时的、松散的，是具有稳定性的。相比之下，目前首都农村卫生室普遍的形态是一人在执业，似乎不能直接契合近代民法关于非法人组织是多数人集合的条件。但需要注意的是，理论需要随着时代的发展而发展，如此方能契合当今社会发展的实际需要。这正如传统民法将公司作为社团法人，进而强调社员的多数集合，但是现代公司法却突破了这一理论，在法律条文中增设了"一人公司"制度。

3. 结论

农村卫生室与国家相距甚远，显然不能将其纳入国家这一民事主体的范围，亦不直接符合自然人、法人、非法人组织这三类普通民事主体的特征和条件，相比之下，将其纳入非法人组织乃是在我国现行法律框架和规定下的最优选择。首先，根据北京市该地区卫生行政主管部门的要求，应"根据服务范围和服务人口确定乡村医生的聘用数量，原则上人口数在 1000 人以下的行政村配置乡村医生 1 名；1001～2000 人的行政村配置乡村医生 2 名；2001～3000 人的行政村配置乡村医生 3 名；3001～4000 人的行政村配置乡村医生 4 人；4000 人以上的行政村配置乡村医生 5 人"。很显然，对于存在 2 名及其以上乡村医生的农村卫生室而言，其可以解决"非法人组织"人合性的问题。但问题是，既然将其定位为非法人组织，那又为何在其非营利性医疗机构执业许可证上出现"法定代表人"一栏，这着实令人费解。实际上，这主要是因为有关部门对这一问题欠缺一个整体性的考虑所致，也是多头管理落下的"病根"。因此，课题组建议国家卫生行政部门取消农村卫生室非营利性医疗机构执业许可证上的"法定代表人"一栏，其"主要负责人"一栏亦应修改为"负责人"。令人欣慰的是，卫生部办公厅《关于推进乡村卫生服务一体化管理的意见》率先作出了改变，其规定："村卫生室的设置应当由能够独立承担民事责任的单位或者个人按照《医疗机构管理条例》和《医疗机构管理条例实施细则》有关规定申请，其法人代表根据国家有关法律法规承担相应的法律责任。……乡镇卫生院和村卫生室人员实行聘任制，建立能进能出的人力资源管理制度。选择具有一定管理水平和专业素质的人员担任乡镇卫生院院长和村卫生室负责人。"不得不说，这是一种巨大的进步。其次，将农村卫生室定位于非法人组织，亦契合于北京市现行"村卫生室隶属于行政村村委会"的政策规定，在理论解释上亦更为顺畅。

参考文献：

[1] 刘炫麟："论北京市乡村医生执业的资质、行为与风险"，载《中国卫生法制》2013 年第 3 期。

[2] 申丽凤："民法典应确立二元民事主体结构"，载《河北法学》2004 年第 11 期。

[3] 马俊驹、宋刚："民事主体功能论——兼论国家作为民事

主体"，载《法学家》2003 年第 6 期。

　　[4] 王利明主编：《民法》（第 5 版），中国人民大学出版社
2010 年版。

　　[5] 王卫国主编：《民法》，中国政法大学出版社 2007 年版。

本文原刊载于《中国卫生法制》

2013 年第 6 期，略有修改。

北京市农村卫生室药品管理存在的问题与对策

刘炫麟　毕晓林　王晓燕　吕怡青　曹欣昕

　　我国自改革开放以来，经济持续快速发展。相比之下，我国医疗卫生事业的发展则相对滞后，其中农村医疗卫生事业发展的问题尤为突出。村卫生室作为农村三级医疗卫生服务网络的网底，其在护佑农村居民身体健康和贯彻落实国家医疗卫生政策方面具有极为重要的作用，因此研究农村卫生室存在的问题并探析其解决途径，其重要意义不言而喻。首都医科大学课题组于 2012 年 5 月 25 日至 26 日、2012 年 7 月 16 日至 30 日采取抽样的方法对北京市的区县进行问卷调查和实地观察，共涉及 8 个乡镇 40 行政村，调研对象包括 23 名卫生院管理者、122 名医务人员、42 名乡村医生、407 位村民和 41 名村干部。本文主要对北京市农村卫生室药品的配备、购进、存储、使用四个环节中存在的问题进行归纳与梳理，并初步提出对策建议，以期进一步提高北京市卫生行政部门、相关单位以及乡村医生对农村卫生室药品管理的规范化水平，确保农村居民可以获得安全、有效、方便、价廉的基本医疗服务。

1. 政策背景与现状

1.1 政策背景

北京市于 2008 年开始实施"农村基本医疗卫生村级项目"政府购买政策,丰富了农村卫生室的分类,即在原先公立的农村卫生室与私立的农村卫生室、乡村医生个人举办的农村卫生室与集体举办的农村卫生室的分类基础上,增加政府购买服务的农村卫生室和非政府购买服务的农村卫生室的分类。具体而言,政府购买服务的农村卫生室承担村级公共卫生、基本医疗以及零差价药品两大服务项目,市、区两级财政对每位乡村医生每月拨付 800 元补助费。其中,乡村医生承担村级公共卫生职能的,每人每月补助 400 元,承担常见病防治和为群众提供零差价药品职能的,每人每月补助 400 元。非政府购买服务的农村卫生室不承担公共卫生和零差价药品销售职能,亦不享受政府补助,其实行自主经营、自负盈亏。由此可知,北京市对两类农村卫生室的药品配备要求是不同的。

为了降低患者的经济负担,增强药物的可及性,卫生部于 2009 年发布了《关于建立国家基本药物制度的实施意见》,规定:"政府举办的基层医疗卫生机构全部配备和使用基本药物,其他各类医疗机构也都必须按规定使用基本药物。"2011 年 7 月,国务院办公厅发布了《关于进一步加强乡村医生队伍建设的指导意见》,明确提出将农村卫生室纳入基本药物制度实施范围,执行基本药物制度的各项政策,实行基本药物集中采购、配备使用和零差率销售。2012 年 3 月,温家宝同志在其所做政府工作报告中明确提出:"国家基本药物制度在政府办基层医疗卫生机构实现全覆盖。"2013年2月，国务院办公厅《关于巩固完善基本药物制度和基层运行新机制的意见》指出，鼓励非政府办基层医疗卫生机构使用基本药物。在没有政府办基层医疗卫生机构的乡镇和社区，采取政府购买服务方式落实基本药物制度，确保每个乡镇、社区都有实施基本药物制度的基层医疗卫生机构。

1.2 现状

按照北京市的政策规定，由于政府不对非政府购买服务的农村卫生室进行补助，因此对其药品的配备几乎不作任何要求，导致非政府购买服务的农村卫生室的药品一般由乡村医生自行配备，加成销售（非零差价药品顺加15%、中药饮片顺加25%），基本药物相对较少。[1]

政府购买服务的农村卫生室，其配备的基本药物品种与数量差别较大，除基本药物外，每个农村卫生室还都配备数量不等的非基本药物，但比例通常低于50%，也有个别低于30%的情况。课题组在实地调研中发现，大部分农村卫生室配备的基本药物不符合当地的政策要求，不能满足当地农村居民的实际需要。大多数政府购买服务的农村卫生室从乡镇卫生院统一购进药品，但也有一部分农村卫生室从其他渠道（如小型的药品批发企业）自行购进一部分药品，有的甚至从一些游医药贩手中购买，无法提供合法的进货票据。[2]农村卫生室的药房一般设在乡村医生家中，也有一部分设在村委会提供的业务用房之中。一部分农村卫生室的建筑面积较小，没有达到北京市硬性规定的45m²的要求，设备、设施亦较为简陋，有的药房兼作诊室或治疗室，没有达到北京市硬性规定的诊室、治疗室、药房和宣教室四室分开的要求。一部分农村卫生室的药品码放混乱，无

"五防措施"（防火、防虫、防霉变、防燥、防挤压），个别农村卫生室甚至存在药品与杂物混放的现象。一部分乡村医生对药品并不进行定期检查，甚至超范围经营抗生素，造成抗生素的滥用，[3]有的乡村医生甚至不懂得药物的配伍禁忌，对一些特殊药品亦未按照有关规定操作。北京市某区县某乡镇的一位乡村医生就曾一次性给患者开了 100 片安定，患者全部服用后，造成药物中毒。

2. 存在的问题及原因分析

2.1 农村卫生室因失去集体经济支持导致其公益性受到挑战

改革开放之前，农村卫生室依托于人民公社这一集政治、经济于一体化职能的组织，得到其强有力的支持。改革开放之后，我国集体经济开始转向以家庭联产承包责任制为基础、统分结合的双层经营体制，这使得农村卫生室赖以生存的经济基础逐渐瓦解。与此同时，卫生部于 1980 年发布了《关于允许个体开业行医问题的请示报告》，该报告为个体行医提供了合法性基础，导致原来集体性质的农村卫生室逐渐演变成了自负盈亏的个体制农村卫生室。因此，对于北京地区的农村卫生室而言，尽管卫生行政部门为其颁发的是"非营利性医疗机构执业许可证"，但在现实中，一部分农村卫生室却表现出明显的营利性，非政府购买服务的农村卫生室更是如此。其中一个非常重要的原因在于，在农村卫生室执业的乡村医生不能获得政府的固定补助，进而导致其收入主要来源于基本医疗服务和药品的批零差价，这也是此类农村卫生室较多甚至全部配备非基本药物的缘故。政府购买服务的农村卫生室，尽管其中执业的乡村医生

244

享受政府每月发放的固定补助（800 元/月），但大多数乡村医生并不满意目前的经济收入状况，往往多配备一些非基本药物或者从小药厂低价购进药物以赚取差价。[4]因此，农村卫生室所配备的基本药物难以符合国家的政策要求是不言自明、意料之中的。

目前，在农村卫生室执业的乡村医生普遍年龄偏高，[5]学历偏低。截至 2012 年 2 月，北京市 10 个远郊区县的乡村医生平均年龄为 58 岁，其基础学历以初中、高中和中专为主，占群体总数的比例超过了 90%。一方面，大多数乡村医生是由年长的乡村医生在临床实践中教导出来的，掌握的内容和技术十分有限。另一方面，乡村医生的接受能力也存在一定的局限性，主要以看病用药为主，对药品存储及相关法律规定缺乏了解，再加上外部条件（如设备缺乏或者简陋、设施不完善等）的局限，使得乡村医生规范存储药品的难度大大增加。与药品存储相比，乡村医生有一定的药物使用知识，但是这大多是其在不断的诊疗过程中积累出来的，缺乏系统而全面的学习，对药品的合理使用仍存在一定的不足。

2.2 补偿机制的不完善甚至缺失导致药企的营利本质凸显、社会责任抑制

自 1986 年《中华人民共和国民法通则》颁布开始，我国始终坚持企业法人和非企业法人的分类。药品（包括基本药物）生产企业通常以公司的形式存在，属于企业法人，是一种典型的商事主体。在传统商法中，商事主体又称为"商人"。[6]商人的本质属性在于赢利，因此，无论是生产基本药物的企业，还是生产非基本药物的企业，只要其赢利的本质属性不改变，就会在生产药物的选择上优先考虑效益和成本的关系。通常情况

下，他们会选择生产那些可以为自己带来更大利润的药品。一旦某种药品不能够获得必要的利润，企业就会停止生产。尽管我国《公司法》第 5 条规定了公司的社会责任，即"公司从事经营活动，必须遵守法律、行政法规，遵守社会公德、商业道德，诚实守信，接受政府和社会公众的监督，承担社会责任"，但在公司营利本质与法律制度不完善的复合影响下，公司的社会责任往往退居次要地位。

近些年来，我国各级发展与改革委员会多次要求降低药价，但却忽略了药材成本不断上涨的现实状况，导致同行业之间的竞争进一步加剧。而现行政策规定普通药物的利润上限仅为 8%。利润过低，国家的补偿机制又不完善，导致包括基本药物在内的一部分药品生产企业选择停产或者降低生产成本，矛盾由此产生。一方面，停产会导致这些药品在源头上出现短缺；另一方面，降低生产质量则会威胁到农村居民的就医安全。

2.3 政府投入不足导致基本药物政策执行与监督不力、药房建设不完善

20 世纪 70 年代，为了解决必需药品短缺等问题，世界卫生组织（WHO）于 1975 年首次提出基本药物概念（Essential drug，后改称 Essential Medicines），建议各国，特别是发展中国家建立国家基本药物政策，以保障公众能以低廉的价格获得基本医疗所需的必需药物。1977 年，在 WHO 的第 615 号技术报告中，基本药物被正式定义为："能够满足大部分人口卫生保健需要，人们健康需要中最重要的、最基本的、必要的、不可缺少的药品"，并制定了第一个 WHO《基本药物示范目录》，该目录共收录了 205 个药品品种。[7]

我国政府于 1979 年开始就积极参加 WHO 基本药物行动计

划，同年 4 月成立了"国家基本药物遴选小组"。2009 年，国家公布了《国家基本药物目录（基层医疗卫生机构配备使用部分)》，其中包括化学药品和生物制品 205 种、中成药 102 种，共计 307 种。2012 年，国家发布了新版的《国家基本药物目录》，目录分为化学药品和生物制品、中成药、中药饮片三个部分，其中，化学药品和生物制品 317 种，中成药 203 种，共计 520 种。目录中的化学药品和生物制品数量与世界卫生组织现行推荐的基本药物数量相近，并坚持中西药并重。尽管 2012 版较 2009 版《国家基本药物目录》在种类、结构、剂型与规格上有所完善，但在政策执行与监督上政府投入仍不够，既包括主观上的缺失（如意识不足），亦包括客观上的不能（如人力不足）。

尽管北京市于 2005 年启动了农村卫生机构标准化建设"1486"工程项目，新建和改造标准化社区卫生服务站 587 个，新建和改造村卫生室 899 个，总建筑面积约为 13 万平方米，但从覆盖面上仍然存在较大的局限，包括药房在内的农村卫生室标准化建设仍然存在不足，而且储存药物的设备等也未及时到位，客观上使得乡村医生很难做到药品的规范化管理。

3. 建议

3.1 提高乡村医生的收入和养老保险水平

乡村医生治病时收取一定的诊疗费，不仅是对其服务内容的认可，而且也体现了乡村医生的劳动价值，这是解决以药养医问题的一个重要途径。但在实施过程中需要考虑到农村是一个熟人社会，因此应当让农村居民充分了解到这一措施的必要性，减少医患之间的不理解，这一点至关重要。另一方面，加大财政投入，提高乡村医生待遇，从而提高乡村医生工作的积极性。同时完善对乡村医生的激励和补偿机制，健全乡村医生的养老保险制度，解决乡村医生的后顾之忧。只有如此，农村卫生室才能回归公益性的定位，药品管理的规范化才有不断向前推进的可能。

3.2 加强乡村医生的培训与后续人才培养

加强乡村医生有关药物方面和相应法律法规方面的培训，通过培训使乡村医生对药品储存予以重视，改变不合理的用药习惯，提高自己的医疗技术，防止不合理地使用抗生素、激素和静脉点滴。

农村卫生室执业的乡村医生每年都应进行免费培训，培训时间、培训内容等应该严格按照我国《乡村医生从业管理条例》以及相关政策的规定进行。培训方式可以是定期举办培训班，培训内容就是药品的配备、购进、存储、使用及相关法律法规方面的知识。建立和完善考核机制，真正做到优胜劣汰，提高乡村医生整体执业水平。

同时，建立健全乡村医生后续人才培养制度，为乡村医生队伍的可持续发展提供保障。可参考全科医生培养方法，为乡村医生的入学设立单独的考试，主要定向招收农村考生，降低分数线，免收学费，通过事先签订协议或在最后取得的证书上注明执业的区域范围，约束其毕业后回到农村工作。换言之，通过提高乡村医生的执业素质，促进药品的规范化管理。

3.3 完善对药品生产企业的补偿机制

我国对药品价格实行政府调控和市场调节相结合的管理方式。纳入政府价格管理范围的药品是国家基本医疗保险药品及少数生产经营具有垄断性的药品，约占市场流通数量的 20%，销售金额的 60%。政府限定药品价格主要是实行最高零售价格控制，生产经营企业可以降价销售。其他药品实行市场调节价，由企业自主制订价格。国家公布的基本药物零售指导价是按通用名称制定的最高限价，主要起"限高"作用。市场上销售的基本药物均不得超过最高限价，允许降价销售，具体价格通过市场竞争形成。受品牌、质量、信誉、服务和竞争策略等因素影响，不同企业生产的同种基本药物实际零售价格是不同的。

公立医疗卫生机构销售的基本药物，要由省级人民政府统一组织招标，并根据招标形成统一的采购价格（其中包含配送费用），以及相应的药品加成政策确定实际零售价格。社会零售药店销售的基本药物，在不超过国家最高限价的前提下，由其自主确定零售价格。

国家在设定基本药物零售指导价时，应当维持基本药物的合理价位，让基本药物生产企业获得合理的利润，建立健全成本、价格监测体系。对廉价的基本药物可以实行定点生产，由国家给予一定的补偿，积极培育一批能够生产、供应基本药物的药企，保证基本药物市场供给的充足性和持久性，为农村卫生室基本药物的规范配备提供基础。对于非基本药物生产企业，亦要比照基本药物国家补偿机制，施惠于患者，增强医疗服务的安全性和可及性。

3.4 加大政策执行与监督力度，推进药房标准化建设

政策制定仅是一个良好的开始，更为重要的是政策的执行与监督，否则即便是再好的政策规定或者制度设计，均会因为执行与监督不力而失去意义，这就需要提高相关人员的素养和能力。由于农村卫生室设立在村落之中，加强与村委会的合作

就成为必须，从而弥补行政监督的不足。对于在监督过程中发现的问题，要及时反馈给乡村医生，提出具体的整改建议，并将存在的问题作为下一次监督检查的重点，对仍未做到的予以处罚，通过持续的改进与监督促进对村卫生室药品管理的规范化。

在我国，村卫生室是农村三级医疗卫生服务网络的网底，守护着占中国人口 54% 的农民的健康。[8]但是若其硬件设施不达标，则会导致其工作质量大打折扣。因此，国家对农村卫生室的建房、设备、设施应当给予一定的财政投入，加快推进药房标准化建设，使每个农村卫生室都能较好地履行其所承担的职责，为其药品规范化管理提供必需的客观条件。

参考文献：

［1］高清、王晓燕、彭迎春等："村卫生室医疗卫生服务公益性的现状研究"，载《中国全科医学》2012 年第 25 期。

［2］刘术旺、程杰、刘希顺等："北京市通州区农村药品供应网现存问题及对策"，载《首都医药》2009 年第 19 期。

［3］卢天齐、张志军、安立华："农村卫生室规范化药房达标建设势在必行——北京市怀柔区农村卫生室药品管理现状及监管对策"，载《首都医药》2005 年第 22 期。

［4］李珑、王晓燕、王辰等："北京市乡村医生收入满意度及其影响因素分析"，载《医学与社会》2013 年第 1 期。

［5］首都医科大学"医改背景下的首都农村卫生人力资源配置研究"课题组：《北京市村级卫生人力资源配置标图信息兜底调查报告》，北京出版社 2012 年版。

［6］赵中孚编著：《商法总论》（第 4 版），中国人民大学出版社 2009 年版。

[7] 叶露:《国家基本药物政策研究》,复旦大学出版社2009年版。

[8] 吕兆丰、王晓燕、线福华主编:《雨润圆荷——医改背景下农村卫生实地观察手记》,人民卫生出版社2012年版。

本文原刊载于《医学与社会》
2013年第11期,略有修改。

"乡政村治"体制下农村卫生室综合改革研究

刘炫麟

农村卫生室可以追溯至人民公社时期建立的保健站和大队合作医疗室，迄今已有50余年的历史。[1] 在我国农村三级医疗卫生服务体系中，其处于基础性地位，承担了网底的功用。实践也已证明，农村卫生室不仅促进了农村合作医疗制度以及国家基本药物政策的发展与完善，而且切实有效地保护了农村生产力，维护了农村社会的发展与稳定，在显著延长农村居民人均寿命的同时，亦大幅提高了其生产与生活的质量。然而从20世纪70年代末80年代初开始，我国农村进行了巨大的经济体制改革，普遍推行并稳步确立了家庭联产承包责任制，这使得自20世纪50年代以来一直依托于农业合作化和人民公社化建立与发展起来的集体经济开始解体，加上舆论导向、政策导向上的失误和领导管理上的欠缺等诸多原因，农村合作医疗解体和基层卫生组织逐渐衰落。农村合作医疗的覆盖率由20世纪70年代鼎盛时期的90%，在20世纪80年代猛降至10%以下，最低时的覆盖率只有5%左右。更为糟糕的是，随着农村集体经济和合作医疗的解体，乡村两级基层卫生组织失去了集体经济的依托，各级政府又未能适时地增加投入，逼着一些农村基层卫生组织走向市场化、商业化，因而导致 70% 的乡镇卫生院陷入困境，50% 左右的村卫生室变成了靠看病卖药赚钱的私人诊所。[2]进入 21 世纪，为了有效改变我国农村居民因医药费用负担过重而出现的"因病致贫、因病返贫"等不合理、不公平的现象，我国于 2002 年底决定重启农村合作医疗制度。此外，各省、自治区、直辖市已基本完成了对乡镇卫生院和社区卫生服务中心的行业管理，乡镇政府不再对其进行直接管理，而是退至最为基础的属地管理，其人员、业务、经费等制度性困境基本解除。那么，如何立足于当前的"乡政村治"体制探索农村卫生室的综合改革，就成为国家接下来亟须探讨并解决的关键问题之一。本文从农村卫生室的定性、设置与乡村医生的待遇、培养、资质五个方面进行了研讨，以期能够对国家正在进行的医药卫生改革有所助益。

1. 农村卫生室的定性改革

在我国，尽管农村卫生室在举办主体、经营模式等方面表现出较大的差异性和复杂性，但按照其经营性质的不同，仍可作出营利性和非营利性两种总体上的划分。我国从"政社合一"体制过渡到"乡政村治"体制，不仅改变了农村卫生室的组织形式与人力配置，而且改变了乡村医生的收入模式，即从"工分制保障"走向了"自主经营、自负盈亏"。[3]进入 21 世纪，许多省、自治区、直辖市开始实行政府购买村级医疗卫生服务政策，纳入政府购买服务的乡村医生按照政府的相关规定承担村级公共卫生、基本医疗甚至零差价药品销售服务，待有关部门（通常是乡镇卫生院或者社区卫生服务中心）考核合格后，享受数额不等但总体偏低的专项补助。而非纳入政府购买服务的乡村医生既不承担政府规定的村级公共卫生、基本医疗和零差价药品销售服务，亦不享受补助。为了应对现实生活中日益高涨的各种支出与费用，无论乡村医生是否被政府购买服务，其均希望借助农村卫生室这一组织进行营利，二者的不同之处在于非政府购买服务的乡村医生比政府购买服务的乡村医生表现得更为强烈。然而，我国卫生行政部门对农村卫生室仍然单一地定性为非营利医疗机构，这显然不能完全契合当前的社会现实，亦在很大程度上影响了新型农村合作医疗制度和国家基本药物政策在村一级的贯彻落实，无法实现卫生行政部门对其进行科学的分类管理，因而迫切地需要重新厘定。

在过渡阶段，我国可以暂将农村卫生室区分为非营利性卫生室和营利性卫生室，但从长远考察，前者应当在乡村卫生服务一体化管理的指导理念下转变为乡镇卫生院或者社区卫生服务中心的分支机构，其命名可以保留"卫生室"的称谓，亦可变更为"社区卫生服务站"，但均需联合其所在的行政村村名共同命名，即 *** 镇（乡） ***（行政村名）卫生室或者社区卫生服务站，真正实现在人事、行政、业务、药械、财务和绩效考核等方面的统一管理，由卫生行政部门颁发非营利性医疗机构执业许可证。而后者应当向诊所转变，暂不具备诊所条件的农村卫生室，[4] 可以暂时保留但需参照诊所进行管理（如税收等），由卫生行政部门颁发营利性医疗机构执业许可证，而且不能与其所在行政村的村名共同命名，而应以其负责人的姓名进行，即 *** 镇（乡） ***（负责人姓名）诊所或者卫生室。前者的主要功能是承担一个行政村的基本医疗卫生服务，后者的主要功能则在于补充前者的不足或者空白，在与前者并存的情况下，其除了可以提供多样化的医疗卫生服务之外，亦可通过国家给予特定补助的方式提供一些公益性的服务。如此改革，可以有效克服当前"乡政村治"体制下一部分卫生室因乡镇政府与村委会"不管、少管或者相互推诿"的弊端。这是因为在"乡政村治"体制下，国家权力上收至乡镇，乡镇以下的村实行村民自治，随着基层医疗卫生事业由属地管理为主变革为行业管理为主，乡镇政府认为农村医疗卫生事业主要是卫生行政部门的事务，村委会认为主要是乡镇及其以上政府的责任。再加上二者在职责划分上本来就模糊不清，致使属于公共与公益事业的农村医疗卫生工作得不到重视和支持。而通过转入国家卫生行业管理的方式可以真正实现国家对医疗卫生事业的一统到底，这不仅使一部分农村卫生室的公益性得到了较好的保持，而且使国家相关政策得到了较好的执行。

2. 农村卫生室的设置改革

关于农村卫生室的设置问题，无论是在中央层面，抑或在地方层面，均有较为明确的规定。例如1994年9月1日实施的《医疗机构管理条例实施细则》第6条第1款规定："县级以上地方人民政府卫生行政部门应当根据本行政区域内的人口、医疗资源、医疗需求和现有医疗机构的分布状况，制定本行政区域医疗机构设置规划。"第7条规定："县级以上地方人民政府应当把医疗机构设置规划纳入当地的区域卫生发展规划和城乡建设发展总体规划。"2010年3月31日卫生部办公厅《关于推进乡村卫生服务一体化管理的意见》规定："国家采取多种形式支持村卫生室建设，原则上，每个行政村应有一所村卫生室。对村型较大、人口较多、自然村较为分散的行政村，可酌情增设村卫生室；对人口较少的行政村可合并设立村卫生室；乡镇卫生院所在地的行政村原则上可不再设立村卫生室。"2011年12月31日江西省人民政府办公厅《关于进一步加强乡村医生队伍建设的实施意见》指出："县级卫生行政部门根据区域卫生规划和医疗机构设置规划，综合考虑服务人口、居民需求以及地理条件等因素，制定村卫生室设置规划。原则上每个行政村设置1所村卫生室，人口较多或者居住分散的行政村可按居民30分钟内能步行到达卫生室的原则增设；乡镇卫生院所在地的行政村原则上不设村卫生室。"2014年1月1日施行的《太原市村卫生室管理办法（试行）》要求："一个行政村原则上设置一个村卫生室，人口较多或居住分散的行政村可酌情增设。乡镇卫生院所在地行政村原则上不设村卫生室。原则上每千名农村户籍人口配备2名乡村医生。人口每增加500~1000人，可增加1名乡村医生。有条件的地方应配备女性乡村医生。村卫生室原则上应设置在行政村公共服务中心，业务用房面积应不低于60平方米；按照标准化要求进行装修改造，做到功能分区合理、标识规范清晰。"

应当说，上述法规与政策的规定基本精神是一致的，即努力构建与实现"一村一室"的目标。2012年国家卫生统计年鉴的数据显示，截止到2011年年底，我国共有662 894所农村卫生室。[5]根据国家统计局的统计资料，2011年我国共有589 874个设立村委会的行政村，这意味着每个设立村委会的行政村可以平均设置1.12所卫生室。不过很显然，这一数字忽略了许多行政村中拥有分布较散的数个自然村、同一行政村已冗余设置多所卫生室、全国乡村医生年龄普遍老化导致部分卫生室有名无实等诸多较为严峻的社会现实。[6]空白村（即没有任何医疗卫生机构的行政村）进一步增多，这在很大程度上将影响到农村居民享受基本医疗卫生服务的公平性和可及性。未来农村卫生室的设置尽管仍可遵循"一村一室"的设置原则，但不能拘泥于此，在一些因各种原因（如卫生人力资源匮乏、经济实力欠缺等）不能设置卫生室的行政村，需要重点考虑由临近卫生室提供基本医疗卫生服务，然后由属地政府和空白村的村委会共同给予在该卫生室执业的乡村医生一定的补助。这不仅是"乡政村治"体制下乡镇以上政府与实行村民自治的村委会在村级医疗卫生工作上的协同合作，亦是支持与发展各自属地之上公益事业责任的体现。换言之，在农村医疗卫生领域，需要正确处理政府和市场的关系，既要保证农村居民能够获得基本医疗卫生服务，又要搭建其他（营利性）医疗机构提供多样化医疗卫生服务的政策环境，实现公平与效率的统一，这已是较为成熟的国际经验。[7]当前，我国私立医疗机构无论在数量上还是在发展程度上，均存在很大程度上的欠缺。

3. 乡村医生的待遇改革

在"政社合一"体制时期，赤脚医生（乡村医生的前身）不仅享受不低于同等劳动力和一般村干部的工分保障，而且享受在培训期间照记工分且发放一定补助的权利，[8]其拥有较高的社会地位与职业吸引力。不过，该体制亦导致包括赤脚医生在内的所有农村居民流动性较差。20世纪80年代初，我国摒弃了"政社合一"体制而建立了"乡政村治"体制，大大激发了包括乡村医生在内的农村居民的积极性和自主性，其既可选择耕种自家承包的土地，亦可通过出租等方式转让使用权，还可选择进城务工或者进入乡镇企业工作，人员流动性在获得显著性增加的同时，其利益半径也进一步缩短了。在 1980 年国务院同意卫生部《关于允许个体开业行医问题的请示报告》之后，许多农村卫生室被乡村医生承包甚至买断，农村卫生室产权随之从集体制所有制向个人所有制转变。这意味着，尽管农村卫生室、乡村医生以及其所提供的医疗卫生服务并无实质上的改变，但其行为性质（强调对价）却与"政社合一"体制时期存在显著不同。这种"自主经营、自负盈亏"的运营模式必然冲击到农村卫生室在"政社合一"体制时期一直保有的公益性定位。在这种运营模式下，乡村医生的待遇（主要体现在经济收入上）好坏不一，职业吸引力显著下降，于是一部分地区的乡村医生开始转行或者退出（20 世纪 80 年代乡镇企业的崛起对此亦有一定影响），一度使得部分地区的农村三级医疗卫生服务体系的网底出现破损甚至崩溃。在这种情势下，许多省市开始陆续出台一些补助政策，尽管这一举措使得乡村医生的待遇水平有所提高，职业吸引力有了小幅回升，但客观而公允地说，其并未从根本上改变乡村医生的生存与发展状况。

因此，未来乡村医生的待遇改革应当是，对于纳入乡村卫生服务一体化管理的乡村医生（或者在卫生室执业的执业助理医师和执业医师），应当尽力实现身份上的转变，工资待遇应与乡镇卫生院的医务人员持平。在边远社区卫生服务站或者农村卫生室执业的乡村医生，在保持基本待遇的基础上还应适当增加一定数额的补助，在暂不能实现身份转变的地区，其工资待遇水平亦要上调至与乡镇卫生院的医务人员持平。对于尚未纳入乡村卫生服务一体化管理的乡村医生，虽不实行工资制，但不妨碍其被政府购买服务而享受一定补助的权利。对于纳入乡村卫生服务一体化管理的乡村医生，需要确保其收入水平不低于其所在行政村上一年度居民的平均收入水平，通过消除其后顾之忧，促使其提供的医疗卫生服务向公益性回归。

4. 乡村医生的培养改革

在"政社合一"体制时期，从 1965 年开始培养赤脚医生到
20 世纪 70 年代末期赤脚医生发展到顶峰，国家对其人员选拔是
一如既往的重视。例如卫生部于 1965 年 1 月 31 日发布的《关
于培训不脱产卫生员的意见》中指出，其选拔对象应当是"出
身成分好，政治思想好，具有中、小学毕业文化水平，身体健
康，有良好卫生习惯，热爱卫生工作的青年社员，具有上述条
件的贫下中农子女优先选送"。卫生部、农业部、财政部等五部
门于 1979 年 12 月 15 日联合下发的《农村合作医疗章程（试行
草案)》第 12 条指出："赤脚医生人选要经社员群众讨论，选拔
热心为群众服务、劳动好、有一定文化程度的社员，经过培训
后担任。受群众欢迎的中草医也可以担任赤脚医生。县（市）
卫生行政部门，应对赤脚医生进行考核，经考试合格的发给证
书。赤脚医生要保持相对稳定。选拔、调动、撤换赤脚医生要
经过合作医疗管理委员会或管理小组讨论通过，征得公社卫生
院的同意，经公社审查，报县卫生局批准。"

在当前"乡政村治"体制下，未来乡村医生的培养仍应借
鉴赤脚医生时期的两大优秀经验，一是重视对培养对象思想政
治素养的考察，二是坚持"本乡本土"为主型的培养模式。前
者有效弥补了当前医务人员培养"重技术、轻品德"的不足，
后者则有效解决了其未来执业环境的适应性等问题。随着社会
的不断发展，农村居民的医疗卫生服务需求亦随之提高，因此
引进一部分优秀卫生人才加入这一执业队伍就显得尤为必要。

我们可以考虑从国家教育部门进行适当引导，如在部分农村中学进行宣教，若其大学毕业后回到"本乡本土"为当地农村居民服务，将在学费（如减、免）、录取（如降分）、待遇（如住房）等方面给予一定的照顾政策，并与当地卫生行政部门签订合同，若其毕业后违反协议从事其他工作，则需要承担相应的法律责任。在培养的课程设置上，要更加体现当前社会的疾病谱变化，通过高级别医疗机构的执业医师下基层对乡村医生进行"传、帮、带"，切实地提升其医疗卫生技术水平。由于农村卫生室是一个村级医疗卫生机构，主要解决当地农村居民的常见病、多发病等小病，因此在培养对象的年龄和专业学历方面无须进行严格的限定。按照我国目前的退休制度，可以考虑将退休年龄上限设定在 35 周岁，在后备人才较为匮乏的区域，可以酌情上调，但最高不宜超过 40 周岁。在专业学历方面，中专以上即可。

5. 乡村医生的资质改革

从 1965 年初期的经过短期培训与简单考核就能执业，到 1985 年需要达到医士或者中专水平，再到 2003 年《乡村医生从业管理条例》要求的执业医师或者执业助理医师资格，在乡村医生诞生的近 50 年时间里，伴随着社会政治经济体制的改革与发展，其执业准入的条件越来越高。21 世纪初，我国从中央层面出台了《2001~2010 年全国乡村医生教育规划》《关于农村卫生改革与发展的指导意见》《关于进一步加强农村卫生工作的决定》《关于加强农村卫生人才培养和队伍建设的意见》等政策文件，其核心内容就是在 2010 年左右实现大部分乡村医生向执业医师或者执业助理医师转化，然而根据2012年中国卫生统计年鉴的统计，2011年我国村卫生室共有1 350 222人，其中取得执业（助理）医师资格的有193 277人，仅占14.31%。东部11省、直辖市农村卫生室共有472 181人，其中取得执业（助理）医师资格的有69 049人，占14.62%；中部8省农村卫生室共有505 341人，其中取得执业（助理）医师资格的有75 382人，占14.92%；西部12个省、自治区、直辖市农村卫生室共有372 700人，其中取得执业（助理）医师资格的有48 846人，占13.11%。[5]

尽管中国的城市化进程很快，但不可否认，中国许多地区（尤其是边远、贫困）短期内仍然难以消除城乡差别，乡村医生的执业资质亦很难在短期内实现向执业（助理）医师的转化，作为过渡阶段，未来乡村医生的执业资质应当进行改革。最为重要的就是，应由国家卫生与计划生育委员会创设一项专门针对农村卫生室准入人员的执业资质——农村执业（助理）医师，[9]由国家卫生和计划生育委员会或者各省卫生计生行政部门统一命题和组织考试，且安排在国家执业（助理）医师考试之后。现有乡村医生以及拟进入卫生室执业的后备人员可以先参加国家统一的执业（助理）医师考试，若是通过则适用《执业医师法》的规定调整，满足《乡村医生从业管理条例》的要求；若是没有通过，则可以参加全国农村执业（助理）医师考试，该项考试的难度要低于国家执业（助理）医师考试，通过则限定在本乡镇执业，且不能纳入乡村卫生服务一体化管理，只能坚持自主经营、自负盈亏的模式，没有通过则不能执业。如此操作既可以有效缓解一部分乡村医生后补乏力的窘境，又可以解决乡村医生后备人员行医资质的合法性问题，还可以在客观上提高乡村医生的职业吸引力，拓展其职业发展空间，一定程度上亦更加契合过渡阶段我国农村的实际情况。这为国家构建一支能够"下得去、用得上、留得住"的新型农村医疗卫生服务队伍提供了可能，也必将在国家实现"人人享有基本医疗卫生服务"目标的进程中发挥不可或缺的重要作用！

参考文献：

[1] 张自宽："对合作医疗早期历史情况的回顾"，载《中国卫生经济》1992 年第 6 期。

[2] 张自宽："中国农村合作医疗 50 年之变迁"，载《中国农村卫生事业管理》2006 年第 2 期。

[3] 夏冕：《利益集团博弈与中国医疗卫生制度变迁》，科学出版社 2013 年版。

[4] 刘炫麟、吕怡青、王晓燕等："论我国农村卫生室与个体诊所的区别"，载《医学与社会》2013 年第 20 期。

[5] 中华人民共和国卫生部：《2012 中国卫生统计年鉴》，中国协和医科大学出版社 2012 年版。

[6] 田疆、张光鹏、任苒等："中国乡村医生队伍的现状与发展"，载《中国卫生事业管理》2012 年第 2 期。

[7] 饶克勤、刘新明：《国际医疗卫生体制改革与中国》，中国协和医科大学出版社 2007 年版。

[8] 刘炫麟、刘晓霜、王晓燕等："论首都农村卫生室乡村医生的前世——以政策与法律变迁为研究主线"，载《中国医院管理》2013 年第 6 期。

[9] 首都医科大学"医改背景下的首都农村卫生人力资源配置研究"课题组：《"乡政村治"环境中村级卫生人力资源配置研究——基于北京市密云县的实地调研》，北京出版社 2014 年版。

本文原刊载于《中华医院管理》
2014 年第 8 期，略有修改。

农村卫生室举办主体问题研究

刘炫麟 乔 颖 李 青

2014 年 3 月 5 日，李克强总理在做政府工作报告时指出，要"让群众能够就近享受优质医疗服务"。对于广大中国农村居民而言，能够就近为其提供医疗服务的医疗机构主要是农村卫生室。在我国，卫生室处于农村三级医疗卫生服务网络的网底，长期以来为护佑农村居民身体健康发挥了不可替代的作用。党和政府历来重视我国的农村卫生工作，尤其是在 2009 年中共中央、国务院《关于深化医药卫生体制改革的意见》等政策出台之后，农村卫生室的建设与发展工作进入了一个新的阶段，"保基本、强基层、建机制"取得了重大进展。不过课题组也注意到，1978 年改革开放，尤其是家庭联产承包责任制被正式确立之后，农村卫生室的举办主体由先前较为单一的集体举办模式变革为当前的多种主体举办模式，无论是在管理体制还是在运行机制上，均与先前存在较大的差异。在国家推行乡村卫生服务一体化管理的理念之下，未来的农村卫生室应当由谁来举办、有何优势，则成为当前急需研究并加以解决的现实问题之一。

1. 政策规定

1.1 农村卫生室举办主体的国家政策规定

2001 年 5 月 8 日，国务院体改办、国家计委、财政部、农业部、卫生部联合制定了《关于农村卫生改革与发展的指导意见》（国办发〔2001〕39 号），该意见指出："农村卫生机构要以公有制为主导，鼓励多种经济成分卫生机构的发展。……村卫生室可以集体举办、村医联办，也可以个体承办。"2006 年 8 月 29 日，卫生部、国家中医药管理局、国家发展和改革委员会、财政部联合发布了《农村卫生服务体系建设与发展规划》（卫规财发〔2006〕340 号），该规划指出："农村卫生服务体系以公有制为主导、多种所有制形式共同发展和完善，由政府、集体、社会和个人举办的县、乡、村三级医疗卫生机构组成，以县级医疗卫生机构为龙头，乡（镇）卫生院为中心，村卫生室为基础。"2011 年 7 月 2 日，国务院办公厅发布了《关于进一步加强乡村医生队伍建设的指导意见》（国办发〔2011〕31 号），该意见指出："村卫生室可以由乡村医生联办、个体举办，或者由政府、集体或单位举办，经县级卫生行政部门批准后设立。"

1.2 农村卫生室举办主体的地方政策规定

2006 年 12 月 21 日，青海省卫生厅发布了《青海省村卫生室建设标准与服务规范》，其明确规定："村卫生室的设置由村民委员会或具有执业资格的个人提出申请，乡镇卫生院审核，县级卫生行政部门审批。"2007 年 1 月 15 日，安徽省卫生厅发布了《安徽省村卫生室管理办法（试行）》，其第 9 条规定：
"可采取村民委员会办、乡镇卫生院办、乡村联办、社会承办或
有执业资格的个人承办等多种形式举办村卫生室。"2007 年 11
月 8 日，河北省石家庄市人民政府办公厅发布了《关于加强村
卫生室建设与管理工作的实施意见》，明确规定："村卫生室
（所）由村民委员会或乡镇卫生院举办，也可采用联办、委托承
办等形式。"2008 年 12 月 31 日，山东省枣庄市人民政府发布了
《枣庄市村卫生室管理办法》，其第 5 条明确规定："村卫生室必
须坚持政府或集体举办，由卫生院统一业务管理。"2012 年 5 月
9 日，贵州省人民政府发布了《省人民政府关于加强乡村医生队
伍建设进一步促进农村医疗卫生事业又好又快发展的意见》，其
明文规定："村卫生室经县级卫生行政部门批准后设立，可以由
乡村医生联办、个体举办，或者由政府、集体、单位举办，村
卫生室的用房和基本设备按照国家规定的标准配备。各地可采
取公建民营、政府补助等多种方式，支持村卫生室建设和设备
购置。"

1.3 农村卫生室举办主体的类型归纳与讨论限定

从上述国家与地方两级政策层面考察，我国农村卫生室的
举办主体大致可以归纳为政府、集体（主要是指村委会）、乡村
医生（包括个人和联合两种）、单位、乡镇卫生院和社会六种类
型。按照国家卫生和计划生育委员会在中国卫生统计年鉴中的
解释，政府办包括卫生行政和教育、民政、公安、司法、名团
等行政部门办的医疗卫生机构，社会办包括企业、事业单位、
社会团体和其他社会组织办的医疗卫生机构。不过，根据国家
卫生和计划生育委员会《2013 年中国卫生和计划生育统计提
要》的数据显示，2012 年全国共有农村卫生室 653 419 所，其

中村委会举办的有 370 099 所，约占 56.65%；乡镇卫生院举办的有 58 317 所，约占 8.92%；乡村医生个人举办的有 167 025 所，约占 25.56%；乡村医生联合举办的有 32 278 所，约占 4.94%；其他主体（政府、社会、单位等）举办的有 25 700 所，约占 3.93%。[1] 鉴于政府、社会和单位举办的农村卫生室数量较少，且随着国家体制改革已经不再鼓励这类主体举办农村卫生室，因此本文暂不将其纳入讨论范围，而是着重在村委会、乡镇卫生院和乡村医生（包括个体和联营）三个举办主体之间进行比较分析。

2. 举办主体之间的优劣比较

农村卫生室数十年的发展历程表明，其健康有序的发展受到政治、经济、法律、历史、文化、教育等诸多因素的综合影响。但就微观的层面考察，一所正规、合格的农村卫生室的建立与发展至少关涉到资金的筹措、公益性的保持、服务的提供、乡村医生的激励、监管的专业性五个方面。为此，本文将上述五个方面作为衡量各主体在举办农村卫生室时的优劣的评价标准。

2.1 资金的筹措

农村卫生室的建立与运行离不开一定的资金投入。乡村医生个人举办农村卫生室往往受制于家庭财产厚薄不一的状况，具有一定的随机性。乡村医生联合举办农村卫生室尽管也受制于乡村医生各自的家庭财产状况，但与乡村医生个人举办相比，通常具有更强的经济实力。1983 年之前，我国实行的是"政社合一"体制,[2]生产大队（相当于村委会一级）负责举办农村卫生室，凭借集体经济，其对农村卫生室的支持具有绝对的话语权，具有较强的经济实力。1983 年之后，随着"政社合一"体制的瓦解和"乡政村治"体制的确立，村委会的经济实力受到很大程度上的削弱，但与乡村医生个人或者联合举办相比，通常还是更具优势，这是因为其可以通过转移支付、公益事业资金等方式获得政府的财政支持，具有一定的稳定性。乡镇卫生院作为我国财政拨款设立的法人型事业单位，与村委会相比，其不仅具有较强的经济实力，而且在财政支持上具有更高的稳定性。

2.2 公益性的保持

在我国，尽管农村卫生室和乡村医生均属于卫生体制之外的医疗机构和执业人员，却一直被定义为公益性，这在"政社合一"体制下得到了较好的保持。然而，我国自 1978 年改革开放，尤其是家庭联产承包责任制确立之后，一部分农村卫生室开始走向承包制，进而成为乡村医生（1985 年之前称之为赤脚医生）的个人产业，收入方式从"旱涝保收"的工分制变革为"好坏不一"的自负盈亏。[3] 在一定程度上，一部分农村卫生室已经从为农村居民提供医疗卫生服务的机构演变为乡村医生赖以谋生的媒介。因此，无论是乡村医生个人还是联合举办农村卫生室，其营利的倾向势不可免，公益性难以继续保持。村委会与乡镇卫生院举办农村卫生室均能够较好地保持公益性，但我国《村民委员会组织法》明确规定村委会是一个自我管理、自我教育、自我服务的基层群众性自治组织，需要对本村的经济发展、农业林业、水利道路、环境治理、纠纷调解、社会治安、医疗卫生等进行几近全能式的事务管理，这也使得大部分村委会难以倾注很多精力在本村的医疗卫生工作上。课题组在北京某区县访谈了 32 位村干部后发现，在村委会事务中排在首位的是"向政府争取项目资金"，而"村民的医疗卫生问题"则排在了第五位。[4]这在一定程度上反映了村委会自身的财务状况，也说明了医疗卫生问题在最基层组织的重视程度。在这样一种情境之下，对于一些坐落在经济实力较弱的行政村的卫生室而言，其往往会走向营利化的道路，淡化甚至颠覆其原应保持的公益性。相比之下，乡镇卫生院具有较为稳定的财政来源，由其举办农村卫生室可以有效解决执业人员的相关待遇问题，其公益性亦能得到较好的保持。

2.3 服务的提供

2007 年 7 月 24 日，《中央预算内专项资金（国债）村卫生室建设指导意见》〔卫办规财发（2007）138 号〕第 5 条规定，村卫生室的功能是"承担规定的疾病预防、妇幼保健、健康教育、残疾人康复等工作，提供常见病、多发病的一般诊治和转诊服务"。2010 年 1 月 10 日，卫生部颁布了《关于加强乡村医生队伍建设的意见》，该意见指出："乡村医生的主要职责是向农村居民提供公共卫生服务及一般疾病的诊治。乡村医生承担的公共卫生服务主要包括：一是提供国家基本公共卫生服务，包括建立农民健康档案、健康教育、预防接种、传染病防治、儿童保健、孕产妇保健、老年人保健、慢性病管理、重性精神疾病管理等；二是协助专业公共卫生机构提供国家基本公共卫生以外的其他公共卫生服务，包括协助处置突发公共卫生事件等。"尽管上述政策明文规定了村卫生室的功能和乡村医生的职责，但只要村卫生室走向自主经营、自负盈亏的模式，除部分服务被政府购买必须提供之外，即便其能够开展上述全部业务，也会减少甚至终止那些不能营利或者营利较少的业务，这种供方服务的缺乏必然影响到需方服务的可及性与质量。因此，从这个角度上来说，乡镇卫生院亦在村委会、乡村医生举办农村卫生室中更具优势。

2.4 乡村医生的激励

在我国，尽管乡村医生具有"半医半农"的职业特点，但并不具有国家公职人员的身份。尽管我国于 2004 年 1 月 1 日实施的《乡村医生从业管理条例》明文规定，此后进入村级医疗卫生机构的人员需要具备执业（助理）医师资格，但由于政治、经济、历史、教育等因素的综合影响，当前在我国农村卫生室执业的大部分人员仍仅具备乡村医生执业资格。根据《2012 年中国卫生统计年鉴》的统计数据显示，2011 年全国农村卫生室在职人员有 1 350 222 人，取得执业（助理）医师资格的有 1 93 277 人，约占 14.31%。[5] 由于我国在乡村医生执业资格上并未设定晋升序列，无论是乡村医生个人还是联合举办农村卫生室，其职业发展空间均受到很大的限制。由村委会举办农村卫生室，亦会遭遇相似的问题，但由乡镇卫生院举办农村卫生室可以避免这一局限。在乡村医生或者后备人员取得执业（助理）医师资格之后，不仅获得了执业资质上的提升或者认可，而且能够通过轮转等方式实现执业地点的变更，即由农村卫生室变更为乡镇卫生院，其身份、职称、工薪、养老等保障机制亦可随之跟进，具有明显的激励作用。

2.5 监管的专业性

尽管农村卫生室是我国最为基层的医疗卫生机构，其功能也仅是提供常见病、多发病的一般诊治和转诊服务，但医疗卫生毕竟是一个专业性强、技术性高的领域，很难被一般的社会公众所知晓、理解和掌握，这就决定了对农村卫生室的监管主要应当依赖行业监管。由乡村医生个人或者联合举办农村卫生室，其自我监管常常失灵，也违背了"运动员不能同时是裁判员"的基本正义原理。尽管乡镇卫生院受卫生行政部门的行政委托对其进行必要的业务管理和技术指导，但毕竟不是农村卫生室的直接上级，亦无相应的处罚权，复加乡村血缘、地缘关系的稀释消解，可以说这些年来乡镇卫生院并未对农村卫生室实施实质性的考核和监管。由村委会举办农村卫生室，尽管能够克服"运动员同时是裁判员"的缺陷，却陷入了"外行评价内行"的尴尬，这亦是实践中村委会对农村卫生室不能监管和不愿监管的主要原因之一。由乡镇卫生院举办农村卫生室，农村卫生室可以比照社区卫生服务站作为其分支机构，二者之间具有上下级关系，既克服了"运动员同时是裁判员"的缺陷，还实现了"同行专业监管"的目的，具有明显的制度优越性。

3. 结语

尽管乡镇卫生院比乡村医生（包括个人和联合）、村委会在举办农村卫生室时更具备综合优势，但这并不意味着其没有劣势可陈。首先，由乡镇卫生院举办农村卫生室意味着政府更大的财政投入，这能否为我国现有的经济实力所消纳与接受，是一个需要认真考虑的问题。其次，乡镇卫生院举办农村卫生室，其执业人员是由乡镇卫生院派出，还是"村来村去"式的定向培养，抑或选择其他方式，至少当前是不甚明晰的。最后，乡镇卫生院举办农村卫生室，其业务用地如何解决？课题组认为，尽管存在上述难题，但经过认真研究和探索，这些问题仍是可以解决的。

国际社会认为，过去20年卫生改革最大的问题是对健康和卫生服务利用的公平性关注不够。1998年5月世界卫生组织大会宣言明确提出，健康是一项基本人权，改善所有居民的健康是社会经济发展的终极目标之一，并且强调促进卫生领域的公平性和公正性是实现这一目标最重要的措施。进入21世纪以来，减困、扶贫、医疗救助和社会健康保险成为国际社会倡导和支持的主要领域。卫生改革已经从效率和质量为主导向公平－效率－质量为核心的方向转变。国家为了实现"人人享有基本医疗卫生服务"的目标，应当承担起更大的政府责任，以改变这些年来"卫生事业经费逐年增加却在国内生产总值（GDP）中所占比重有所下降"的不合理现象。对于执业人员可采取乡镇卫生院派出和"村来村去"培养相结合的思路，以保证卫生人力资源在数量上的充足。当前我国处于过渡阶段，农村卫生室可以独立存在，但从长远考察，可将其进行分流，一部分成为乡镇卫生院的分支机构，即社区卫生服务站，另一部分则转变为诊所。前者坚持公益性，有效贯彻与执行诸如国家基本药物等政策；后者则为营利性，在有社区卫生服务站的地方，其可以提供差异化、多样化的服务，在没有社区卫生服务站的地方，其可以被政府购买提供一部分公益性的服务。由于医疗卫生事业具有公益性的特点，而且主要服务对象为本行政村的居民，因此对于农村卫生室的业务用房这一现实问题，村委会应当协助解决。只有实行乡村卫生服务一体化管理，才能彻底解决乡村医生的收入、养老、职业发展空间以及责任承担等诸多问题，从而真正形成一支扎根农村、服务农村的新型医疗卫生队伍。

参考文献：

[1] 国家卫生与计划生育委员会：《2013 中国卫生统计提要》，中国协和医科大学出版社 2013 年版。

[2] 徐勇：《中国农村研究》（2008 年下卷），中国社会科学出版社 2009 年版。

[3] 吕兆丰、王晓燕、线福华主编：《吾乡吾情——北京市密云县村卫生室实地研究》，北京燕山出版社 2013 年版。

[4] 首都医科大学"医改背景下的首都农村卫生人力资源配置研究"课题组：《"乡政村治"环境中村级卫生人力资源配置研究——基于北京市密云县的实地调研》，北京出版社 2014 年版。

[5] 中华人民共和国卫生部：《2012 年中国卫生统计年鉴》，中国协和医科大学出版社 2012 年版。

本文原刊载于《中国初级卫生保健》

2014 年第 11 期，略有修改。

农村卫生室性质界定问题研究

刘炫麟　徐张子航　鄢　灵

在我国农村三级医疗卫生服务网络中，农村卫生室处于网底，长期以来在护佑农村居民身体健康方面发挥了不可替代的作用。为了确保网底稳固，实现农村三级医疗卫生机构功能的协同发挥，党和政府相继制定了多项政策与法律文件，提高了乡村医生的待遇水平和服务能力，促进了农村卫生室健康、有序的发展。但课题组同时注意到，自新中国成立以来，我国政治、经济等诸多领域均发生了一系列变革，尤其是生产分配方式从集体经济变革为家庭联产承包责任制，乡村治理模式从"政社合一"体制变革为"乡政村治"体制。[1]尽管农村卫生室的预设功能和服务模式并未根本改变，但其性质是否需要重新认识和界定，却没有引起学界应有的重视。农村卫生室按照不同的标准可以进行不同的性质界定，例如按照其所有权性质可以划分为公立和非公立，按照经营性质可以划分为营利性和非营利性等，本文主要探讨的是农村卫生室的经营性质。厘清这一问题，有助于卫生行政部门科学管理，有助于国家医疗卫生政策（如基本药物）的落实，有助于在农村基本医疗卫生服务的公平性和多样性中取得平衡。

1. 现状

1.1 中央及各省市的相关政策规定

2001 年 5 月 24 日，国务院体改办、国家计委、财政部、农业部、卫生部联合发布了《关于农村卫生改革与发展的指导意见》，该意见指出："乡镇卫生院、村卫生室为非营利性医疗机构。农村非营利性医疗机构的医疗服务价格执行政府指导价，营利性医疗机构的医疗服务价格放开。"山东省人民政府于 1999 年 2 月 12 日发布的《山东省村卫生室管理办法》第 2 条第 2 款规定："本办法所称村卫生室是指集体或其他形式兴办的福利性农村公益医疗卫生机构。"陕西省卫生厅于 2006 年 9 月 13 日发布的《陕西省村卫生室管理规范（试行）》第 2 条规定："村卫生室是行政村的具有一定福利政策的公益性卫生机构，是农村县、乡、村三级卫生服务网络的基础。"安徽省卫生厅于 2007 年 1 月 15 日发布的《安徽省村卫生室管理办法（试行）》第 5 条规定："村卫生室是由集体或者其他形式兴办的非营利性、公益性的医疗卫生机构，是农村卫生事业的重要组成部分。"河北省石家庄市人民政府办公厅于 2007 年 11 月 8 日发布的《关于加强村卫生室建设与管理工作的实施意见》明确规定："村卫生室（所）为非营利性医疗机构。"北京市密云县卫生局于 2008 年 12 月 8 日出台的《关于加强农村卫生服务体系建设的实施方案》附件三（《密云县村卫生室管理办法》）第 3 条规定："村卫生室是农村卫生事业的重要组成部分，为公益性、非营利性的村级医疗卫生机构，由政府统筹规划。承担公共卫生、基本医疗和药品零差价销售职能，实行常用药品政府集中采购、统一配送。"重庆市人民政府于 2010 年 8 月 22 日发布的《重庆市村卫生室（所）管理办法（试行）》第 1 条第 1 款规定："村卫生室（所）是政府向农村居民提供公益性医疗卫生服务的重要载体，是农村三级卫生服务网的重要组成部分。"第 4 条第 1 款规定："村卫生室（所）是民办公助的承担公益性医疗卫生服务的非营利性医疗卫生机构。"内蒙古自治区卫生厅于 2010 年 11 月 25 日制定的《内蒙古自治区嘎查村卫生室管理办法》第 11 条规定："嘎查村卫生室是由国家、集体或其他形式兴办的非营利的公益性医疗卫生机构，是农村牧区卫生服务体系的重要组成部分。"

1.2 需要厘清的几个概念

1.2.1 公益性与非营利性

根据有关学者的研究，公共利益，简称公益，最早源于 19 世纪末日本人对英语"public welfare"的汉文翻译，其相对于私人权益而言，多指卫生、救济等群众性福利事业。[2] 在《公共政策词典》中，"公共利益"被界定为社会或国家占绝对地位的集体利益而不是某个狭隘或专门行业的利益。[3] 非营利是指不以营利为目的，不进行分红或利润分配。对于非营利医疗机构而言，其经营目的在于满足社会公众基本医疗需求，其收入主要用来弥补医疗服务成本，促进自身发展，改善医疗卫生条件和发展新项目等。有的学者将公益性区分为纯公益性和客观公益性。前者是指在为社会全体或大多数成员提供公益的同时，又必须具有从事公益行为的动机；后者是指在需求大于供给之时，市场成为社会公益的另外一个重要的供给渠道，在客观上产生公益效果。[4] 由此可见，公益与非营利几乎是同义概念，不过在中国语境下却略有差别，主要体现在举办主体上：前者主要是政府，后者包括但不限于政府，亦可包括一些社会组织、社会团体和公民个人等。

1.2.2 公益性与营利性

1978 年改革开放之前，我国在很长的一段时间里实行的是计划经济体制，包括医疗在内的几乎所有的公益产品和服务均由国家统一提供，并强调公平分配。有的学者认为，所谓公益性就是着眼于所有社会主体共同的整体利益，其两个最重要的特征就是非营利性和共同的福利性。[5]在这一时期，公益性与营利性是泾渭分明的，公益性医疗机构的主要特质之一就是非营利性。然而 1978 年改革开放之后，我国逐步建立了以公立医疗机构为主体、社会和个人等其他形式为补充的多元化办医体制。在现实生活中，营利性医疗机构可以提供公益性服务，这使得我们需要重新审视公益性和营利性的关系，即公益性和营利性并非是一对非此即彼的概念。一言以蔽之，提倡公益性的医疗机构不绝对否定营利性，营利性的医疗机构亦可体现公益性。

1.2.3 营利与盈利、赢利

营利是一个法律概念，根据现代汉语词典的解释，其主要是指谋求利润。盈利与赢利均非法律概念，"盈利"中的"盈"与"亏"相对，具有充满、多出来和多余之意，"盈利"中的利是指利润，因此"盈利"可以解读为"利润"或者"较多的利润"。"赢利"中的"赢"与"败"相对，具有胜利和获利之意。从词性上考察，赢利兼具动词和名词两种词性，前者是指获得利润，后者是指企业或者单位的利润。由于营利是一个明确的法律概念，因此具有较为明确的法律意义，相比之下，由于盈利、赢利均非法律概念，因此并不具有法律意义，可以相对随意地使用。正是因为如此，《现代汉语词典》将"盈利"等同于"赢利"，[6]但在医疗机构的性质界定上，应当使用营利（性）或者非营利（性）。

2. 主要问题

2.1 农村卫生室的性质界定与社会现实不完全相符

由前文的政策规定可知，无论是在中央层面，还是在大部分省市层面，其均将农村卫生室界定为非营利性医疗机构。我国在"政社合一"体制时期，绝大部分农村卫生室（前期称之为保健站、合作医疗室等）均由人民公社（相当于乡镇政府一级）或者生产大队（相当于村委会一级）举办。村卫生室能够保有非营利性的基础在于，生产大队对于在农村卫生室执业的赤脚医生（1985年之后改称乡村医生或者卫生员）给予工分保障，总体而言不低于同等劳动力和一般的村干部。[7]然而1978年改革开放尤其是家庭联产承包责任制被正式确立之后，很大一部分农村卫生室由政府或者集体举办变成了由乡村医生个人或者联合举办，从产权的角度观察，其也从政府或者集体产业演变成个人产业，在此执业的乡村医生不再享受工分保障，而是走向自主经营、自负盈亏的模式。

在"乡政村治"体制建立之后，乡镇政府无论是在观念上还是在行动上，均淡化了对农村卫生室的建设与发展，乡村医生的职业吸引力迅速下降，其中一部分更是为生计所需而退出这一职业群体，于是网底功能开始破损，局部地区已是濒临崩溃。为此，各省市陆续推出政府购买政策，对部分乡村医生承担村级公共卫生、基本医疗（有的省市还包括药品零差价销售）服务的进行补助，但由于多数省市补助数额偏低，导致近些年来一直未能从根本上扭转乡村医生待遇较低的局面。因此，无论农村卫生室是否被纳入政府购买服务，很大一部分仍然保有营利的动机与行为。可以这样说，一些省市的农村卫生室尽管申领的仍然是非营利性医疗机构执业许可证，但除成立条件上与诊所存有差距外，就整个运营模式而言，其已经非常接近诊所。尤其是在国务院于 2003 年 8 月 5 日颁发了《乡村医生从业管理条例》之后，要求"本条例公布之日起进入村医疗卫生机构从事预防、保健和医疗服务的人员，应当具备执业医师资格或者执业助理医师资格"，这使得二者之间的差异进一步缩小。

2.2 基本药物政策难以坚实落地

为了解决必需药品短缺等问题，世界卫生组织（WHO）于 1977 年首次提出基本药物概念，建议各国特别是发展中国家建立国家基本药物政策，以保障公众能够以低廉的价格获得基本医疗所需的必需药物。我国政府于 1979 年就积极参加 WHO 基本药物行动计划。2009 年，国家公布了《国家基本药物目录（基层医疗卫生机构配备使用部分）》，其中化学药品和生物制品 205 种，中成药 102 种，共计 307 种。[8]2013 年 3 月 15 日，国家卫生与计划生育委员会发布了《国家基本药物目录》（2012 年版），与 2009 年版相比，目录增加了中药饮片，其中化学药品和生物制品 317 种，中成药 203 种，共计 520 种，扩容超过 60%。基本药物自身具有的"安全、必需、有效、价廉"四大特质，对广大居民尤其是经济条件不佳的农村居民的重要意义是不言而喻的。然而问题在于，由于我们未能及时调整和应对，导致当前农村卫生室的性质界定尽管在政策层面是明确的（即非营利性），但在社会生活中，其早已分化为营利性和非营利性两种。国家基本药物政策在贯彻落实过程中，营利性农村卫生室由于自负盈亏，不愿意配备难以为其带来较多利润的基本药物，非营利性的农村卫生室尽管按照政策规定必须配备一定数量或者比例的基本药物，但在实践中往往只配备符合卫生行政部门监管的最低比例的基本药物，并且愿意通过配备非基本药物实现一定的赢利。总而言之，当前不管是哪一种类型的农村卫生室，均将使得《关于建立国家基本药物制度的实施意见》等诸多关于基本药物的政策文件难以真正落实。那么就作为需方的农村居民而言，其将不能或者很难就近享有优质医疗服务，最终将影响到国家"人人享有基本医疗卫生服务"目标的实现。

3. 对策

3.1 正视现实，对农村卫生室进行区别定性和分类管理

2010 年 3 月 31 日，卫生部办公厅发布了《关于推进乡村卫生服务一体化管理的意见》（卫办农卫发〔2010〕48 号），该意见指出，乡村一体化管理是指在县级卫生行政部门统一规划和组织实施下，以乡镇为范围，对乡镇卫生院和村卫生室的行政、业务、药械、财务和绩效考核等方面予以规范的管理体制。在乡村一体化管理中，乡镇卫生院受县级卫生行政部门的委托，负责履行本辖区内卫生管理职责，在向农民提供公共卫生服务和常见病、多发病的诊疗等综合服务的同时，承担对村卫生室的管理和指导职能；村卫生室承担行政村的公共卫生服务及一般疾病的初级诊治等工作。在这一理念的指导下，当前较为紧迫的工作是对农村卫生室的经营性质进行重新认定。非营利性的农村卫生室在条件具备的情况下，应当转化为社区卫生服务站，成为乡镇社区卫生服务中心的派出机构。在条件暂不具备的情况下，可通过政府购买服务的方式实行补助，让其承担起村级基本医疗卫生服务，坚持"公平优先、兼顾效率"的思想，

如在边远或者贫困地区设置农村卫生室。对于营利性农村卫生室，由于《乡村医生从业管理条例》已经要求新进入村医疗卫生机构从事预防、保健和医疗服务的人员需要具备执业医师或者执业助理医师资格，因此在条件具备时，其应当转化为诊所，由卫生行政部门对其颁发营利性医疗机构执业许可证。[9]坚持"效率优先、兼顾公平"的思想，在社区卫生服务站和非营利性的农村卫生室之外提供多样化的医疗卫生服务，在前述二者空白的地域，亦可通过政府购买的方式提供公益性的服务。在条件暂不具备时，营利性的农村卫生室可以继续独立存在，但在管理上应当参照诊所进行。

3.2 提高补助，加强对国家基本药物政策实施的监管

倘若农村卫生室能够从当前较为统一的定性（即非营利性）进一步细化为营利性和非营利性两类，那么国家基本药物政策就能够得到较好的执行。对于已经转成社区卫生服务站的农村卫生室，其购进、配备和使用国家基本药物是理所当然的，其不会因为待遇水平较低而抵制，不存在较大的障碍。对于尚未转成社区卫生服务站的农村卫生室，其容易受到补助水平高低的影响，如果补助数额偏低，那么非营利性的农村卫生室就会抵制，在实践中常常表现为不配备或者少配备国家基本药物，其非营利性容易受到动摇，甚至转化为营利性。对于已经转成诊所的农村卫生室，国家可以提倡和鼓励诊所配备和使用基本药物，但不能作出硬性或者强制性规定，对于尚未转成诊所的营利性农村卫生室，国家可以要求其配备和使用一定的基本药物，但要给予相应的补助，亦可参照诊所不作硬性或者强制性的规定，保持一定的开放性。2012 年 8 月 22 日，重庆市人民政府出台了《重庆市村卫生室（所）管理办法（试行）》，其第 12

条第 1 款第 4 项明文规定了基本药物制度补助，值得借鉴。此外，我国《药品管理法》《药品生产质量管理规范》《药品经营质量管理规范》等法律文件对药品监管作了统一规定。对国家基本药物的监管主要集中在《关于建立国家基本药物制度的实施意见》《关于加强基本药物质量监督管理的规定》《关于加强基本药物生产及质量监管工作的意见》《关于基本药物进行全品种电子监管工作的通知》《关于做好基本药物全品种电子监管实施工作的通知》《加强基本药物质量监管 2010 年度主要工作安排》《关于进一步做好基本药物标准提高工作的通知》《关于进一步加强基本药物电子监管工作的补充通知》《关于做好 2011 年度基本药物电子监管工作的意见》等政策文件中，我国政府有关部门要以此为据从生产、配备和使用等环节，探索对国家基本药物监管的长效机制，使该项政策能够在农村卫生室得到有效的贯彻落实，使医疗卫生改革的成果真正惠及社会公众，尤其是农村居民！

参考文献：

[1] 首都医科大学"医改背景下的首都农村卫生人力资源配置研究"课题组：《"乡政村治"环境中村级卫生人力资源配置研究——基于北京市密云县的实地调研》，北京出版社 2014 年版。

[2] 刘天峰、杨显辉、樊玉录等："试论医疗机构的公益性与营利性"，载《中国药物经济学》2011 年第 5 期。

[3] [美] E. R. 克鲁斯克、B. M. 杰克逊：《公共政策词典》，唐理斌等译，上海远东出版社 1992 年版。

[4] 陶传进：《社会公益供给——NPO》，清华大学出版社 2005 年版。

[5] 林婕、张亮："民营医疗机构在保障医院公益性中的作用

研究"，载《中国卫生经济》2011 年第 5 期。

　［6］中国社会科学院语言研究所词典编辑室：《现代汉语词典》，商务印书馆 2002 年版。

　［7］刘炫麟、刘晓霜、王晓燕等："论首都农村卫生室乡村医生的前世——以政策及法律变迁为研究主线"，载《中国医院管理》2013 年第 6 期。

　［8］张瑶华、李端、王文健：《国家基本药物用药手册》，上海交通大学出版社 2009 年版。

　［9］刘炫麟、吕怡青、王晓燕等："论我国农村卫生室与个体诊所的区别"，载《医学与社会》2013 年第 10 期。

本文原刊载于《中国初级卫生保健》
2014 年第 11 期，略有修改。

农村卫生室均衡设置问题研究

刘炫麟　鄢　灵　徐张子航

农村是我国医疗卫生工作的重点和难点，新的医药卫生体制改革更是将"保基本、强基层、建机制"作为重要目标之一，多管齐下的举措使得近些年来我国农村医疗卫生工作在机构设置、人力配置和服务提供等方面取得了较为显著的成就。但亦应清醒地认识到，这一成就的背后仍然存在着一些不足之处，亟待进一步改进和完善，其中就包括农村卫生室设置不均衡的问题。农村卫生室作为农村三级医疗卫生服务网络的网底，其设置是否均衡，将影响到农村居民享受医疗卫生服务的公平性和可及性，[1]影响到农村生产力的发展和社会的稳定，影响到农村良好医患关系的建构与维系，影响到国家"人人享有基本医疗卫生服务"的目标实现。本文以卫生法律与卫生政策为视角，探讨了当前我国农村卫生室的设置在规定与现实之间所存在的落差，在理清原因的基础上，初步提出了改善农村卫生室设置的对策，以期为卫生行政及相关部门提供理论依据和政策参考。

1. 法律与政策规定

1.1 国家层面的法律与政策规定

1994 年 2 月 26 日，国务院颁布了《医疗机构管理条例》，其第 6 条第 1 款规定："县级以上地方人民政府卫生行政部门应当根据本行政区域内的人口、医疗资源、医疗需求和现有医疗机构的分布状况，制定本行政区域医疗机构设置规划。"第 7 条规定："县级以上地方人民政府应当把医疗机构设置规划纳入当地的区域卫生发展规划和城乡建设发展总体规划。"第 8 条第 1 款规定："设置医疗机构应当符合医疗机构设置规划和医疗机构基本标准。"1994 年 8 月 29 日，卫生部颁布了《医疗机构管理条例实施细则》，其第 8 条第 1 款规定："各省、自治区、直辖市应当按照当地《医疗机构设置规划》合理配置和合理利用医疗资源。"第 10 条规定："医疗机构不分类别、所有制形式、隶属关系及服务对象，其设置必须符合当地《医疗机构设置规划》。"2007 年 5 月 21 日，国务院批转了卫生部《卫生事业发展"十一五"规划纲要》，该规划指出："实施《农村卫生服务体系建设与发展规划》，加强农村医疗卫生基础设施建设，鼓励社会力量在乡、村两级兴办非营利性医疗卫生机构，巩固和健全县、乡、村三级医疗卫生服务体系……采取多种形式支持每个行政村设立 1 个卫生室。"2010 年 3 月 31 日，卫生部办公厅颁发了《关于推进乡村卫生服务一体化管理的意见》，该意见明确指出："国家采取多种形式支持村卫生室建设，原则上，每个行政村应有一所村卫生室。对村型较大，人口较多，自然村较为分散的行政村，可酌情增设村卫生室；对人口较少的行政村可合并设立村卫生室；乡镇卫生院所在地的行政村原则上可不再设立村卫生室。"2011 年 7 月 5 日，国务院办公厅发布的《关于关于进一步加强乡村医生队伍建设的指导意见》重述了上述政策精神。

1.2 各省、市的政策规定

根据我国 2010 年第六次全国人口普查主要数据公报（第 1 号）显示，全国总人口为 1 370 536 875 人，其中居住在乡村的人口为 674 149 546 人，约占 49.19%。在我国约 960 万 km^2 的国土面积中，农村约占 94.70%，[2] 占全国总人口一半的农村居民分布在如此广阔的农村区域上，这在很大程度上决定了不同省市甚至同一省市不同地域之间可能存在一些差别，甚至是重大差别，这就需要各省市立足自身情况，在国家法律与政策的指导下，出台一些细致性更高、针对性更强的政策。例如 2011 年 12 月 31 日，江西省人民政府办公厅发布了《关于进一步加强乡村医生队伍建设的实施意见》，该指导意见强调："县级卫生行政部门根据区域卫生规划和医疗机构设置规划，综合考虑服务人口、居民需求以及地理条件等因素，制定村卫生室设置规划。原则上每个行政村设置 1 所村卫生室，人口较多或者居住分散的行政村可按居民 30 分钟内能步行到达卫生室的原则增设；乡镇卫生院所在地的行政村原则上不设村卫生室。"2013 年 11 月 24 日，山西省太原市在全省率先出台《太原市村卫生室管理办法（试行）》，该管理办法于 2014 年 1 月 1 日正式施行，其明文规定："一个行政村原则上设置一个村卫生室，人口较多或居住分散的行政村可酌情增设。乡镇卫生院所在地行政村原则上不设村卫生室。原则上每千名农村户籍人口配备 2 名乡村医生。人口每增加 500~1000 人，可增加 1 名乡村医生。"不过，许多省市（卫生行政部门）对农村卫生室的设置问题并未给予应有重视，亦未出台较为详细和明确的规定，致使在实践操作中常常无据可依，影响了国家法律与政策的统一适用与社会实效。

2. 主要问题及原因

2.1 农村卫生室设置重叠

在现实生活中，农村卫生室设置重叠主要表现为农村卫生室与农村卫生室、农村卫生室与乡镇卫生院（社区卫生服务中心）及其分支机构（社区卫生服务站）之间的设置重叠。这在许多情况下会造成医疗卫生资源的浪费，并使得农村卫生室的功用难以充分而全面地发挥。例如，北京市某区（县）X 乡镇 C 村户籍人口为 1758 人，按照 2011 年北京市《村庄规划标准》的规定，C 村属于特大型村（1000 人以上），按照该区（县）卫生行政部门《关于加强农村卫生服务体系建设的实施方案》的要求，[3] C 村需要设置 1 所卫生室、配置 2 名乡村医生。而 C 村的实际情况却是设置了 4 所村卫生室，各有 1 名乡村医生，即共有 4 名乡村医生，同时设有 1 所社区卫生服务站，并配备 3 名以上医务人员。此外，在乡镇卫生院（社区卫生服务中心）所在的行政村是否设置农村卫生室，各省市大致表现出两种态度：一是"可以不设"，吉林省吉林市永吉县卫生局于 2011 年 3 月 4 日发布的《2011 年医政科工作要点》即为示例；二是"原则上不设"，前述江西省与山西省太原市的做法即为示例，这亦是当前最为普遍的规定。实际上，这两种规定还是存在一定差别的，后者的管制程度要高于前者。一些数据资料表明，很多采用"可以不设"的地区，事实上都设立了农村卫生室。应当说，导致农村卫生室设置重叠的原因不仅是复杂的，而且是综合的，既有区域历史先天性的差异（如经济发达或者医学人才辈出等），又有乡村医生执业上的特定考虑（如在本村可以获得更多的支持和更宽松的执业环境等）。[4]此外，县级卫生行政部门在村卫生室设置审批上没有做到严格把关，亦不容忽略。

2.2 农村卫生室设置偏移

受各种因素的综合影响，一些行政村尽管设置了卫生室，但没有设在村落的中心或者相对中心的方位，这导致同一行政村的不同居民在就医的方便性上存在着较大差异，尤其是在当前农村常住人口以老弱病残居多和一部分行政村交通不便的情况下，影响更为严重。另外，随着我国社会的发展和城市化进程的加速，乡镇、村村等基层合并的情况时有发生，其直接后果就是促成了乡村组织的重组以及人员流动的增强，而村卫生室就容易在这个过程中产生偏移。例如，2010 年 6 月，诸城市对外宣布，全市 1249 个行政村全部撤销，成立 208 个农村社区。[5]尽管村村合并有利于村庄统一规划，集中人力、物力和财力建设生产和生活设施，有利于实现生产要素的科学重组和资源的优化配置，但村村合并后，有的财务并没有走向（实质性）合并，这导致其对公共服务（包括医疗卫生）的关注和投入显著下降，但此时农村居民医疗卫生服务的需求却不降反升，必然导致供需双方之间的矛盾更为突出。农村卫生室设置偏移，在有的情况下恰恰是合并之后社区治理的结果。因为村委会毕竟是卫生室的属地领导，其自身发展的好坏以及领导重视与否常常影响村卫生室的建立与发展，这亦是现实中村卫生室与村委会常常同在一处或者相互临近办公的原因之一，在一定程度上增加了村卫生室设置的随机性。一言以蔽之，村村合并在实现效率价值的同时，常常损害农村居民获取初级医疗卫生服务的公平性。

2.3 农村卫生室设置缺位

尽管国家通过政策在努力实现"一村一室"的目标，但现实生活中仍相距甚远。一些行政村既不是乡镇卫生院（社区卫生服务中心）的所在地，亦无卫生室、社区卫生服务站和诊所等医疗机构的设置，导致该村成为"空白村"。生活在"空白村"的农村居民由此失去了获取初级医疗卫生服务的可及性和公平性，且容易耽误最佳诊疗时间，其健康权无从保障。根据有关课题组对北京市 10 个远郊区、县，3410 个行政村进行的兜底调查结果显示，北京市共有 936 个空白村，约占 27.45%。[3] 2013 年 1 月 20 日，江西省卫生厅发布了《关于村卫生室实施基本药物制度进展情况的通报》，该通报指出："全省无村卫生室的行政村数量为 94 个。其中九江市有 12 个，景德镇有 4 个，新余有 12 个，鹰潭有 2 个，上饶有 16 个，吉安有 48 个。"同样，导致农村卫生室设置缺位的原因是多重的，主要有两大方面的原因：一是，村级卫生人力资源后续补充不足，尤其是在当前乡村医生年龄老化、执业准入的资质偏高以及执业吸引力显著下降（如待遇水平偏低）等因素的联合作用下，一部分行政村难以设置卫生室。二是，受市场经济的影响，大部分村委会走上了"自主经营、自负盈亏"的道路，营利性的追逐导致服务人口较少的村落往往难以支撑卫生室的正常运转。

3. 对策与建议

3.1 提高乡村医生的职业吸引力，加强后备人才培养

2012 年 11 月 8 日，党的十八大报告指出："要巩固基本药物制度，健全农村三级医疗卫生服务网络，扶持中医药和民族医药事业发展，提高医疗卫生队伍的服务能力。"2014 年 3 月 5 日，李克强总理在做政府工作报告时指出，要"加强全科医生培养，推进医师多点执业，让群众能够就近享受优质医疗服务"。人力资源是农村卫生室建设与发展的核心要素，没有了人力资源，无论硬件设施多么优越，也只能是空中楼阁，并不能发挥实际的功用。当前的主要难题之一就是乡村医生年龄老化且后备人才补充乏力，主要原因在于乡村医生职业吸引力黯淡，经济收入较低，发展空间受限。因此，急需提高乡村医生的职业吸引力，加强其后备人才的培养。具体而言，应当设定适宜的执业准入门槛，并在招生（如降分录取）、受教育期间（如进行一定的补助）等环节给予一定的政策倾斜，按照乡村卫生服务一体化管理的指导理念，将取得执业助理医师以上资质的乡村医生纳入国家编制，逐步实现与乡镇卫生院医务人员同工同酬。在边远或者条件艰苦地区执业的乡村医生，还可享受一定的额外补助。没有取得执业助理医师资质的乡村医生，可以考虑增设专门针对乡村的执业助理医师考试制度，且可以按照工作年限、绩效考核等设定初级、中级和高级三级，并享受不同的待遇水平，拓宽乡村医生的发展空间。只有乡村医生数量充足，才能为村卫生室的均衡设置提供基本的保证。

3.2 协同建立与发展农村卫生室

我国在摒弃"政社合一"体制之后建立起目前的"乡政村治"体制，这一乡村治理模式的变革在取得普遍优越性的同时，亦对一部分社会生活产生立体而深刻的影响，其中就包括农村卫生室的建立与发展。与"政社合一"体制时期的人民公社采取全能型命令式管理不同，"乡政村治"体制将国家权力的末梢设定在乡镇一级，乡镇以下的村实行村民自治，乡镇政府对村委会是指导而非领导关系。随着国家医药卫生体制的改革，基层卫生事业由属地管理为主变革为以行业管理为主，致使乡镇政府认为基层卫生事业主要是卫生行政部门的事务，致使村委会认为基层卫生事业主要是乡镇及其以上政府的责任，再加上我国乡镇政府与村委会的职权划分一直模糊不清，这种不正确的认识导致国家基层医疗卫生政策出现不同程度的虚浮，难以真正落实。实际上，乡镇政府和村委会对于其属地之上的医疗卫生事业负有义不容辞的责任，其应当通过多种渠道构建"投资主体多元化、投资方式多样化"的农村卫生室。卫生行政部门作为行业领导，是国家基层卫生事业发展的重要组织者和参与者，对于农村卫生室的建立与发展同样责无旁贷。

3.3 坚持科学的设置原则

首先，应当遵循公平原则。公共卫生和基本医疗属于公共产品和准公共产品，具有消费或使用上的非竞争性和受益上的非排他性，这就决定了国家不能依赖市场去调节，应由经济领域中的"效率优先、兼顾公平"理念转变为医疗卫生领域中的"公平优先、兼顾效率"理念。[6]因此，原则上每一个行政村均应设置一所村卫生室，只有在例外的情况下，方可考虑由临近农村卫生室或者乡镇卫生院提供服务覆盖。其次，要遵循整体效益原则。区域卫生规划是整体效益原则的核心，是指在一个特定的区域范围内，根据其社会经济发展、人口结构、自然生态环境、人群疾病负担、主要卫生问题和卫生服务需求等多方面的因素，来确定区域内卫生发展规模、发展模式与发展目标，统筹规划、合理配置卫生资源，合理布局不同层次、不同功能和不同规模的卫生机构，使卫生总供给和总需求基本平衡，形成区域卫生的可持续发展。实施区域卫生规划是深化卫生改革的需要，其核心是优化配置卫生资源。[7]注重发挥医疗服务体系的整体功能和效益，避免诱导以趋利为目的、争夺病人的无序甚至恶性竞争的发生。因此，乡镇卫生院所在地的行政村原则上不设卫生室，人口较多不必增设村卫生室，而应增配乡村医生，只有在居住较为分散的行政村，方可从严考虑增设村卫生室。再次，应当遵循可及性原则。农村卫生室服务半径的规划和确定要适宜，交通便利，布局合理，易于农村居民获得服务。河南省宜阳县的做法值得借鉴，其农村卫生室的设置坚持选址"三原则"，即交通便利原则、在人口密集区域建设原则和位于行政村中心位置建设原则，[8]而且应当保证农村居民步行 30 分钟之内能够到达。最后，坚持公有制主导原则。2013 年 11 月 12 日，中共中央《关于全面深化改革若干重大问题的决定》指出，要"优先支持举办非营利性医疗机构"。因此，我们应坚持举办非营利性卫生室为主体、营利性卫生室为补充，鼓励和引导社会资本发展医疗卫生事业，促进非公立卫生室的发展。

参考文献：

[1] 吕兆丰、王晓燕、线福华主编：《吾乡吾情——北京市密云县村卫生室实地研究》，北京燕山出版社 2013 年版。

［2］中华人民共和国国家统计局："2010 年第六次全国人口普查主要数据公报（第 1 号）"，载《中国计划生育学杂志》2011 年第 11 期。

［3］首都医科大学"医改背景下的首都农村卫生人力资源配置研究"课题组：《北京市村级卫生人力资源配置标图信息兜底调查报告》，北京出版社 2012 年版。

［4］吕兆丰、王晓燕、线福华主编：《吾土吾民——北京市怀柔区村卫生室实地研究》，北京燕山出版社 2011 年版。

［5］韩玉璞、张芳："诸城市村村合并的实施与发展研究"，载《安徽农业科学》2012 年第 8 期。

［6］刘金伟：《当代中国农村卫生公平问题研究》，社会科学文献出版社 2009 年版。

［7］娄成武、李鲁、郭岩：《卫生事业管理》，中国人民大学出版社 2006 年版。

［8］河南宜阳县政府办公室："标准化村卫生室究竟应该怎么建"，载《健康报》2010 年 6 月 17 日，第 7 版。

本文原刊载于《中国初级卫生保健》
2014 年第 11 期，略有修改。

农村卫生室规范命名问题研究

刘炫麟　陈　鹏　赵　双

根据《2012 年中国卫生统计年鉴》的统计，2011 年全国共有农村卫生室 662 894 所，其中公立（国有和集体）卫生室有 371 024 所，约占 55.97%，非公立（联营和私营）卫生室 291 870所；共有执业人员 1 260 808 人，其中执业助理医师 118 458人，约占9.40%，执业医师 51 924 人，约占4.12%；诊疗为 179 206.5 万人次，比 2005 年的 123 411.6 万人次增长了 45.21%。[1]。这些数据表明，卫生室作为我国农村三级医疗卫生服务网络的网底，其在机构数量、人员素质以及服务提供等方面均取得了较大进展，发挥着越来越重要的作用。不过，课题组同时发现，有关农村卫生室的规范化管理方面尚存在一些亟待完善之处，其中规范化命名问题就属其一。随着我国政治经济体制改革的深入以及社会、文化的不断发展，农村卫生室在政策环境、经营模式、功能地位等方面均较先前发生了较大的变化，但这些变化并没有及时地反映到其命名工作之中。客观而公允地说，农村卫生室的规范化命名问题并未引起社会各界尤其是卫生行政部门的重视，这在一定程度上影响到其名称理应表征出的信息的准确性和全面性，容易造成一部分社会公众误解，因此，值得我们深入研究。

1. 农村卫生室命名的现状

1.1 国家层面对农村卫生室命名的有关规定

1994 年 2 月 26 日，国务院颁布了《医疗机构管理条例》，其第 2 条明文规定了包括卫生室在内的七种类型的医疗机构。该条例第 16 条规定，申请医疗机构执业登记，应当有适合的名称。第 18 条规定，医疗机构执业登记的主要事项之一即为名称。1994 年 8 月 29 日，卫生部颁布了《医疗机构管理条例实施细则》，其第 4 章（名称）第 40 条第 1 款规定："医疗机构的名称由识别名称和通用名称依次组成。"由该条第 2 款规定的内容可知，"卫生室"属于通用名称，第 3 款则规定了可以作为识别名称的类型。除此之外，对农村卫生室的命名再无细致的规定。与之形成鲜明对照的是，2011 年 7 月 7 日，国家卫生部、国家发改委、财政部、人力资源社会保障部和农业部五部委联合颁发了《乡镇卫生院管理办法（试行）》，其第 7 条明确规定："乡镇卫生院的命名原则是：县（市、区）名 + 乡镇名 +（中心）卫生院（分院）。"由此可见，国家层面对农村卫生室的命名较为粗疏，并未建立可操作的指导规则。

1.2 各省市对农村卫生室命名的有关规定

前文已述，由于国家对农村卫生室的命名较为粗疏，在不同程度上影响了这一工作在各省市受重视的程度。根据现有的资料考察，只有少部分省市对农村卫生室的命名进行了细化和规范。例如，2006 年 10 月 1 日，《陕西省村卫生室管理规范

（试行）》正式实施，其第 5 条规定，村卫生室"统一规范名称为：××乡（镇）××村卫生室"。2007 年 4 月 8 日，湖北省卫生厅颁发了《湖北省中心村卫生室建设标准（试行）》和《湖北省一般村卫生室的建设标准（试行）》，这两个文件均在第 6 项（规范建设）中明文规定，按照中心村卫生室和一般村卫生室的不同，统一挂××镇××中心卫生室和××镇××村卫生室。2012 年 8 月 22 日，《重庆市村卫生室（所）管理办法（试行）》颁布，其第 8 条明确规定："村卫生室（所）应当按照乡镇名 + 行政村名 + 卫生室（所）的原则命名。1 个行政村设立多个村卫生室（所）的，可在村卫生室（所）前增加自然村名。"可以说，尽管我国对农村卫生室规范化命名的省市数量并不多，却进行了较为有益的探索。

1.3 同一省市不同地区对农村卫生室命名的有关规定

由于国家尤其是许多省市未对农村卫生室的命名设定统一的规范，因而导致即便是同一省市不同地区之间，同样存在一定的差异，山东、甘肃等省即为适例。为了更好地阐释这一问题，课题组在此以山东省为例加以说明。1998 年 11 月 18 日，山东省潍坊市人民政府颁发了《潍坊市乡村卫生一体化管理办法》，其第 6 条规定，村卫生所的名称统一为××乡（镇）卫生院××（所在村名）卫生所。2001 年 5 月 21 日，山东省聊城市人民政府办公室颁发了《聊城市乡村卫生组织一体化管理办法》，其第 8 条明确规定，村级卫生机构名称统一为××乡镇卫生院××（村名）卫生室。2005 年 9 月 7 日，山东省德州市颁发了《德州市乡村卫生服务管理一体化办法》，其第 13 条明确规定，村级卫生机构称××乡（镇）××村中心卫生室（所），乡村个体医疗机构称××（设置者姓名）诊所。2011 年 5 月 16

日，山东省济宁市卫生局颁发了《关于进一步完善济宁市乡村卫生服务一体化管理的意见》，该意见指出："村卫生室（所）统一冠名为××乡（镇、街道）××村卫生室（所）。推行农村社区化建设、把地域相近的几个村庄规划为一个社区的农村地区，其社区卫生室（所）统一冠名为××乡（镇）××社区卫生室（所），此类社区卫生室（所）按村卫生室（所）进行管理。村卫生室（所）只准使用一个名称。"

2. 主要问题及原因分析

2.1 国家对农村卫生室的命名不够重视且监管存在欠缺

我国现有的法律和政策文件清楚地表明，农村卫生室的命名工作是（严重）滞后的。导致这一现状的出现有一个比较复杂的原因系统，一个重要的方面是，国家相关的政策、投入和监管并未完全下沉到村一级。2009 年 3 月 17 日，众人期待已久的中共中央、国务院《关于深化医药卫生体制改革的意见》获得通过，2009 年 3 月 18 日，国务院又紧接通过了《医药卫生体制改革近期重点实施方案（2009 ~ 2011 年)》。这两个极为重要的文件将"保基本、强基层、建机制"作为新医改的目标，亦再次肯定了农村卫生室作为农村三级医疗卫生服务网底的基础性地位，但不得不承认，国家的主要精力仍然聚焦于卫生体制内的公立医院改革，总体的关注顺序是先忙城市，后忙农村，农村也是先忙卫生体制内的县和镇，最后关照一下村。[2]当前村卫生室和乡村医生均属于我国卫生体制之外，上述"淋下效应"必将影响到农村卫生室的命名工作，监管意识不足甚至缺失也就不足为奇，这在一定程度上放任了农村卫生室的自由发展。

2.2 农村卫生室规范化命名的文件效力层次偏低

由于国家层面对农村卫生室的命名缺乏统一的、细致的规定，导致各省以及下级行政单位对农村卫生室的命名要么缺失，要么参差不齐，在这种政府管理者的规则设计与社会民众的普遍认识之间，形成了一道很难逾越的鸿沟。这是因为，无论是政府还是政府内辖的卫生行政部门颁发相关文件，均具有严格的属地特性，仅能在属地之内（强行）推行，平行行政地域或者级别更高的行政地域无须执行。因此，不同行政地域的社会公众在看待同一事物时，很有可能会使用不同的名称或者称谓，远未达到国家卫生体制之内社区卫生服务中心统一命名的规范化程度。在立法主体上，多属于地级市及所辖区县，层级偏低，这使得前述的地域管辖更为局限。

2.3 农村卫生室命名的类型较为混乱

2.3.1 混用卫生室与卫生所

农村卫生室发端于新中国成立初期的保健站及其之后的合作医疗室，[3] 而"卫生所"则与之不同，其成立之初便属于体制之内，属于公社卫生院的派出机构，类似于当前的社区卫生服务站。2009 年新医改文件发布之后，卫生室已经成为较为规范的用语，但也有一些省市仍继续混用"卫生室"与"卫生所"，有失准确。例如，前文所述的《重庆市村卫生室（所）管理办法（试行）》将卫生室等同于卫生所。另外，《德州市乡村卫生服务管理一体化办法》在对村级卫生机构命名时，同样存在村卫生室和村卫生所交叉使用的情况。

2.3.2 区分中心村卫生室和一般卫生室

我国《乡镇卫生院管理办法（试行）》第 3 章（基本功能）

第 9 条规定:"乡镇卫生院以维护当地居民健康为中心,综合提供公共卫生和基本医疗等服务,并承担县级人民政府卫生行政部门委托的卫生管理职能。中心卫生院是辐射一定区域范围的医疗卫生服务中心,并承担对周边区域内一般卫生院的技术指导工作。"该条确立了中心卫生院和一般卫生院的设置,实际上沿袭了 1978 年 12 月 1 日发布的《全国农村人民公社卫生院暂行条例(草案)》(已废除)的做法。但卫生室与卫生院在功能定位、技术设备、人力配置、建筑规模、服务范围、交通条件等方面均存在重大差别;但无论是从实地调研的结果考察,还是从法律文件的内容比较,实际上各卫生室之间难以形成实质性的差别。因此,我国没有必要继续借用乡镇卫生院命名的规则区分中心卫生室和一般卫生室。当前设置的一部分中心卫生室,有的是将相对邻近的几个农村卫生室合并,由在"点"上执业的乡村医生继续承担所在村的基本医疗卫生工作,[4] 有的则是为了解决乡镇区域面积较大、村民居住又较为分散或者"联村设室"的现实需要,湖北省卫生厅于 2007 年 4 月 8 日下发的《湖北省村卫生室建设标准(试行)》对此作了较为详细而充分的说明。

2.4 农村卫生室的命名并未传递出应有的信息

名称的基本功能之一就是标识,[5] 向社会公众传递出应有的信息。在"政社合一"体制时期(1958~1983 年),由于土地和组织对人的"束缚",农村居民的流动性非常弱。不过,自 20 世纪 80 年代初建立了"乡政村治"体制之后,这一乡村治理模式的变革在解放农村生产力的同时,亦充分释放了农村地域中的剩余劳动力,农村居民的人员流动性显著增强。尽管当前农村尤其是村一级仍然是一个熟人社会,[6] 但受国家城镇化进程

（如村村合并）以及前文所述的人员流动性增强的综合影响，传统"口口相传"的方式只能在部分人中实现，对于一部分新加入的"成员"或者其他闯入者则显陌生，此时相对混乱的命名会对其造成一定的困扰，在存在多个村级卫生机构的情况下，更会影响这些主体在第一时间内对医疗服务模式作出选择。这是因为，有的村级卫生机构很有可能已被政府购买服务，可以提供零差价药品销售服务，有的村级卫生机构或许是新型农村合作医疗的定点单位，患者可以享受就诊医药费用减免的政策优惠。

3. 对策

3.1 重视农村卫生室的命名及其监管工作

农村卫生室的重要意义毋庸赘言，规范其命名是政府尤其是卫生行政部门的重要事务之一，其不仅责无旁贷，而且应当具备前瞻性的意识。具体而言，我国《医疗机构管理条例》及其实施细则作为行政法规和部门规章，不宜进一步规定具体医疗机构的命名事项，否则其条文内容就会过于繁杂。课题组认为，比较妥适的做法应当是，由国家卫生和计划生育委员会按照该行政法规的框架和要求，制定统一的规范性的文件，然后下发到各省严格执行，原则上不允许变通处理，特殊情况可向国家卫生和计划生育委员会报请批准。为了顺利开展这项工作，国家应当投入一定的财力、物力和人力，制作统一标识（牌），对于已经建立的农村卫生室，重点加强其命名的监管，及时进行更正和牌证换发；对于准备设立的农村卫生室，重点加强其命名的审批，在医疗机构执业许可证上加以规范。国家卫生和计划生育委员会可以考虑制定一部统一的《医疗机构命名管理办法》，以便能够对农村卫生室的规范命名事项作出系统化安排与规定。

3.2 制定科学的农村卫生室的命名规则

我国地域辽阔，情况各异，要建立科学的农村卫生室的命名规则，就需要掌握我国村落的基本情况，包括一个行政村包含几个自然村等，这需要乡镇卫生院和村委会的协同参与和支持。尽管从长远的角度考察，农村卫生室的命名应当以公立与非公立为标准，但作为当前的过渡阶段，建议按照该村卫生室是否被政府购买为标准进行，并取消中心与一般的"等级"划分。具体而言，如果一个行政村没有其他自然村，那么对于被政府购买服务的卫生室应当被命名为：××（所在乡、镇、街道名称）××（所在行政村名称）卫生室；对于非政府购买服务的卫生室应当被命名为：××（所在乡、镇、街道名称）××（所在行政村名称）××（乡村医生姓名）卫生室，该乡村医生即为村卫生室的负责人。如果一个行政村拥有一定数量的自然村，且在自然村中同样设置了卫生室，那么对于纳入政府购买服务的，应当将其命名为××（所在乡、镇、街道名称）××（所在行政村名称）××（自然村名）卫生室；对于未被纳入政府购买服务的，应当将其命名为××（所在乡、镇、街道名称）××（所在行政村名称）××（自然村名）××（乡村医生姓名）卫生室，该乡村医生即为村卫生室的负责人。为了更好地配合这一工作的开展，各级政府尤其是卫生行政部门应当严格监管村卫生室的设置和被政府购买服务要求的落实，避免农村卫生室设置重叠或者缺失，以及被政府购买服务的随意性。

3.3 先行试点并逐步完善

尽管农村卫生室的规范化命名工作已经势在必行，但应当认识到这是一项比较庞大的工程，比如如何实现其与新型农村合作医疗政策、基本药物政策的衔接。课题组的初步意见是，新型农村合作医疗政策与基本药物政策原则上要与政府购买服务的农村卫生室联结，但并不意味着完全排斥非政府购买服务的农村卫生室与之联结。有一点也是确定的，即需要区县以上卫生行政部门的严格认证与批准，然后可以通过专项补助等方式予以补偿。很显然，上述问题亟待在社会实践中进行纠偏和完善，因此可以考虑在某些省市先行试点。农村卫生室在试点地区被规范化命名之后，以农村居民为主体的社会公众必然需要有一个认识、理解和接受的过程，有关部门在做好宣传发动的同时，要及时倾听村委会、村民以及其他社会组织或者有关人员的意见和建议，并汇总反馈到立法部门，由立法部门加以研究和完善。

参考文献:

[1] 中华人民共和国卫生部:《2012 年中国卫生统计年鉴》，中国协和医科大学出版社 2012 年版。

[2] 首都医科大学"医改背景下的首都农村卫生人力资源配置研究"课题组:《"乡政村治"环境中村级卫生人力资源配置研究——基于北京市密云县的实地调研》，北京出版社 2014 年版。

[3] 张自宽:《亲历农村卫生六十年：张自宽农村卫生文选》，中国协和医科大学出版社 2010 年版。

[4] 冯永凤、周秀林:"中心卫生室建设的实践与思考"，载《中国初级卫生保健》1999 年第 3 期。

［5］杨文："解决医疗器械上市后追溯管理难题的有效途径——命名统一标识唯一"，载《中国医药报》2010 年 12 月 7 日，B7 版。

［6］费孝通：《乡土中国》，人民出版社 2008 年版。

本文原刊载于《中国初级卫生保健》
2014 年第 11 期，略有修改。

农村卫生室信息化建设研究

李天靖　刘炫麟

2003 年，重症急性呼吸综合征（即非典）在中国爆发，此次事件中，中国有 800 多人死于该疾病。而导致该次事件没能在早期被控制的主要原因就是医疗卫生服务信息传递速度慢，公共卫生管理不到位。为了提高医疗卫生信息的传递速度，加强公共卫生的管理，充分利用卫生资源，政府开始重视医疗卫生服务信息化建设。在《全国卫生信息化发展规划纲要（2003 ~ 2010)》中，卫生部提出要注重医疗卫生信息化建设，并且把建设的重点放在省、市、县三个层级上，但作为农村三级医疗卫生服务网络网底的农村卫生室的信息化建设并不是当时建设工作的重心。这一状况一直持续到中共中央、国务院《关于深化医药卫生体制改革的意见》和国务院《关于印发医药卫生体制改革近期重点实施方案的通知》的发布，卫生部将"建立实用共享的医药卫生信息系统"列为八大支柱之一，并且将农村医疗卫生信息化建设作为工作的重点。随后，我国各地都紧锣密鼓地开展农村卫生室的医疗卫生信息化建设。农村卫生室医疗卫生服务信息化建设现状如何，该如何达到设计目的，课题组将围绕着这些问题展开探讨。

1. 现状

　　农村医疗卫生服务信息化建设，即利用信息通信技术，联合计算机网络，促进健康和支持超越组织机构界限的卫生服务输送和使用，使各农村卫生室在业务、行政、药械、人员、绩效等方面进行信息化管理。我国于 2009 年正式开展农村医疗卫生服务信息化建设，并分别于 2011 年和 2012 年开展国家农村卫生室信息化和基层医疗卫生机构管理信息系统建设这两个项目，这也标志着我国农村卫生室医疗卫生服务信息化建设进入了高速发展的阶段。

　　对于现今的农村卫生室医疗服务信息化建设的状况，可以从硬件、软件、人员和监管等方面进行考察。硬件方面，海南省全省农村卫生室的硬件覆盖率已达 85%，湖北省的硬件覆盖率也在 80% 左右，北京等地并未进行农村卫生室的信息化建设。至于系统软件方面，根据《基层医疗卫生机构管理信息系统建设项目指导意见》，由各个省级政府自行配备，在实际操作中各个省亦有所不同。甘肃省以各个市为单位自行安排本市的软件开发工作，而四川省则是由省政府统一研发后分配给各个农村卫生室。全国各农村卫生室所配备的软件多仅限于药品管理和门诊挂号等。此外，在许多农村卫生室存在着重复录入数据，操作流程不规范，滥用设备的现象。人员方面，存在着乡村医生年龄老化、学历偏低，对于管理系统不熟悉，操作有困难等现象，缺少运维人员的现象也普遍存在。此外，在许多农村卫生室存在着操作不规范、滥用设备等现象，但对于这些行为却缺少监督。乡镇卫生院对于农村卫生室的监管方式停留于过去。

2. 问题及原因分析

2.1 硬件建设不均衡

目前我国各地农村卫生室信息化建设的硬件建设状况并不均衡。全国范围内，各省之间呈现出"两极化"的现象，已经开始建设的地区多具有较高的硬件覆盖率，但仍有部分省市尚未开始建设。这些地区之所以不进行信息化建设，多是由于对当地客观条件的考虑以及政策的原因，在此不加以赘述。已建设的省份，也存在着不均衡的现象：偏远地区未能覆盖，冗余建设缺失和重复建设。医疗卫生信息化建设需要大量的资金投入来支持其正常开展。仅硬件方面，除电脑、打印机等一系列必备的硬件外，还需要各种基础设施，如网络和辅助设施等。但是我国农村的信息化建设才刚起步，各种基础设备并不齐全，尤其是中西部一些贫困的农村，其农村卫生室信息化建设甚至需要从"零"开始。并且，农村地区现有的基础设施也存在许多缺陷，部分地区的农村卫生室出现过因停电或物理性故障导致其设备无法正常使用的情况。而冗余设备可以在这种情况发生时快速地接替原设备，以确保医疗活动的进行。但各地在进行建设时，对于冗余设施的建设并不重视，对于冗余设备的种类和数量都少有规定。就目前的资金投入，想达成硬件设备全面完善的覆盖是非常困难的。目前，重复建设的主要原因在于缺少统一筹划，监督不到位。自 2009 年政府提出对农村进行信息化建设，部分地区已开始自主地进行农村卫生室的信息化建设。2011 年，国家开展农村卫生室信息化项目后，这些地区便与省内的统一建设重复，而且其所配备的硬件并不一定能满足省内的要求，对于硬件不达标地区的再建设就成了重复建设。同时，也有部分地区虽在省统一的规划下开始建设，但对于这一任务不重视而偷工减料，给各个农村卫生室配备的硬件不达标，也有重新建设的需要。

2.2 软件功能缺失，操作繁琐

软件是农村卫生室信息化建设的核心部分，信息化后，农村卫生室的管理和医疗活动基本上都需要通过软件来实现。在乡村卫生服务一体化的大背景下，农村卫生室信息化建设意味着卫生室的业务、财务、药械和绩效都将进行信息化管理，但目前这一目标并未达到。许多卫生室配备的软件仅具有部分管理功能，不能实现农村卫生室的全面信息化管理。现有的数个管理系统也未能做到自动采集数据，如药品管理系统无法自动从电子病历中采集用药情况，对于各系统的数据采集仍需要乡村医生手动完成。此外，目前的软件仅具有基本医疗和部分公共卫生的功能，而许多医疗服务功能农村卫生室无法提供，如新农合的实时结算和远程诊疗等，这些服务大多还是由乡镇卫生院及县级卫生机构提供。此外，因各卫生机构所使用的系统软件和数据标准并不相同，软件内各个医疗活动系统未能很好地进行信息交流，导致乡村医生在展开医疗活动时需要对多个系统进行重复录入，如诊疗对象为孕妇时，电子病历和妇幼保健的重复录入。这样的录入耗时费力，导致行医效率低下。而且，目前的信息管理系统的用户界面并不易于操作，操作界面繁多，操作流程复杂、不统一，加之多数乡村医生并不熟悉计算机的操作，让他们操作这样的软件具有一定的困难。

2.3 操作人员水平低，运维人员稀缺

实现农村卫生室医疗卫生服务信息化后，操作人员即为原有的乡村医生，而我国目前乡村医生呈现出年龄老化和学历偏低的现象，许多乡村医生不熟悉信息化管理的软件，部分年老的乡村医生连电脑的基本操作都不会，甚至要在其子女的帮助下才能使用电脑设备。各地对于这一问题仍不够重视，并未积极地开展技术培训，也未将操作技术纳入绩效考核中。同时，运维人员的缺失也是亟待解决的问题，信息化建设是一个漫长的过程，在完成了农村卫生室硬件和软件配备后，还有很多后续工作要做，如硬件维修、软件维护和更新等。这些方面都需要大量的技术人员。但是，这些人才在农村地区非常稀缺，并且农村地区的生活条件较差，提供的薪酬较低，对于这些人才的吸引力不大。

2.4 监管不到位，监管方式老化

开展信息化建设后，乡镇卫生院对农村卫生室的监管存在着缺陷。目前的系统软件对乡村医生的操作流程并没有严格的要求，乡村医生可以跳过许多流程完成一次诊疗的录入活动，而且软件操作繁琐，许多乡村医生不愿意将所有操作步骤完成。但这不利于信息数据的采集和公共卫生的管理。在部分地区甚至出现了滥用设备，将电脑作为娱乐工具的现象。而政府在这一方面缺少有效的监督手段。并且，乡镇卫生院对于农村卫生室的管理手段仍然停留于过去，并未利用信息化手段进行管理。乡镇卫生院未通过信息管理系统对农村卫生室的业务、财务、药品进行实时的监督和管理，也没能通过信息系统完成对乡村医生的绩效考核。

2.5 数据管理存在隐患

医疗卫生行业涉及到大量病人的隐私，但在数据管理方面，由于计算机网络具有联结形式多样性、终端分布不均匀和网络的开放性、互连性等特征，致使网络易受黑客、恶意软件和其他恶意行为攻击。同时，各地的农村卫生室医疗服务信息化后的数据存放、备份各不相同，有的保存在单机上，有的保存在服务器上，有的托管于公司，这样就造成患者的私人信息数据的安全性存在隐患。

3. 对策

3.1 政府主导统一筹划，引入社会资源

政府应加大投入，使硬件设备覆盖农村，这样才能保证农村卫生室信息化建设的后续工作正常展开。在建设时要重视农村网络等基础设施的建设，要尽量避免因停电或网络障碍等问题可能导致的设备无法使用的现象发生，从而确保医疗活动的正常展开。因此，对于基础设施要有一个硬性指标，如宽带速度至少要在2M以上，对卫生室的供电需独立等。同时，要做好冗余建设，避免终端因停电或网络障碍而无法使用的状况，各卫生室应该采取"N＋1"的建设模式，关键性硬件，如线路、供电设备，至少要有一个备用设备。并且，要加大对于贫困和偏远地区的支持力度，坚持政府支付转移等项目。但要完成这些目标，仅靠政府投入仍存在一定困难。根据目前部分地区的建设经验，课题组认为，可以在政府主导下，引入社会资源。因为乡村医疗信息化建设意味着乡村医疗卫生行业市场的开发，

这对于许多民间资源来说非常具有吸引力，不少社会资源愿意进入到这个市场中，这点从第 58 届世界医疗器械博览会的主题被定为"新农村医疗"就可看出。而在民间资源可以进入的情况下，因为竞争的关系，建设成本会大幅降低。至于建设方式可由中标方提供，如英特尔所采取的"宽带加电脑"方案等。并且，将基础设施、必备设备和冗余设备全部或部分打包招标也有利于成本控制。政府在加大投入的情况下还要做好统一筹划，加强监督工作。对于还没有建设或者刚开始建设的地区，卫生部门应有一个硬性标准，然后由省级政府统一招标购买。这样有利于统一规定安装的软件，也可以避免由于各地自行实施所导致的偷工减料等行为。至于已经配备了硬件设施的地区，应当安排人员视察，对于硬件不达标的农村卫生室，要重新建设，务必使该农村卫生室的硬件设备达到标准。最后，还应加大宣传力度，避免盲目建设的现象发生。

3.2 完善并优化各功能

要设计一个具备各项管理和医疗服务功能，并以电子病历和居民健康档案为核心的系统软件。首先，该软件需要有完善的功能，包括业务、财务、药品、绩效等方面的管理功能和全面的基本医疗、公共卫生等各项服务功能。其次，该软件应以电子病历和居民健康档案为核心，各项功能的实现将围绕着该核心展开。考虑到乡村医生的操作水平和医疗活动的需要，该软件的设计应该尽量便于操作。在普通情况下，乡村医生只需进行常规的诊疗，并只对电子病历一次输入即可，其余工作将由软件自动完成。如药品和财务管理，软件将自动提取电子病历中用药和收费状况并转录入药品和财务管理系统中，这样的管理更加便捷和准确。并且，病人诊疗的各项数据都将由电子病历自动录入到居民健康档案中。每次诊疗时，软件都会自动打开相应病人的健康档案供乡村医生使用，以便其对病人的病情、用药方面有更好的判断，从而提高医疗服务的水平和效率。要完成这一目标，则需更加注重电子病历的设计。应将由农村卫生室所提供的基本医疗服务和公共卫生服务等功能全部纳入其中，每次医疗活动只需要对农村居民的基本信息进行一次输入。并且，电子病历应当拥有包含常规诊疗、妇幼保健、慢性病治疗在内的多个界面，每次诊疗都可以在开始诊疗时自行选择界面，也可在诊疗途中转换界面，进行界面转换时，前后两个界面中重复部分的信息间将自动保存并转入后一个界面而无须再次输入。并且，对于常见的病症、病情和基本药品等方面的信息进行指标化，对于头晕等常见的病症，在诊疗时只需进行勾选即可而无须手动输入。同时，要使卫生室的软件具有远程医疗、辅助治疗、新农合实时结算等功能。实现信息化后，医疗资源的传送将不受地域限制，这些功能完全可以由卫生室提供。在此基础上，要优化、简化用户界面，可以将各医疗服务界面的格式都设计为接近电子病历的格式，以便于操作，使乡村医生尽可能简单和规范地使用农村卫生室信息管理系统。

3.3 加强培训，注重培养，外包运维

首先，应以县为单位对该县所有的乡村医生进行统一培训，要让所有的乡村医生熟悉软件的操作流程。可以兴办网络课程，进行远程教学，将课程直接编入信息系统中，让乡村医生在第一次使用前必须观看正确流程并应方便其随时学习。同时，要将系统操作纳入考核当中，在每两年的考核中加入这一项目，可以有效地提高乡村医生对于操作流程的重视。此外，在培养新的乡村医生时，应把系统操作编入到课程中，这样就可以减

少后期培训带来的不便和财力的耗费，同时也能保证将来的乡村医生能在上岗时就有操作系统的能力。至于后期运维方面，可以在硬件和软件招标时，将后期运维也纳入招标，让中标方承担起技术维修等方面的服务，这样可以充分利用民间资源来推动信息化建设。但我们还是要注重培养一支属于农村地区的信息管理专业人员队伍。

3.4 信息化监管

对于操作流程的规范，除了积极开展培训和将其列入考核外，还可通过优化软件来达到这一目的。在设计软件时便规范对于操作流程的要求，使乡村医生必须通过规范流程才可完成诊疗活动。同时，可借鉴银行和图书馆的软件，将农村卫生室的操作软件设计为开机自启，并且限制其他软件的运行来避免乡村医生将电脑作为个人的娱乐工具。此外，卫生室的业务、财务、药品信息与电子病历中的信息应及时上传，以便于乡镇卫生院的实时监管。乡镇卫生院的系统会对卫生室的财务和药品当中的异常情况自动报警，而且乡镇卫生院的人员可随时查阅卫生院的业务状况。这有利于避免乡村医生开大处方，非法途径购药等行为，也有利于乡镇卫生院及时处罚，统一购药。

3.5 加强数据管理

应加强网络监管力度和软件自身的防盗强度，要建立安全等级可靠的防火墙来防止来自于网络的恶意攻击，从而避免患者私人信息的泄露。其次，要做好各终端的管理工作，应该以县为单位将各个农村卫生室的信息备份统一交由专门的部门管理，该部门可以是某个安全等级较高的县级医疗部门，这样就可以确保人员和设施的保障，然后还要及时与当地的公安部门进行联系,确保这些设施的安全。

4. 结语

　　农村卫生室信息化建设是基层卫生医疗服务信息化的基础,而做好农村卫生室信息化建设的基本要求就在于统一筹划。中国幅员辽阔,而且农村多、分布散、信息化水平低,农村地区医疗信息化建设必须以政府为主导,动员民间资源才能顺利完成。虽然目前农村卫生室所能提供的服务有限,但是随着信息化建设的展开,医疗资源将可以跨地域利用,农村卫生室也将提供越来越多的服务,因此优化操作软件也将成为最主要的任务。

参考文献:

　　[1] 甘华平、冯昌琪:"基层医疗卫生机构管理信息系统建设中应注意的问题",载《中国卫生信息管理杂志》2012 年第 4 期。

　　[2] 肖兴政、张帧、陈敏:"湖北省农村卫生信息化建设的现状与问题",载《中国数字医学》2012 年第 2 期。

　　[3] 沈冠金:"浅析农村医疗卫生信息化",载《科技信息》2008 年第 18 期。

　　[4] 薛承梦:"西部地区农村医疗卫生信息化建设存在问题与对策",载《贵州农业科学》2010 年 12 期。

　　[5] 郭大伟:"山东省乡村卫生一体信息化策略研究",山东大学 2012 年硕士学位论文。

　　[6] 高昭昇、李泉:"基层区域卫生信息化建设探究",载《医学信息学杂志》2011 年 3 期。

我国村卫生室精神卫生康复职能研究

胡思远　郑采薇　刘炫麟

随着我国经济的快速发展、社会竞争日益加剧、人们的工作生活以及由此产生的心理压力不断增加，各类精神问题层出不穷，精神障碍及精神疾病的发生率显著上升。有关数据显示，我国目前约有精神障碍者1亿余人，其中重性精神障碍者1600万人，患病率由20世纪的2.7‰，上升至现在的13.47‰。[1]据世界卫生组织统计，精神障碍者负担在我国疾病总负担中的排名已超过心脑血管、呼吸系统及恶性肿瘤，位居第一，约占疾病总负担的20%。据推算，到2020年中国神经精神疾病负担将上升至疾病总负担的1/4。[2]

1. 我国农村居民精神卫生现状

1.1 我国农村精神障碍者

精神病（psychosis）是一种严重的心理障碍，患者的认识、情感、意志、动作行为等活动出现持久的、明显的异常；不能正常学习、工作、生活；动作行为难以被一般人理解；在病态心理的支配下，有自杀或攻击、伤害他人的动作行为。精神病是由于人体内外各种有害因素引起的大脑功能紊乱，导致知觉、意识、情感、思维、行为和智能等障碍的一类疾病，特点是心理状态的异常，表现为各种各样的精神症状。[3]

我国承担了极大的精神卫生负担，超 1 亿人患有不同程度的精神病，重性精神障碍者超 1600 万。在这之中，农村精神卫生负担又占极大的比例，在大范围患病人群中，约有 2/3 以上在农村，这个数字仍在逐年增长，[4]，我国农村精神卫生情况不容乐观。

1.2 乡村医生及村卫生室

1.2.1 乡村医生及村卫生室数

精神障碍者不经过治疗难以自然康复，因此，对于他们而言，医生与医疗机构的选择十分重要。我国农村精神障碍者数量十分庞大，而与此相比，乡村医生与村卫生室的数量十分不足。我国精神卫生服务资源十分短缺且分布不均，全国共有精神卫生专业机构 1650 家，精神科床位 22.8 万张，精神科医师 2 万多名，主要分布在省级和地市级，精神障碍社区康复体系尚未建立。[5]相对于资源较为充沛的城市，分配给农村的精神医学资源少之又少。

第四次国家卫生服务调查结果表明，农村地区患者首诊选择村级医疗机构的比例为 57.3%，选择乡级医疗卫生机构的比例为 24.4%。有 36.6% 的病人选择乡镇卫生院。这一数据显示，乡镇卫生院与村卫生室是农村居民患病时的主要去处。[6]而据 2015 年卫生统计年鉴显示，2014 年我国有村卫生室 645 470 所，较 2013 年有所下降；乡村医生人数为 985 692 人，比 2013 年的统计数据 1 004 502 人次有明显下降。平均每所村卫生室的乡村医生和卫生员仅 1.64 人次，计算至有关医护人员，这一数据更显不足。

　　在农村精神障碍者日益增加的当今，村卫生室和乡村医生的数量反而减少了，这对于村卫生室承担农村精神卫生职能十分不利，农村精神卫生服务的建设显然亟待增强。

　　1.2.2 承担康复职能情况

　　在我国乡镇医疗体系中，村卫生室属于最基层的卫生机构，承担着最基本的医疗服务职能。根据《中华人民共和国精神卫生法》第 3 条 "精神卫生工作实行预防为主的方针，坚持预防、治疗和康复相结合的原则"，和中共中央、国务院《关于进一步加强农村卫生工作的决定》中村卫生室应该 "以公共卫生服务为主，综合提供预防、保健和基本医疗等服务" 的规定，村卫生室除了担负农村居民常见病、多发病的诊治任务和承担农村预防、保健、健康教育等多方面的职责以外，还应担负精神卫生康复职能。

　　《中华人民共和国精神卫生法》第 17 条指出："医务人员开展疾病诊疗服务，应当按照诊断标准和治疗规范的要求，对就诊者进行心理健康指导；发现就诊者可能患有精神障碍的，应当建议其到符合本法规定的医疗机构就诊。" 王刚教授表示："目前非精神专科医生对抑郁症的总体识别率较低，WHO 一项涉及 15 个国家和地区的多中心调查显示，非精神专科医生对心理障碍的平均识别率仅为 15.9%，而中国医生的识别率在 15 个国家和地区中名列倒数第三，远低于国外水平。临床上很多患者的抑郁症状未引起医生的足够重视，继而导致治疗和干预率非常低。"[7] 医务人员不能及时准确地评估就诊者的精神状况，无法有效地建议就诊者进行精神方面的治疗也是一个重要的问题。

大多数村卫生室都不具备与其应当承担的精神卫生康复职能相匹配的硬件与软件设施，缺少精神科方面的专业医生，许多精神障碍者不能得到及时的医治和治疗，在众多乡镇卫生院中只有少数设有小范围的精神病人病房，这显然是远远不够的。

新医改政策实施五年多来，基础医疗服务能力得到了一定的提升，农村居民面临的"看病难，看病贵"的问题得到了一定程度的缓解。作为医改基础的村卫生室，存在功能不完善，开展的服务项目不完全等问题，这对其承担康复职能的能力造成了影响。农村承担康复职能仍有一定不足，医保虽然能够解决一部分村民看病的负担，但是对于精神障碍者和其家属而言也只是杯水车薪，精神病这种病并不是能够立刻治好看见疗效的，同时，医保对于此类病的报销力度也不够大。

实践中存在的另一个问题是村卫生室关于重性精神病就诊的普及远远不够。大部分农村居民仍然对精神疾病存在偏见，精神障碍者中存在大量从未就医迷信治疗者、迷信治疗无效才送医者、先送当地精神病院同时搞迷信治疗者、按照药品说明书自行服药者。[8]关于这方面的教育宣传仍然需要进一步的努力。

1.2.3 难以实现的原因分析

村卫生室难以承担康复职能的原因众多，其本身也存在问题，主要有以下几个方面：

第一个方面在于硬件与软件方面，即设备设施与有关医务人员。部分村卫生室设施简陋、医疗器械破损却得不到适当的维修，甚至很多村卫生室连基本的医疗设备等都无法配备完全，[9]难以实现精神卫生诊断与治疗的职能。有关精神治疗方面的药物短缺并且大多数较昂贵，这对于患者的康复治疗造成了极大的阻碍。新农合改革后，尽管有大量药品纳入医保，但仍存在参与医保的药品种类不够齐全、药品范围太窄、药品配送不到位等问题，从而出现很多村民宁愿自掏腰包去药店买药的情况。[10]软件问题在于掌握有关精神卫生方面技能的医务人员的短缺，对于精神卫生，常常出现几个村庄里只有一个懂精神方面知识的医生。在没有精神医生的村庄，关于精神病人的诊疗几乎是一片空白，大量的病人得不到救治与指导康复。

第二个方面是乡村医生队伍的建设不稳定、不成熟，造成这个问题的主要原因是大部分农村医务人员的经济收入低。由于新农合改革后基本公共卫生方面的收入减少，乡村医生从基本公共卫生服务和基本医疗服务中取得的收入差距较大，乡村医生用于诊疗的时间可能会逐渐减少甚至严重不足，影响基本医疗服务质量。[10]新农合未将乡村医生纳入编制，无养老统筹，所交养老保险、审批资金易被挪用，社会地位低[11]。退休后没有养老保障，药物管理制度不良等一系列问题导致村医不能安心工作，影响了其工作积极性，造成乡村医生队伍的不稳定。另外，由于农村居民对于精神病了解不足、存在严重偏见，农村居民对于有关医务人员的评价也不高，这在一定程度上影响了其工作的积极性。很多村级医务人员专业技术不高，学历较低，甚至有些人员从未接受过有关医科方面的正规教育，而精神卫生方面的教育就更加少了。相关数据显示，每一千农村人口村卫生室人员均数为 0.7～1.9 人；每村卫生室人员均数为 1.36～3.24 人；学历上，50%以上的村卫生室人员学历为中专且仅有乡村医生执业证书。[12]据不完全统计，中专者占 67.7%，高中及以下学历者占 12.4%，师承方式从医者占 8.3%。[13]

第三个方面是中国在精神卫生法律体系存在不足。《精神卫生法》在第十一届全国人民代表大会常务委员会第二十九次会议上通过并于 2013 年 5 月 1 日开始实施。但是"立法脱离现实"，相关的内容甚至出现了错误，这表现在精神病患者的收治、实施导致人体器官丧失功能的外科手术、急诊急救、基层医疗机构的精神卫生保障等规定上。由于存在不切合中国实际国情的规定，《精神卫生法》在我国的实施将会大打折扣。[14]

1.3 政府的态度

政府对于农村精神卫生保障问题已经开始重视，2014 年国家卫生计生委等五部委联合印发《村卫生室管理办法（试行)》，另外，《关于进一步做好农村订单定向医学生免费培养工作的意见》也提出，国家大力培养农村定向医学生，为农村人才的积累和培养提供了有力保障。

各个省市也陆续发布了关于村卫生室和乡村医生保障制度的文件，在村卫生室缺乏的内蒙古地区也发布相关文件大力加强农村精神卫生保障的建设与发展。例如，湖北省提高了农村重性精神障碍者医疗保障，安徽省规定贫困精神障碍者将获药费补助，甘肃省规定重性精神病等 27 种重大疾病将纳入新农合，这三个省份的实践表明了农村重性精神病的医疗患者保障得到增强，农村精神障碍者能够更加安心接受治疗。

从以上文件可以看出，政府对于农村精神卫生康复问题逐渐关注起来，从中央到地方都不断增强对于这个问题的把控，然而还远远达不到发达国家的重视水平，在政策的实施与监控上也远远不够。

1.3.1 政府的重视程度

评估疾病的危害程度以该病的发病率、死亡率为指标，对急性病来说是适用的，但对精神疾病来说是不适用的，因此政府对精神疾病的评价仅依据这两项，是严重低估了精神障碍在全民总体健康中的相对重要性。

近年来，我国切实加强了对精神卫生工作的组织领导。2004 年，国务院办公厅转发七部委联合发布的《关于进一步加强精神卫生工作的指导意见》，要求加强重点精神疾病的治疗与康复，突出重点人群的心理行为问题干预，努力开展精神障碍者救治救助工作，建立健全精神卫生的法律法规，加强精神卫生工作队伍建设和科研工作，最大限度满足人民群众对精神卫生服务的需求。为进一步加强有关精神卫生的工作，2008 年 2 月出台的《全国精神卫生工作体系发展指导纲要（2008 年~ 2015 年)》为我国精神卫生的发展打下了良好的基础。《全国精神卫生工作规划（2015-2020 年)》的实施，协调了部门间精神卫生工作的开展，全面推进了严重精神障碍的救治救助工作。

政府对于精神卫生方面的重视程度逐渐增加，但是总体方面重视，局部方面做得不够，尤其是对于农村精神卫生的重视不够，还需要进一步的规划和指导。

1.3.2 政府的投入程度

政府对于医疗卫生的投入越来越大，2016 全国财政医疗卫生支出预算安排为 12 363 亿元，比 2015 年增长 3.7%，比同期全国财政支出预算增幅高 1.3 个百分点。[15] 但是与此同时，精神卫生的投入却略显不足，特别是农村精神卫生方面的投入。在文章《WHO：全球对精神卫生投入严重不足》[16] 中，世界卫生组织严重强调了中国对于精神卫生投入、防治的不足。在该文中，中国虽被归入中高收入国家——这意味着每 10 万人就应当至少拥有超过 50 张精神病床位，然而根据《全国精神卫生工作规划（2015~2020 年)》的数据，中国每 10 万人仅拥有 17.1 张精神病床位，每 10 万人仅有 1.49 人为精神科医师。因此，中国政府对精神卫生的投入严重不足，特别是对农村精神卫生的投入。

2. 问题及原因分析

2.1 患者本身

让精神障碍者回归社会，像正常人一样工作、学习、生活，是精神卫生康复工作的主要目的，也是病人家属所期盼的。然而，精神障碍者回归社会的情况却不容乐观，主要是因为精神障碍者的社会功能受损以后，并非都能随着病情的控制而同步恢复。在病情及病史的影响下，精神障碍者往往变得懒散、退缩，对社会交往缺乏信心，甚至会对社会感到惧怕，这都严重影响了其回归社会。除去自身原因，外界的评价以及社会给予的压力也是精神障碍者难以回归社会的重要原因。

2.2 家庭方面

家庭方面指精神障碍者因患病给家庭造成的不良影响，这主要包括经济负担、精神负担以及社交负担。①经济负担。精神病为慢性疾病，难以根治痊愈，经常性的伴随病人终身。病人难以为长期的诊疗过程挣得医药费，多半依靠家庭。新农合条件下，农村精神病的补贴有所提高，但即使如此，仍然未能从根本上解决精神障碍者及其家庭的经济困难问题。福州市第三人民医院调查显示，每位患者一次的住院费至少要 6000 元，没有发病的情况下每月的药费也高达 400 元 ~ 500 元。常年的医药费压力很有可能导致本来就已经贫困的家庭更加困难。[17]②精神负担。目前社会普遍对精神障碍者存在偏见，由于精神障碍者在各个方面均受到一定程度的歧视和排斥，家属也常受到不应有的歧视和冷遇，羞耻、屈辱等负面情感使病人家属承受了较大压力。因此，为了避免受周围人歧视，许多照顾者都不愿将患者因精神病住院的消息告诉亲友，害怕遭受异样的眼光。同时会在一定程度上避免和亲戚朋友的接触，正常的社交活动受到严重影响，为此照顾者感受到的社交压力尤为明显。③社交负担。亲友患病对于家属而言，本来就是一个严重的刺激，加之精神疾病本身具有症状特殊、反复发作及多数愈后不良的特点，家属长期处于紧张的亚健康状态，同时可使家属产生各种消极负面的情绪。[18]

2.3 社会影响

精神障碍者往往无法控制自己的行为，有的时候会出现自我伤害的行为，不仅无法保障其自身权益和安全，也可能危及社会。精神障碍者存在着无民事行为能力的认定，所以他们很可能做出无法想象的事，对社会秩序造成破坏，极大地影响了社会的安定。最令人担忧的是，有些精神障碍者由于得不到有力的治疗，特别是在农村，由于不当的治疗或没有得到及时的治疗，在病情加重以后，病人实施了杀人、放火、暴力强奸等危害社会的行为，严重影响了正常的社会秩序。

精神障碍者的现实结果主要有三种：一是长期被锁在家里。由于农村家庭多半贫困，病人无法得到及时治疗，加上有可能发病而实施严重暴力犯罪，便被锁在家里，这种情况非常普遍，这样反而导致了患者病情的加重，更加难以痊愈。二是流浪在外成为乞丐。这一部分患者通常是衣衫褴褛、蓬头垢面、流落街头，即使被家人找回去，仍然会再次跑出来。三是产生自杀或犯罪倾向。由于精神病人难以得到社会、家庭的理解和帮助，又常遭嘲笑、戏弄或歧视，甚至失业失学或被遗弃，导致每年都有很多精神障碍者因不堪病痛，不愿意成为家庭的负担或者受社会的歧视而自杀。据统计资料显示，我国有 50% 的精神病患者曾试图自杀，10% 的患者最终死于自杀。而在 1000 多万重精神障碍者中也约有 1/10 有肇事肇祸行为，其中 1/3 具有多次肇事肇祸的行为。[19] 在农村，人们的思维更加保守，难以接受精神障碍者这一特殊群体，这样的情况变得更加严重。

2.4 国家方面

2012 年 6 月 6 日，卫生部、国家中医药管理局联合印发了《关于加强卫生信息化建设的指导意见》，其中提出，到 2020 年，建立完善实用共享、覆盖城乡的全国卫生信息化网络和应用系统，为实现人人享有基本医疗卫生服务目标提供有力的技术支撑。精神障碍者的存在则是该意见提出的目标实现的最大障碍。全国的人均素质是衡量一个国家综合国力的标准之一。现在就我国来说，国人的素质亟待提高，在农村地区居民素质的提高尤其应当重视。我国国民素质较低，虽然近年来在稳步提高，但精神障碍者的大量存在极大地影响了整体国民素质的提高，限制了我国的良性健康发展。

3. 对策

3.1 政府加大投入

3.1.1 加大资金投入和政策支持

农村精神卫生是一项重大公共卫生问题，加强精神卫生工作，是推进医药体制改革，完成 2020 年底人人拥有基本医疗服务保障目标的必然要求。《全国精神卫生工作规划（2015～2020年）》中指出：对于符合条件的贫困患者，要按照有关规定，资助其参加基本医疗保险并对其难以负担的基本医疗费用给予补助。对于有紧急情况无法支付其基本医疗的，由疾病应急救助基金给予补助。政府加大资金投入，有利于完善精神卫生综合管理协调机制，健全精神卫生服务体系和网络，还能落实救治严重精神障碍者的管理任务。政府加大资金投入，改善器材设备，拨付资金建设更多村卫生室，增设更多与精神卫生有关的医学项目与研究，将会使精神卫生在农村更好地发展。

国家有关部门在制定发展规划时，要给予农村精神卫生发展足够的政策支持力度，通过医疗改革，为精神卫生发展谋求更多发展，例如减轻贫困重性精神病患者的医药费、给予特殊治疗药物的折扣、设立重性精神病专项经费等，通过这些措施来促进精神卫生的发展。

3.1.2 开展与加强乡村医生和相关者的培训

乡村医生、村卫生室的康复职能在精神卫生保障中占据重要地位。在发展的道路上应该加强乡村精神卫生人才的建设，对不了解精神卫生的乡村医生进行再学习、再教育，进行技能评测；对已经了解精神卫生的医生进行进一步的提高教育，不断增强其素质，力图培养出一批高能力的精神医疗队伍。

除了要加强乡村医生的培训，有关患者近亲属的培训也需开展，增强近亲属的心理素质，为患者提供更为完备的照顾。各级各类医疗卫生机构要开展医务人员精神障碍相关知识与技能培训，高等院校要加强对其心理咨询机构工作人员和学生工作者相关知识与技能的培训，对就诊或求助者中的疑似精神障碍患者及时提供就医指导或转诊服务。

3.1.3 提供升级硬件，健全服务体系

农村对精神障碍者难以给予有效治疗的一个主要原因是，农村的医疗器械简陋和落后，因此政府提供硬件升级是刻不容

缓的一项工作。农村医疗器械升级不能只靠村卫生室本身及乡镇一级部门，更需要从中央到地方，由高到低地组织、引导和支持，改善农村中低端设备。同时，应与医疗器械生产机构形成良好的合作关系，从长久考虑，着眼于未来，努力减少农村与城市之间医疗器械的差异，争取让农村居民无须远行即可享受到切实、良好的医疗服务。并且，对于不同程度的病人应采取不同的治疗形式与监管力度，分级分层次管理治疗，多上访，多走进他们的生活，切实落到实处，对重性精神病人采取更严厉的监管措施，与相关部门联合，减少事故的发生。

3.1.4 充分发挥相关部门的监督职责，建立精神病联管治疗的体制

从基层开始建立预防和控制精神疾病患者危险行为的有效机制，创建精神障碍者的档案，一级级监督。同时，可将有严重危险性的患者的档案与有关部门通报，实现该机制预防、及时纠察发现的功能。

卫生部门应建立健全覆盖全国的精神卫生监测网络，发现疑似精神疾病患者，建立患者档案，全面掌握患者的疾病情况，同时将发现的高危险性、具有肇事肇祸倾向的重性精神疾病患者通报给公安机关。公安机关可依法处置高危险性、具有肇事肇祸倾向的精神疾病患者，将其送到专科医院进行治疗。医院诊断后如认定为精神疾病患者，则必须住院。民政部门主要针对流浪精神疾病患者进行救治。残联要全力支持精神疾病患者的康复活动，为康复活动的实施创造条件。财政部门要确保精神疾病管理治疗的工作经费，按时、足额划拨专项经费到相关部门。村（居）委会作为基层政府组织，发现有危及他人生命安全或者严重影响社会秩序的疑似精神疾病患者要第一时间通知公安机关，还要协助政府和有关部门，为精神疾病患者的康

复活动提供支持。

3.1.5 增强精神卫生知识在义务教育中的普及

义务教育是中国普及开来的教育形式，绝大多数人都要接受九年义务制教育，农村的孩子也是。《精神卫生法》指出，各级各类学校应当对学生进行精神卫生知识教育，配备或者聘请心理健康教育教师、辅导人员，并可以设立心理健康辅导室，对学生进行心理健康教育。学前教育机构应当对幼儿开展符合其特点的心理健康教育。加大这一方面的投入和重视力度，从小开展精神教育与普及，落实《精神卫生法》的实施，有利于增加孩子们对农村重性精神病的认知，进而对家庭、下一代都有更好的影响，使农村人民对精神病有更多的理解支持。

3.2 社会加大宣传

3.2.1 媒体及社会多做公益的宣传

中国疾病预防控制中心精神卫生中心 2009 年初公布的数据就已经显示，我国各类精神障碍者人数在 1 亿人以上，但公众对精神疾病的知晓率不足 5 成，就诊率更低。加强对精神疾病的宣传，让更多的人了解精神疾病、理解患者，帮助困难人士，是媒体、政府亟须认真对待的。

最近，由国家卫生计生委疾控局、宣传司指导，健康报社主办，辉瑞中国支持的 2015 "健康中国——阳光心灵" 精神卫生媒体传播激励计划于 6 月 17 日在广州启动。相信这类活动越来越多的举办，将极大地提高有关疾病的知晓率。

3.2.2 工作单位加强普及

精神疾病诱发因素多种多样，工作压力是其中主要的一种。冰冻三尺，非一日之寒，精神问题转变为精神疾病也非一朝一夕。《中华人民共和国精神卫生法》第 15 条规定："用人单位应当创造有益于职工身心健康的工作环境，关注职工的心理健康；对处于职业发展特定时期或者在特殊岗位工作的职工，应当有针对性地开展心理健康教育。"加强工作单位的活动普及，增进员工的防范意识，从源头上及早解决员工的精神问题，让企业单位承担员工的精神关爱，切实保障员工的幸福感和安全感，不仅是企业单位应该做的，也是其必须做的。

3.2.3 个人大使的宣传

媒体社会及工作单位宣传总有无法涉及之处，这就需要个人大使由面到点的宣传。如果由社会上极具影响力的人来进行普及宣传，一定能产生更大的影响。

可以采取类似于艾滋病的宣传和教育模式，让人们了解它的形成原因以及预防手段，更加善待身边的精神障碍者，减少对他们的偏见。另外也可以招募大学生来进行宣传，大学生富有热情，他们的感召力和活力易感化众人。可以走进校园、走进街头宣传心理卫生知识，从源头上进行早期的干预。同时，针对各类人群，可选择不同的宣传方式进行精神卫生相关的法律法规宣传。

3.3 家庭支持

家庭无疑是精神病人十分重要的温床，当他们在外界受够嘲讽与冷遇时，家庭是他们的归宿。家庭方面应该给予积极的支持而不是逃避、遗弃，我们应对患病家庭给予适当的有关教育，给予困难家庭经济上的补助，时常给予慰问、心理咨询，开展病友日等活动。

参考文献

[1] 王菲、顾红、季卫东："心理护理干预对急性期精神分裂

症患者自控力影响"，载《中国民康医学》2013年第5期。

[2] 季卫东："发展中国社区精神卫生服务体系的思考"，载《中国卫生资源》2011年第4期。

[3] 来自百度百科，搜狗百科。

[4] 吕华："我国农村精神病患者防治社区支持模式构建研究——以江苏省吴江市为例"，华东理工大学2012年硕士学位论文。

[5] 季卫东："发展中国社区精神卫生服务体系的思考"，载《中国卫生资源》2011年第4期。

[6] 杨宇霞："新农合制度下农村基层医疗服务质量及其治理研究"，西南大学2012年硕士学位论文。

[7] 资料来源：http://e.163.com/docs/99/2015061815/ASDEP17L00261IDE.html。

[8] 向中勇："200例农村精神障碍者就医状况调查分析"，载《中国农村卫生》2015年第11期。

[9] 毕育学、颜虹："中国西部5省40个贫困县村卫生室综合评价"，载《中国初级卫生保健》2001年第1期。

[10] 周金玲等："农合制度下村卫生室的医疗服务功能：案例调查与分析"，载《中国卫生事业管理》2012年第2期。

[11] 雷雯："公共管理视角下的乡村医生待遇问题研究"，中国人民大学2009年硕士学位论文。

[12] 张小娟、田淼淼、朱坤："村卫生室人员执业现状及待遇保障分析——基于6省18县的调查"，载《中国卫生政策研究》2015年第11期。

[13] 石学峰、房耘耘、程薇等："村卫生室从业人员现状及卫生适宜技术需求情况分析"，载《中国全科医学》2012年第3期。

[14] 刘鑫："精神卫生法的理想与现实"，载《中国卫生法

制》2013 年第 5 期。

　　［15］资料来源：http://news. bioon. com/article/6682033. html。

　　［16］资料来源：http://china. caixin. com/2015 - 07 - 20/10083
0615. html。

　　［17］陶国根："农村精神病患者管治困境及治理对策——基于
对抚州市云山镇、河埠乡的调查"，载《山西农业大学学报：社会
科学版》2011 年第 7 期。

　　［18］程晓琳、陈杰、文丽："精神病患者主要照顾者压力状
况及影响因素分析"，载《护理学报》2010 年第 9 期。

　　［19］刘娟："农村精神病患者的社会支持研究"，载《长沙大
学学报》2012 年第 3 期。

农村社区卫生服务站与村卫生室服务整合研究

李牧楠　陈　骏　刘炫麟

1. 农村社区卫生服务站与村卫生室

村卫生室与农村社区卫生服务站作为村一级医疗卫生机构，是农村三级医疗卫生服务体系的网底，承担着为农村居民提供预防保健、卫生监督协管等基础医疗卫生服务的职责，是农村居民身康体健的重要保障。随着农村居民对医疗卫生服务需求的增大，国家对农村医疗卫生服务体系也越发重视，医改也重点加强农村和社区医疗卫生服务建设。[1]同时，国家针对如何改善农村医疗卫生服务实施了一系列的政策，如 2004 年 1 月 1 日实施的《乡村医生从业管理条例》指出："进入村医疗卫生机构从事预防、保健和医疗服务的人员，应当具备执业医师资格或者执业助理医师资格。"2007 年 5 月 21 日国务院批转的《卫生事业发展"十一五"规划纲要》指出："（政府）采取多种形式支持每个行政村设立 1 个卫生室。"原国家卫生部办公厅于 2010 年 3 月 31 日颁发的《关于推进乡村服务一体化管理的意见》也指明："国家采取多种形式支持村卫生室建设，原则上，每个行政村应有一所卫生室。"虽然这些政策推动了农村卫生服务的发展，但其中依然存在着许多问题。

2. 农村卫生服务中存在的问题

2.1 村卫生室与农村社区卫生服务站之间存在市场竞争

尽管村卫生室与农村社区卫生服务站同为村一级医疗卫生机构，但从性质上来说，两者却存在着许多差别。《2015 年统计年鉴》显示，2014 年全国共有村卫生室 653 419 所，其中村委会举办的占 56.65%，乡镇卫生院举办的占 8.92%，乡村医生个人举办或者联合举办的占 30.50%，其他主体（政府、社会和单位等）举办的仅占 3.93%。[2]可以看出，村卫生室绝大部分为个体举办或者村民委员会举办，创办资金并非来自政府或公立机构；而农村社区卫生服务站主要由政府举办，是社区卫生服务中心的分支机构，所以农村社区卫生服务站与在其中工作的医生均属于体制内。换言之，农村社区卫生服务站具有足够的资金来保证其正常的经营；而村卫生室的私营性质导致了它需要从他为村民提供的药品和医疗服务中盈利，继而用于生计以及购进新的药品，这也就使村卫生室不得不与农村社区卫生服务站进行竞争。根据《医疗机构基本标准》，村卫生室建筑面积要求不少于 40m^2，在人员方面，要求至少有 1 名乡村医生；而社区卫生服务站要求不少于 60m^2，且要求配备 2 名全科医师或具有中级以上专业技术职称的临床执业医生、3 名社区护士和相应的医技、信息统计等技术人员。因此，后者提供的医疗卫生服务质量显然优于前者。长期的竞争必然会导致村卫生室处于就诊次数少、盈利少的尴尬境地，再加上近些年来政府对村卫生室的投入严重不足，村卫生室的建设停滞不前，诊疗环境和医疗条件逐渐恶化，[3]这就使得部分村卫生室逐渐消失。而村卫生室数量的减少，一方面会使农村社区卫生服务站的负担增加，另一方面也给附近农村居民的就诊带来极大不便。

2.2 农村医疗卫生医疗机构设置不均衡

由于地理、历史传统等各种因素的影响，部分地区的农村卫生医疗机构设置不均衡，这种不均衡主要包括三个方面：设置重叠、设置偏移和设置缺位。[4]导致这种不均衡的原因主要有两方面：一方面是，国家对农村社区卫生服务站的建设有一定的要求。根据《社区卫生服务中心、站建设标准》，社区卫生服务站服务人口宜为 0.8 万~1 万人，建筑面积为 $150m^2$ ~ $220m^2$。因此，在人员稀少、位置偏远的农村通常未建设农村社区卫生服务站。另一方面，由于村卫生室属私营，且大多具有营利性质，往往分布在交通便利、经济条件较好的村，[5]这便造成了村卫生室设置重叠与设置缺位。经济条件较好的村医疗资源大量过剩，而经济较差的村则成了"空白村"。2015 年卫生统计年鉴显示，我国现存村卫生室 645 470 所，其中公立村卫生室占 61.50%（包括 5.44% 的国有村卫生室和 56.16% 的集体所有村卫生室）。尽管有国家政策的扶持和引导，但依然未能实现《关于推进乡村服务一体化管理的意见》中"每个行政村应有一所卫生室"的计划。而"空白村"中的居民为了寻求医疗卫生服务往往需要前往其他镇、村，极为不便，基本医疗卫生服务难以得到保障。同时，一些行政村尽管设置了卫生室，但是由于各种因素的综合影响，并未设置在村落的中心位置，导致了部分居民尤其是老龄居民以及伤残居民就诊的不便，而这种现象在交通不便的村里造成的影响则更为严重。此外，在特殊地形地区，例如偏远山区、草原地带等，村卫生室以及农村社区卫生服务站的设置更应当按照具体情况而定，否则会造成这些地区的农村居民就医困难，乡村医生出诊困难等问题。农村社区卫生服务站的覆盖就更少了，在我国的乡村，村卫生室的数量比农村社区卫生服务站多。然而，村卫生室的分布已经出现不均衡的现象，在很多偏远地区，并未设置农村社区卫生服务站，全村的医疗卫生服务需求依靠村卫生室解决。在未设置村卫生室和农村社区卫生服务站的偏远地区，农村居民的医疗卫生服务问题依靠乡村医生出诊，以及患者前往附近其他地区的村卫生室或农村社区卫生服务站就诊解决。在农村社区卫生服务站的设置问题上，并不能做到完全均等地分配资源。农村社区卫生服务站的分布实际上与当地经济发展状况相关，在经济发达的地区可能会设置多个农村社区卫生服务站，而经济相对落后的地区可能只有一个甚至并未设置或设置后并未能发挥其作用。目前，农村社区卫生服务站分布不均的问题比较严重。

2.3 二者医疗卫生服务方面存在欠缺

2015 年卫生统计年鉴显示，2014 年基层医疗卫生服务量中，社区卫生服务站诊疗人数占比为 3.4%，村卫生室诊疗人数占比为 45.6%。农村居民诊疗人数主要还是集中在村卫生室，而且占相当大的比例。事实上，村卫生室所提供的医疗卫生服务在质量上不及社区卫生服务站以及乡镇卫生院，但是由于村卫生室建设在村子中，距离近、就诊快，方便解决农村居民一般的患病问题，所以大部分村民更乐意到村卫生室接受治疗。村卫生室作为基础医疗机构中最重要的组成部分，承担了近一半的医疗诊疗服务。而 2014 年基层医疗卫生机构人员统计数据显示，全国村卫生室执业（助理）医师仅有 139 787 人，其中执

业医师仅 48 856 人；相比之下，社区卫生服务中心（站），执
业（助理）医师有 176 998 人，其中执业医师有 141 752 人。乡
村医生的分布不均，导致大量优秀的医疗服务人才不能得到很
好的利用，良好的技术以及器材都集中在社区卫生服务中心与
乡镇卫生院；而村卫生室虽然承担了大部分诊疗服务，但其器
材和技术不够匹配，医疗人员也没有相应的配比。从整体上说，
农村社区卫生服务站的服务质量尽管较高，但是其不存在出诊
的情况，而且工作时间比较局限，设置数量上远远低于村卫生
室，不及村卫生室灵活，并且其服务量远低于村卫生室，并没
有实现建设农村社区卫生服务站的初衷。

2.4 乡村医生后继无人

乡村医生是村级医疗卫生机构的主力军，但是由于乡村医
生的工作待遇差以及不具备专业知识技能，因此极少有年轻人
志愿选择做一名乡村医生，这就导致了乡村医生后继无人，乡
村医生队伍年龄老化。例如，对北京市某区县 30 余名乡村医生
的问卷调查显示，乡村医生队伍明显偏老龄化，多数乡村医生
是从赤脚医生时期持续执业至今，虽然有的已过退休年龄，但
由于村中目前尚无合适的人选，他们在村委会或乡镇卫生院的
要求下继续连任。[6] 老一代乡村医生虽然经验丰富，但是缺乏先
进的理念和技术。另外，尽管存在部分想进入乡村医生队伍且
有医学专长的农村青年，但因为《乡村医生从业管理条例》对
乡村医生的准入条件要求过高，导致其无法达到准入条件，因
此只能放弃从事乡村医生的念头，这使得村卫生室后继无人的
问题越来越严重。老一代乡村医生年事已高，大部分农村医生
退休后并无后继人才，导致了村卫生室缺乏乡村医生，农村居民
看病更加不方便，实质上还是无法长期地保障农村居民医疗卫生

服务。尽管随着城镇化的建设，越来越多的农村人口涌入城市，但如何保证农村剩余人口的医疗卫生服务依然是一个重大问题。

3. 对策

3.1 将二者服务职能有机结合

要实现二者服务项目与服务质量的统一，就必须提高农村卫生室与社区卫生服务站的交流互动。村卫生室的主要功能就是，为农村居民提供基础性的医疗服务以及公共性的卫生服务，原则上不得提供手术、分娩等医疗服务，其服务范围仅为基础性的医疗救治。村卫生室同时肩负着宣传卫生计生政策，统计传染病人数并向上级汇报传染病发展状况的义务。根据《农村社区卫生服务中心工作制度》的规定，农村社区卫生服务站的主要职责与村卫生室的职责大致相同，不同的是农村社区卫生服务站更加偏重对病情的监控，向农村居民普及卫生预防知识，统计汇报农村居民健康状况，定期随访 60 岁以上居民健康状况，组织公共卫生整顿（除四害）以及统计汇报农村居民重大卫生事故、污染导致的死亡人数。一方面，通过二者之间的交流、分析病例、学习技术，尽可能达到两者的服务质量相同。对于服务数量的对等，可以通过营业时间的互补来解决。另一方面，农村社区卫生服务站也应当积极向村卫生室提供相应的药品以及器材等医疗资源，从而实现村卫生室与农村社区卫生服务站的服务质量与数量上的对等。

3.2 达成统一的管理意见

课题组建议，多部门应协调达成统一的管理意见，在不同的体制下完成相应的工作。由于两者的工作体制不同，所以在管理上也应该实行不同的标准。但是，如果想做到两者服务上的整合，就应当通过多部门的协调，达成统一的意见，以方便管理。上级部门可以成立相应的管理机构，专门针对村卫生室与农村社区卫生服务站的服务整合，协调两者的医疗工作内容。村卫生室受乡镇卫生院指导，农村社区卫生服务站受农村社区卫生服务中心统一管理。划分两者服务范围时，应结合当地具体情况来考虑，制定恰当的管理措施，保障村卫生室与农村社区卫生服务站利益平等。在不损害两者利益的基础上，尽可能的平均分配两者的职责，避免出现一边倒的趋势。在保障服务量的同时，还应保障两者的收入均等，使两者同工同酬。在管理两者的服务整合时，应结合两者建制的特点，互补增值，做到 $1+1>2$。另外，采取系统性管理将医疗服务整体化，不同单位负责不同的职责，相互关联，避免片面性的工作。围绕着农村居民医疗卫生服务整体性展开工作，最大程度地保障农村居民的利益。适当调配人力资源，也有利于农村居民卫生服务的开展。[7]

3.3 加大政府对村卫生室的投入

村卫生室的一大优点就在于，村卫生室的服务时间比农村社区卫生服务站长且形式更为灵活，所以很有必要通过建立和改善村卫生室来实现农村基础卫生服务的全覆盖。《村卫生室管理办法（试行）》指出："原则上一个行政村设置一所村卫生室，人口较多或者居住分散的行政村可酌情增设；人口较少或面积较小的行政村，可与相邻行政村联合设置村卫生室；乡镇卫生院所在地的行政村原则上可不设村卫生室。"在基本医疗卫生制度中，村卫生室与乡镇卫生院共同承担为农村居民提供基本医疗卫生服务的任务。因此，首先应该明确村卫生室是由政府或集体举办的非营利性、公益性的医疗卫生机构。在贫困地区、边远地区，政府更应办好"一乡一院"、"一村一室"。对于本身或者周边未设置卫生室的行政村，当地政府应当为该行政村提供足够资金，或者号召村民筹资设置村卫生室，并且为其招聘足够具有执业医师资格或者执业助理医师资格的医生。政府应重视村卫生室的作用，建立以政府投入为主、市场补偿为辅、社会多方资助、实行优惠政策的卫生事业投入补偿机制。

3.4 提高乡村医生的职业吸引力，加强对医生队伍的培训

作为村级医疗卫生服务机构的主力军，乡村医生的数量与质量直接影响到村级医疗卫生机构体系的建设。如果可以解决乡村医生职业吸引力的问题，就能从根本上解决农村基础卫生医疗服务状况差的问题。村卫生室的收益与医生收入密切相关，而农村社区卫生服务站医生的工资与服务站的收益关系不大。在实现两者相同的医疗服务功能的同时，我们应着重解决两者之间收入不平等的难题，使两者在提供相同服务的情况下获得相同的收入。同时，对于志愿从事乡村医生，具有一定医学知识却又达不到执业助理医师以上资格的青年，应当给予其实习生的身份，让其跟随具有经验的乡村医生进行学习，待其学习到医疗技术成熟并通过考试考核时，再授予其乡村医生的资格。另外，对在边远地区、贫困地区工作的乡村医生应当进行额外补助。这样一方面能够吸引更多的医生去边远地区、贫困地区工作，另一方面也能保证当地医生不会因为待遇较低而流失。只要加强乡村医生的职业吸引力，就能使乡村医生数量增多，从而保证村卫生室的人员配置。如果可以解决村卫生室与农村社区卫生服务站收入不对等的问题，就可以避免乡村医生为了自身的生计而同时从事其他工作的现象，从而使经济不发达地

区的村民的基础卫生服务得以实现。同时，应加强对医生队伍的培训，着力培养适合农村需要的人才，对于一般的乡村医生，可以实行定期培训、轮岗制度、定期考核等方式不断提高医生的业务水平。[8]另一方面，可以实行农村社区卫生服务站与村卫生室的医生定期交换、流动的制度，以达到医生之间互相学习、丰富医生的医疗服务经验的目的。

3.5 均衡设置村卫生室及农村社区卫生服务站

国家做区域卫生规划的时候，应当结合不同地区的地域差异、经济状况、人口分布等情况，科学地设置村卫生室和农村社区卫生服务站。将冗余的村卫生室进行整合，在村卫生室空缺的区域设置村卫生室和农村社区卫生服务站，以达到合理分配医疗资源的目的。在行政村内建设村卫生室时，应当考虑交通是否便利、人口是否密集、是否位于村中心的位置等多种因素，保证村民就医的可及性与公平性。如此一来，就可以有效地解决农村基础卫生资源分布不均的问题，并且可以避免出现卫生服务资源分布不均，部分农村居民的基本卫生服务得不到方便解决的问题。保证村卫生室设置的公开透明，避免出现不利于农村基础卫生事业发展的因素。考虑到部分地区经济发展相对落后，可以适当地提高当地农村社区卫生服务站的乡村医生的收入，以稳定和保留乡村医生人力资源。科学地设置农村社区卫生服务站，使其发挥最大的作用，才能避免国家资源的浪费。

4. 结语

当前，尽管我国的城镇化进程较快，但仍有大量的人员留在农村，如果可以合理地解决农村基础医疗卫生服务的问题，就可以大幅提高农村居民的生活质量。村卫生室和农村社区卫生服务站作为我国的基层医疗卫生机构，应当尽职于为农村居民提供良好的基础医疗服务，为他们提供更多的便利。为此，一方面，国家需要进行政策上的引导和资金上的补助；另一方面，应促进两者的交流与合作，形成时间上与空间上的服务互补，进而实现高效的整合。

参考文献：

[1] 肖聪亮："农村医疗卫生服务站在医疗卫生体制改革中的作用"，载《社区医学杂志》2010 年第 8 期。

[2] 国家卫生与计划生育委员会：《2015 中国卫生统计提要》，中国协和医科大学出版社 2015 年版。

[3] 罗奎："村卫生室建设及管理的实践与思考"，载《医学与社会》2009 年第 3 期。

[4] 刘炫麟、鄢灵、徐张子航："农村卫生室均衡设置问题研究"，载《中国初级卫生保健》2014 年第 3 期。

[5] 王晖香："提升农村社区卫生服务站运行绩效的实践与思考"，载《卫生经济研究》2014 年第 4 期。

[6] 彭迎春："村医视角下的村卫生室生存及发展现状分析"，载《医学与社会》2012 年第 3 期。

[7] 曹荣桂：《医院管理新编》，北京大学医学出版社 2009 年版。

[8] 刘全喜、秦省：《社区卫生服务管理与营销》，郑州大学出版社 2002 年版。